L'Awrad Naqchbandi

de

Mawlana Cheick Mouhammad Nazim Adil al-Haqqani

Compilé par
Cheick Mouhammad Hicham Kabbani

Islamic Supreme Council of America

ISBN: 978-1-938058-46-2
Des sections de cet ouvrage ont été publiées dans le livre *The Nashbandi Sufi Way: History and Guidebook of the Saints of the Golden Chain*. © Copyright 1995 par Cheick Mouhammad Hicham Kabbani.

Library of Congress Cataloging-in-Publication Data

Naqshbandi, Mouhammad Nazim Adil al-Ḥaqqani, 1922-2014
L'*Awrad* Naqchbandī de Mawlānā Cheick Mouhammad Nazim Adil al-Ḥaqqani / compilé par Cheick Mouhammad Hicham Kabbani.
p. cm.
Comprend des références bibliographiques.
ISBN 1-930409-25-7
1. Naqshabandiyah--Livres de prières et d'invocations. 2. Soufisme--Prière-livres et invocations. 3. Chants Soufis. I. Kabbani, Cheick Mouhammad Hicham. II. Titre.
BP189.7.N35N35 2004
297.4'8--dc22
2004019197
Publié et distribué par:
Islamic Supreme Council of America
17195 Silver Parkway, #201
Fenton, MI 48430 USA
Tél : (888) 278-6624 Fax: (810) 815-0518
Email: staff@islamicsupremecouncil.org
Web: http://www.islamicsupremecouncil.org

بِسْمِ اللَّهِ الرَّحْمَٰنِ الرَّحِيمِ

وَاتَّقُوا اللَّهَ وَيُعَلِّمُكُمُ اللَّهُ

Craignez Allah, Il vous dispensera Sa science et Il est Omniscient. (2:282)

يَا أَيُّهَا الَّذِينَ آمَنُوا اتَّقُوا اللَّهَ وَكُونُوا مَعَ الصَّادِقِينَ

Ô vous qui avez la foi, craignez Allah et soyez avec ceux qui sont sincères. (9:119)

وَاذْكُر رَّبَّكَ فِي نَفْسِكَ تَضَرُّعًا وَخِيفَةً وَدُونَ الْجَهْرِ مِنَ الْقَوْلِ بِالْغُدُوِّ وَالْآصَالِ وَلَا تَكُن مِّنَ الْغَافِلِينَ

Mentionne ton Seigneur en toi-même, humblement et avec respect, sans élever la voix, à l'aube et au crépuscule et ne sois pas du nombre des insouciants. (7:205)

إِنَّ اللَّهَ وَمَلَائِكَتَهُ يُصَلُّونَ عَلَى النَّبِيِّ يَا أَيُّهَا الَّذِينَ آمَنُوا صَلُّوا عَلَيْهِ وَسَلِّمُوا تَسْلِيمًا

Certes, Allah et Ses anges prient sur le Prophète; Ô vous qui avez la foi, priez sur lui et adressez-lui vos salutations. (33:56)

Cheick Mouhammad Nazim Adil al-Haqqani en compagnie de son gendre Cheick Mouhammad Hicham Kabbani (à droite) et son frère, Cheick Mouhammad Adnan Kabbani (à gauche).

Table des Matières

AVANT-PROPOS 9
NOTES DE L'EDITEUR 11
NOTE DE L'AUTEUR.. 14
LE DHIKR NAQCHBANDI : PRATIQUES SPIRITUELLES....... 15
Pratiques quotidiennes pour les débutants 15
Pratiques quotidiennes pour l'aspirant 20
Pratiques quotidiennes pour les gens de la détermination.. 20
NOTES SUR LES PRATIQUES SPIRITUELLES 22
Le verset «Le messager a cru...» (2:285-286)........... 22
La plus noble des prières (sur le Prophète) transmise 24
Offrande (Ihdā)... 27
DHIKR EN CONGREGATION : KHATMOU-L-KHWAJAGAN....... 29
Le long Khatm 29
Le Khatm court (à voix haute)................................ 47
Invoquer les maîtres.. 49
Invocation de l'Imam al-Mahdi et de ses députés....... 54
La prière de Maghrib 56
Ṣalātou-l-Janāzah... 66
Ṣalātou-l-Awwābīn (les repentants) 72
La prière du 'Ichâ 76
La prière de Fajr.. 80
Ṣalātou mounajīyyah (la prière protectrice) 90
99 Noms et Attributs de Dieu 119

La prière de Ẓouhr 127
La prière de ʿAṣr 128
PRATIQUES DURANT LES MOIS DE RAJAB, DE CHAʿBAN ET DE RAMADAN 130
Pratiques du mois de Rajab..130
Pratiques quotidiennes entre Maghrib et ʿIchā pendant le mois de Rajab 144
Invocation de Rajab..147
Pratiques de la nuit bénie de Raghāib (la nuit des désirs)..150
Pratiques de la nuit d'ascension..152
Pratiques de la 15ème nuit du mois de Chaʿbān (niṣf Chaʿbān)..155
La Grande Invocation Transmise..160
Accueillir le mois de Ramaḍān..187
Ramaḍān Ṣalātou-t-Tarāwīḥ..194
NOTES AU MANUEL 197
Pratiques volontaires 197
Pratiques spéciales 198
Les prières surérogatoires (Sounnah)..198
Ṣalātou 'l-Maghrib..200
Ṣalātou 'l-Janāzah..200
Ṣalātou 'l-Awwābīn..200
Ṣalātou 'l-Witr..201
Ṣalātou 'n-Najāt 202

Ṣalātou 't-Tassābīḥ 208
Ṣalātou 'l-Fajr 210
Ṣalātou 'l-Ichrāq 211
Ṣalātou 'd-Douḥā 211
LES PILIERS ET LES OBLIGATIONS DU PELERINAGE – LE ḤAJJ 212
Les piliers du Ḥajj selon les quatre écoles 212
Les interdits du Iḥrām (la sacralisation) 214
Les étapes résumées du Ḥajj 215
Les étapes résumées de la ʿOumrah 219
Les étapes détaillées du Ḥajj et de la ʿOumrah ...220
Iḥrām 222
Le Ṭawāf al-Qoudoūm (les tournées rituelles de l'arrivée) 234
Saʿī (le parcours entre Ṣafā et Marwah) 240
La station (la présence) au mont ʿArafah 242
La lapidation des stèles (Jamarāts) 243
Le séjour à Mina 244
Zamzam 245
Les Lieux Saints de la Mecque 248
La Visite de Madīnat al-Mounawwarah 253
Le Adab dans la Rawḍah 254
Les salutations au Prophète 260
Lex Lieux à visiter à Medine 275
LES RITES FUNERAIRES 281

Sur le lit de mort 281
Le lavage mortuaire 282
La prière funéraire 288
Le convoi funèbre 293
La tombe 294
L'enterrement 294
Autres règles 296
LECTURES CORANIQUES 297
Sourah Yā Sīn (36) 297
Soūrat al-Moulk: Le Royaume (67) 321
Soūrat an-Nabā: La Prédiction (78) 331
Soūrat as-Sajdah: La Prosternation (32) 339

Avant-propos

Louange à Dieu qui a révélé au plus pure de l'humanité, notre maître Mouhammad ﷺ, Son messager, les signes prodigieux de Sa Sagesse, qui lui donna sans réserve l'excellence de Sa science et de Son amour et qui l'honora par l'intendance de cette vie et de la Demeure ultime. Il est la source à partir de laquelle tous les saints puisent leur secret. Il est l'océan de plénitude dans lequel les gnostiques naviguent continuellement, à la recherche de la connaissance de Dieu, de Ses attributs et des manifestations de Sa Gloire.

L'azimut de la sainteté a été manifeste dans la voie spirituelle Naqchbandī de façon distincte. Ce siècle notamment a été béni car, en ce temps ou le matérialisme est indéniable et où l'ego jouit d'une liberté sans frontière, il y a eu un homme qui a produit un miracle à chacune de ses rencontres: Cheick Mouhammad Nazim Adil al-Ḥaqqani, que Dieu sanctifie son secret.

Les pratiques spirituelles Naqchbandī de Mawlānā Cheick Nazim sont une source de lumière et d'énergie, une oasis dans un désert qu'est ce monde et le secret derrière le mouvement de cḥaque cellule vivante. A travers les manifestations des bénédictions divines qui leurs sont conférées, ceux qui s'adonnent à ces rites fastueux seront gratifiés du pouvoir de guérison magnanime, par lequel ils tenteront de guérir les cœurs des hommes assombris par la pénombre de la pauvreté spirituelle et du matérialisme et roussis dans les flammes de l'iniquité et de l'insouciance. .

Nous présentons cette œuvre composée de pratiques sélectes et spirituelles, en priant que cḥaque personne qui prend cet ouvrage avec l'intention sincère d'accomplir ces pratiques bénéfiques, reçoive les bénédictions et manifestations conférées aux grands saints d'autrefois.

Comme pour toute méthode d'approche de la Présence divine, il faut garder une bonne conduite dans l'accomplissement de ces pratiques. Que Dieu accorde Son soutien et guide les gens de la quète afin qu'ils aient la meilleure conduite durant ces pratiques, à cḥaque étape, à cḥaque souffle et dans cḥaque battement de cœur.

Cheick Mouhammad Hicham Kabbani
Président du Islamic Supreme Council of America
Washington, D.C., 1er Rajab, 1425/16 aout 2004

Notes de l'éditeur

Les références tirées du Coran et des *aḥadīth* (traditions prophétiques) sont le plus souvent en italique et en retrait. Les références du Coran sont notées entre parenthèses; par exemple (3:127) indique le chapitre trois, verset 127. Les références aux *aḥadīth* sont attribuées à leur narrateur, à savoir Bukhari, Muslim, Ahmed, etc. Les citations provenant d'autres sources sont en retrait mais ne sont pas en italique.

Les dates des événements sont indiquées par «AH/EC», qui signifie «Après la Hijrah (migration)» sur laquelle le calendrier islamique est basé, et «l'ère chrétienne,» respectivement.

Les musulmans autour du monde offrent habituellement des louanges en prononçant, en entandant ou en lisant le nom «Allah» ou les noms islamiques de Dieu. Les musulmans offrent également des salutations et/ou invoquent des bénédictions quand ils prononcent, entendent ou lisent les noms du Prophète Mouhammad, d'autres prophètes, de sa famille, ses compagnons et des saints. Nous avons appliqué les standards internationaux suivants avec la calligraphie et les caractères arabes suivants :

سبحانه وتعالى *subḥānahou wa taʿala* (Glorifié et Exalté soit-Il) après le nom propre de Dieu, «*Allah*» en arabe.

ﷺ *ṣall-Allāhou ʿalayhi wa sallam* (que les prières et les salutations de paix soient sur lui) après le nom du Prophète.

عليه السلام *ʿalayhi 's-salām* (que la paix soit sur lui) après le nom des autres prophètes, des anges, et de Khidr.

عليها السلام *ʿalayhā 's-salām* (que la paix soit sur elle) après le nom de Marie, mère de Jésus.

رضي الله عنه/رضي الله عنها *raḍī-Allahou ʿanhou/ʿanhā* (que Dieu soit satisfait de lui/d'elle) après le nom d'un compagon ou d'une compagnonne du Prophète.

ق *qaddas-Allāhou sirrah* (que Dieu sanctifie son secret) après le nom d'un saint.

Translitération

La translitération est présentée dans le glossaire et dans la section sur les pratiques spirituelles dans le but d'obtenir une prononciation adéquate et basée sur le système suivant:

Symbole	Transli-tération	Symbolel	Transli-tération	Voyelles:	
ء	ʼ	ط	ṭ	Longues	
ب	b	ظ	ẓ	آ ى	ā
ت	t	ع	ʻ	و	oū
ث	th	غ	gh	ي	ī
ج	j	ف	f	Courtes	
ح	ḥ	ق	q	َ	a
خ	kh	ك	k	ُ	ou
د	d	ل	l	ِ	i
ذ	dh	م	m		
ر	r	ن	n		
ز	z	ه	h		
س	s	و	w		
ش	ch	ي	y		
ص	ṣ	ة	ah; at		
ض	ḍ	ال	al-/ʼl-		

Note de l'auteur

Bien que les pratiques indiquées dans ce livre aient été compilées par les cheikhs de l'Ordre soufi Naqchbandī, elles proviennent toutes de la *Sounnah* du Prophète ﷺ et de ses compagnons رضي الله عنهم. C'est la raison pour laquelle il est permis à quiconque le désire d'effectuer ces pratiques spirituelles d'une valeur inestimable y compris la conduite à suivre durant le pélérinage et la visite du Saint Prophète à Médine.

Le *Dhikr* Naqchbandī: pratiques spirituelles

Il y a trois niveaux de pratiques spirituelles pour les gens de la quête: le niveau des débutants, le niveau avancé et celui des gens de la détermination.

Pratiques quotidiennes pour les débutants

ADAB		ادب	
Pratiques	**Dhikr**	**Arabe**	**Nombre de récitations**
Le témoignage de foi - chahāda	ach-hadou an lā ilāha ill-Allāh wa ach-hadou anna Mouhammad an ʿabdouhou wa rassoūlouh	أَشْهَدُ أَنْ لا إِلَهَ إِلا اللهُ وأَشْهَدُ أَنَّ مُحَمَّدًا عَبْدُهُ ورَسُولُهُ	3
Je témoigne qu'il n'y a de dieu si ce n'est Allah et je témoigne que Mouhammad est Son serviteur et Son messager.			

Demander le pardon – istighfār	Astaghfiroullāh	أستغفر الله	70
Qu'Allah me pardonne.			
En quète des Gràces d'Allah	Soūratou 'l-Fātiḥah	الفاتحة الشريفة	1
Réciter	Āman ar-rassoūlou (Qouran 2:285-6)	Voir Page 25	1
Réciter	Soūratou 'l-Ikhlāṣ	سُورَةُ الإِخْلاصِ	11
Réciter	Soūratou 'l-Inchirāḥ	سُورَةُ الانْشراح	7
Réciter	Soūratou 'l-Falaq	سورة الفلق	1
Réciter	Soūratou 'n-Nās	سورة الناس	1

<table>
<tr><td>Kalimah</td><td>Lā ilāha illa-Allāh</td><td>لا إله إلا الله</td><td>9</td></tr>
<tr><td colspan="4">Il n’y a de dieu si ce n’est Allah.</td></tr>
<tr><td></td><td>Lā ilāha illa-Allāh Mouhammad oun Rassoūl Allāh</td><td>لا إله إلا الله
مُحَمَّدٌ رَسُولُ الله</td><td>1</td></tr>
<tr><td colspan="4">Il n’y a de dieu si ce n’est Allah, Mouhammad est le messager d’Allah.</td></tr>
<tr><td>Prières sur le Prophète - ṣalawāt</td><td>Allāhoumma ṣalli ‘alā Mouhammad in wa ‘alā āli Mouhammad in wa sallim</td><td>اللَّهُمَّ صلِّ على
مُحَمَّدٍ وعلى آل
مُحَمَّدٍ وسلِّم</td><td>10</td></tr>
<tr><td colspan="4">Ô Allah! Répands Tes grâces et la Paix sur Mouhammad et sur les siens.</td></tr>
</table>

Offrir les récompenses - Ihdā	voir Ihdā page 26	إهداء	1
Réciter	Soūratou 'l-Fātiḥah	الفاتحةُ الشّريفةُ	1
WIRD		ورد	
Pratiques	**Dhikr**	**Arabe**	**Nombre de récitations**
Se rappeler de Dieu - dhikr	Allāh, Allāh	ذِكرُ الجلالة: اللهُ اللهُ	1500
Dieu, Dieu.			
Prières sur le Prophète -ṣalawāt	Allāhoumma ṣalli ʿalā Mouhammadin wa ʿalā āli Mouhammadin wa sallim	اللّهمَّ صلِّ على مُحَمَّدٍ وعلى آلِ مُحَمَّدٍ وسلِّم	100

Ô Allah! Répands Tes grâces et la Paix sur Mouhammad et sur les siens.			
Récitation du Coran	Un jouz' (1/30) du Coran -ou- Soūratou 'l-Ikhlāṣ	جُزْءٌ من القرآن او سورة الإخلاص الشريفة	1 Juz -ou- 100
Prières sur le Prophète - Ṣalawāt	Dalā'il al-Khayrāt -ou- Allāhoumma ṣalli ʿalā Mouhammadin wa ʿalā āli Mouhammadin wa sallim	دلائل الخَيْرات او اللّهمّ صلّ على مُحَمَّدٍ وعلى آل مُحَمَّدٍ وسلّم	1 chapitre -ou- 100
Ô Allah, Répands Tes grâces et la Paix sur Mouhammad et sur les siens.			

Pratiques quotidiennes pour l'aspirant

Le *adab* et le *wird* pour l'étudiant au niveau avancé (*mousta'id*) sont identiques à ceux du débutant (*mouhib*), avec les ajouts suivants :

- Augmenter le nombre de répétitions du nom de Dieu oralement (par la langue) en passant de 1500 à 2500 et ajouter 2500 invocations par le coeur en méditant là-dessus.
- Augmenter le nombre de *ṣalawāt* de 100 à 300 fois tous les jours sauf les lundis, les jeudis et les vendredis où il faut en réciter 500.

Pratiques quotidiennes pour les gens de la détermination

Le *adab* et le *wird* pour les gens de la détermination sont semblables à ceux des étudiants avancés (*mousta'id*), avec les pratiques additionnelles suivantes :

- *Sayyid aṣ-ṣalawāt* (la plus noble des priéres sur le Prophète) est récitée avant le *Ihdā* (voir page 26.
- Après la *Soūratou 'l-Fātiḥah* à la fin du *Ihdā,* les gens de la quête répètent *Allāh Hoū Allāh*

Hoū Allāh Hoū Ḥaqq trois fois, en imaginant qu'ils sont entre les Mains de leur Seigneur.

- Augmenter le nombre de répétitions du nom de Dieu oralement et par le cœur de 2500 à 5000.
- Augmenter le nombre de *ṣalawāt* de 300 à 1000 tous les jours sauf les lundis, les jeudis et les vendredis où il faut en réciter 2000.

Notes sur les Pratiques Spirituelles

Le verset «*Le messager a cru...*» (2:285-286)

ĀYAT ĀMAN AR-RASSOŪLOU (2:285-286)		آمَنَ الرَّسُولُ
Āmana ar-rassoūlou bimā ounzila ilayhi min rabbihi wa ’l-mou’minoūn. koulloun āmana billāhi wa malā’ikatihi wa koutoubihi wa roussoulihi lā noufarriqou bayna āḥadin min roussoulihi wa qāloū samʿinā wa aṭʿanā ghoufrānaka rabbanā wa ilayka ’l-maṣṣīr. Lā youkallif-oullāhou nafsan illa wousʿahā. lahā mā kassabat wa ʿalayhā māktassabat. Rabbanā lā toū’ākhidhnā in nassīnā aw akhṭānā. Rabbanā wa lā taḥmil ʿalaynā iṣran kamā ḥamaltahou ʿalā alladhīnā min qablinā. Rabbanā wa lā touḥamilnā mā lā ṭāqata lanā		آمَنَ الرَّسُولُ بِمَا أُنزِلَ إِلَيْهِ مِن رَّبِّهِ وَالْمُؤْمِنُونَ كُلٌّ آمَنَ بِاللَّهِ وَمَلَآئِكَتِهِ وَكُتُبِهِ وَرُسُلِهِ لاَ نُفَرِّقُ بَيْنَ أَحَدٍ مِّن رُّسُلِهِ وَقَالُواْ سَمِعْنَا وَأَطَعْنَا غُفْرَانَكَ رَبَّنَا وَإِلَيْكَ الْمَصِيرُ لاَ يُكَلِّفُ اللَّهُ نَفْساً إِلاَّ وُسْعَهَا لَهَا مَا كَسَبَتْ وَعَلَيْهَا مَا اكْتَسَبَتْ رَبَّنَا لاَ تُؤَاخِذْنَا إِن نَّسِينَا أَوْ أَخْطَأْنَا رَبَّنَا وَلاَ تَحْمِلْ عَلَيْنَا إِصْراً كَمَا حَمَلْتَهُ عَلَى الَّذِينَ مِن قَبْلِنَا رَبَّنَا وَلاَ تُحَمِّلْنَا مَا لاَ طَاقَةَ لَنَا بِهِ وَاعْفُ عَنَّا

bihi wʿafou ʿanā waghfir lanā warḥamnā Anta mawlānā f'anṣournā ʿalā l-qawmi 'l-kāfirīn.		وَاغْفِرْ لَنَا وَارْحَمْنَا أَنتَ مَوْلَانَا فَانصُرْنَا عَلَى الْقَوْمِ الْكَافِرِينَ

Le messager a cru en ce qui lui a été révélé de la part de son Seigneur, ainsi que les croyants: tous ont cru en Allah, en Ses anges, en Ses Livres et en Ses messagers. Nous ne faisons de différence entre aucun de Ses messagers. Ils ajoutèrent: nous avons entendu et nous avons obéi, nous implorons Ton pardon, Seigneur et notre destin nous ramène à Toi [inéluctablement].

Allah n'impose à personne de charge qui ne soit dans ses capacités; le bien qu'il aura accompli sera compté en sa faveur et le mal commis lui sera compté à son détriment. Seigneur, ne nous tiens pas rigueur de nos oublis ni de nos erreurs. Seigneur ne nous charge pas d'un fardeau semblable à celui que Tu as imposé à ceux qui nous ont précédés! Seigneur ne nous fais pas supporter ce dont nous n'avons pas la force! Montre-Toi Indulgent envers nous, pardonne-nous et fais-nous Miséricorde! Tu es notre Souverain, accorde-nous donc la victoire sur le peuple des mécréants.

La plus noble des prières (sur le Prophète) transmise

SAYYID AṢ-ṢALAWĀT AL-MATHOŪR		سَيِّدُ الصَّلاة الشَّرِيفَة المَأْثُورَة
ʿAlā achrafi ʾl-ʿālamīna Sayyīdinā Mouhammadini ʾṣ-ṣalawāt ṣall-Allāhoū ʿalayhi wa sallam. ʿAlā afḍali ʾl-ʿālamīna Sayyīdinā Mouhammadini ʾṣ-ṣalawāt ṣall-Allāhoū ʿalayhi wa sallam. ʿAlā akmali ʾl-ʿālamīna Sayyīdinā Mouhammadini ʾṣ-ṣalawāt ṣall-Allāhoū ʿalayhi wa sallam.		على أَشْرَفِ العالمينَ سَيِّدِنا مُحَمَّدٍ الصَّلَوات. على أَفْضَلِ العالمينَ سَيِّدِنا مُحَمَّدٍ الصَّلَوات. على أَكْمَلِ العالمينَ سَيِّدِنا مُحَمَّدٍ الصَّلَوات.

Sur le plus noble de toutes les créatures, notre maître Mouhammad, des grâces - sur lui la grâce et la paix.

Sur le préféré de toute la création, notre maître Mouhammad, des grâces - sur lui la grâce et la paix.

Sur le plus parfait de la création, notre maître Mouhammad, des grâces - sur lui la grâce et la paix.

Ṣalawātoullāhi taʿalā wa malāʾikatihi wa anbīyāʾihi wa		صَلَواتُ الله تعالى ومَلائِكَتِهِ وأَنبِيائِهِ

roussoulihi wa jamīʿi khalqihi ʿalā Mouhammadin wa ʿalā āli Mouhammad, ʿalayhi wa ʿalayhimou ’s-salām wa raḥmatoullāhi taʿalā wa barakātouhou, wa raḍī-Allāhoū tabāraka wa taʿalā ʿan sādātinā aṣ-ḥābi Rassoūlillāhi ajmaʿīn, wa ʿani ’t-tabiʿīna bihim bi iḥsān, wa ʿani ’l-a’immati ’l-moujtahidīni ’l-māḍīn, wa ʿani ’l-ʿoulamā il-mouttaqqīn, wa ʿani ’l-awlīyā ’iṣ-ṣāliḥīn, wa ʿam-machayikhinā fi ’ṭ-ṭarīqati ’n-Naqchbandīyyati ’l-ʿalīyyah, qaddas-Allāhoū taʿalā arwāḥahoumou ’z-zakīyya, wa nawwar Allāhoū taʿalā aḍriḥatahoumou ’l-moubāraka, wa aʿād-Allāhoū taʿalā ʿalaynā min barakātihim wa fouyoūḍātihim dā’iman wa ’l-ḥamdoulillāhi Rabb il-ʿālamīn, al-Fātiḥā.

وَرُسُلِهِ وجَميعِ خَلْقِهِ على مُحَمَّدٍ وعلى آلِ مُحَمَّدٍ، عليه وعَلَيهِمُ السَّلامُ ورَحْمَةُ اللهِ تعالى وبَرَكاتُهُ ورَضِيَ اللهُ تَبارَكَ وتَعالى عَنْ سادَاتِنا أَصْحاب رَسُولِ اللهِ أَجْمَعين وعَنِ التَّابعينَ بِهِم بِإِحْسان وعَنِ الأَئمَّةِ المُجْتَهِدين الماضين وعَنِ العُلَماءِ المتَّقين وعَنِ الأَوْلياءِ الصَّالحين وعَنْ مَشايخِنا في الطَّريقةِ النَّقْشْبَنْدِيَّةِ العَلِيَّة، قدَّسَ اللهُ تعالى أَرْواحَهُمُ الزَّكِيَّةَ ونَوَّرَ اللهُ تعالى أَضْرِحَتَهُمُ المُبارَكَةَ وأَعادَ اللهُ تعالى علَيْنا من بَرَكاتِهِم وفُيُوضاتِهم دائمًا والحَمْدُ للهِ رَبِّ العالمين – الفاتحة

Que les Grâces d'Allah, Exalté soit-Il, de Ses anges, de Ses prophètes, de Ses messagers et de toutes les créatures soient sur Mouhammad et sur les siens - sur lui et sur eux la Paix, la Miséricorde et les Bénédictions d'Allah, Exalté soit-Il. Qu'Allah, Béni et Exalté Soit-Il, Soit satisfait de tous nos maîtres, des compagnons du messager d'Allah, de tous ceux qui ont suivi leur voie dans la perfection, des premiers maîtres en jurisprudence, des savants vertueux et des saints pieux, ainsi que de nos cheicks de l'Ordre soufi Naqchbandī. Qu'Allah, Exalté Soit-Il, Sanctifie leurs âmes pures et Illumine leurs tombes bénies. Qu'Allah, Exalté Soit-Il, nous accorde sans cesse leurs bénédictions et leurs effusions. La Louange revient à Allah, le Seigneur des mondes, al-Fātiḥah.

Offrande

IHDĀ		إهْداء
Allāhoumma balligh thawāba mā qarā'nāhoū wa noūra mā talawnāhoū hadīyyatan wāṣṣilatan minnā ila roūḥi Nabīyyīnā Sayyīdinā wa Mawlānā Mouhammadin ṣall-Allāhoū ʿalayhi wa sallam. Wa ilā arawāḥi ikhwānihi min al-anbiyā'i wa 'l-moursalīn wa khoudamā'i charāʿihim wa ila arwāḥi 'l-a'immati 'l-arbaʿah wa ila arwāḥi machāyikhinā fi 'ṭ-ṭarīqati 'n-naqchbandīyyati 'l-ʿaliyyah khāṣṣatan ila roūḥi Imāmi 'ṭ-ṭarīqati wa ghawthi 'l-khalīqati Khwājā Bahā'ouddīn an-Naqchband Mouhammad al-Ouwaissī 'l-Boukhārī wa ḥaḍarati Mawlanā Soulṭānou 'l-awlīyā ach-Cheick ʿAbd Allāh al-Fā'iz		اللَّهُمَّ بَلِّغْ ثَوابَ ما قَرَأْناهُ ونُورَ ما تَلَوْناهُ هَدِيّةً واصِلةً مِنّاإلى رُوحِ نَبِيِّنا مُحَمَّدٍ (صلّى الله عليه وسلّم) وإلى أرواحِ إخْوانِهِ من الأَنبياءِ والمُرْسَلِينَ وخُدَماءِ شَرائِعِهم وإلى أرواحِ الأئِمّةِ الأَرْبَعَة وإلى أَرْواحِ مَشايِخِنا في الطَّرِيقَةِ النَّقْشْبَنْدِيّةِ العَلِيّة، خاصةً إلى روحِ إمامِ الطَّرِيقَةِ وَغَوْثِ الخَلِيقَةِ خَواجَه بَهاءُ الدِّينِ النَّقْشْبَنْد مُحَمَّد الأُوَيْسي البُخاري وإلى حَضْرَةِ مَوْلانا سُلْطانُ الأَوْلِياءِ الشَّيْخ عَبْدُ الله الفائز

ad-Dāghestanī wa sayyīdounā ach-Cheick Mouhammad Nāẓim al-Ḥaqqānī Mou'ayyad ad-dīn wa sa'iri sādātinā waṣ-ṣiddiqīna al-Fātiḥā.	الدّاغِسْتاني وإلى مولانا سيّدِنا الشّيْخ محمّدُ ناظِمُ الحقّاني مؤيِّدِ الدّين وإلى سائرِ ساداتِنا والصدِّيقينَ الفاتحة

Ô Allah! Transmets les récompenses de ce que nous venons de lire et la lumière de ce que nous venons de psalmodier, comme une offre de notre part parvenue à l'esprit de notre Prophète Mouhammad, sur lui la Grâce et la Paix, et aux esprits de ses frères les envoyés et les messagers, aux serviteurs de leurs lois, aux esprits de nos maîtres de la voie soufie Naqchbandī, particulièrement à l'esprit de l'Imām de la ṭarīqat, le sauveur des créatures, Khwājā Bahā'ouddīn an-Naqchband Mouhammad al-Ouwaisī 'l-Boukhārī, à notre maître vénéré le sultan des saints, notre Cheick 'Abd Allāh al-Fā'iz ad-Dāghestanī et à notre maître Cheick Mouhammad Nāẓim al-Ḥaqqānī Mou'ayyad ad-dīn, ainsi qu'à tous nos maîtres et aux véridiques, al-Fātiḥah.

Cette dédicace offre en récompense les récitations qui précédent au Prophète ﷺ et aux cheicks de l'Ordre Naqchbandī.

Dhikr en congrégation : *Khatmou-l-Khwajagan*

Dans l'Ordre Naqchbandī, les exercices spirituels quotidiens et le *dhikr* hebdomadaire en congrégation, connu sous le nom de *Khatmou 'l-Khwājagān*, sont des pratiques importantes que l'initié ne doit pas négliger. Le *Khatmou 'l-Khwājagān* se fait en étant assis avec le cheick en congrégation. Il a lieu une fois par semaine, de préférence le jeudi soir ou le vendredi, deux heures avant le coucher du soleil. Le *Khatmou 'l-Khwājagān* peut se faire de deux manières: le long *Khatm* ou le *Khatm* court.

Le long *Khatm*		خَتْمُ الخَواجَكانِ الكَبير

1. On utilise 108 pierres dont 100 cailloux, 7 pierres de taille moyenne et une grosse pierre pour compter le nombre de répétitions durant le dhikr.

Répartir 79 petits cailloux entre les participants et le cheick, en prenant soin de les distribuer de manière égale selon le nombre de personnes présentes. L'Imam conserve les 21 cailloux restants, de même que les 7 pierres de taille moyenne et la grosse pierre.

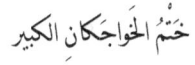

2. Le cheick commence le Khatm, qui s'accomplit en silence :		
Formulation de l'intention: Niyyatou ādā' al-khatm ibtighā' riḍwān Allāhi ta'lā		نِيةُ أُدَاءِ الخَتْمِ إِبتغاءَ رِضْوانُ اللهِ تعالى
L'intention d'accomplir le Khatm en cherchant ardemment la satisfaction d'Allah, Exalté soit-Il.		
Chahāda (3 fois): Ach-hadou an lā ilāha ill-Allāh wa ach-hadou anna Mouhammadan 'abdouhou wa rassoūlouh		كَلِمةُ الشَّهادتين (3 مرات) أَشْهَدُ أَنْ لا إله إلا الله وأَشْهَدُ أَنَّ مُحَمَّدًا عَبْدُهُ ورَسُولُهُ
Je témoigne qu'il n'y a de dieu si ce n'est Allah et je témoigne que Mouhammad est Son serviteur et Son messager.		
Istighfār (70 fois): Astaghfiroullāh Qu'Allah me pardonne.		إستغفار: 70 مرة أَسْتَغْفِرُ الله
Astaghfiroullāhi 'l-'Aẓīm alladhī lā ilāha illa Hoū al-Ḥayyou 'l-Qayyoūm wa atoūbou ilayh		يتلو الإمام: أَسْتَغْفِر اللهَ العَظِيم الذي لا إله إلا هُوَ الحيُّ القيُّوم وأَتوبُ إليه

innahou hoūwa 'ṭ-tawābou 'r-Raḥīm min koulli dhanbin wa maʿṣīyatin wa min koulli mā youkhālifou dīn al-Islām, yā Arḥam ar-Rāḥimīn, min koulli mā youkhālifou 'ch-charīʿat, min koulli mā youkhālifou 'ṭ-ṭarīqata, min koulli mā youkhālifou 'l-maʿrifata, min-koulli mā youkhālifou 'l-ḥaqīqata, min koulli mā youkhālifou 'l-ʿazīmata, yā Arḥam ar-Rāḥīmin.	إِنَّهُ هو التَّوّابُ الرَّحيم. من كُلِّ ذَنْبٍ وَمَعْصيةٍ ومن كُلِّ ما يُخالِفُ دينَ الإِسْلام ومن كُلِّ ما يُخالِفُ الشَّريعة ومن كُلِّ ما يُخالِفُ الطَّريقة ومن كُلِّ ما يُخالِفُ المَعْرفة ومن كُلِّ ما يُخالِفُ الحَقيقة ومن كُلِّ ما يُخالِفُ العَزيمة يا أَرْحَمَ الرّاحِمين

Le cheick profère: je demande le pardon d'Allah l'Immense, il n'y a de dieu si ce n'est Lui, le Vivant, l'Immuable et je me repens auprès de Lui; certes, c'est Lui qui est enclin à accepter le repentir et Il est le Très Miséricordieux, de tout péché, de toute désobéissance, de tout ce qui s'oppose à la religion de l'Islam, de tout ce qui s'oppose à la Loi, de tout ce qui s'oppose à la Voie, de tout ce qui s'oppose à la connaissance parfaite, de tout ce qui s'oppose à la Réalité et de tout ce qui s'oppose à la ferme intention, Ô le plus Miséricordieux des miséricordieux.

Le cheick récite l'invocation suivante: Allāhoumma yā Moussabbib al-asbāb, yā Moufattiḥ al-abwāb, yā Mouqallib al-qouloūbi wa 'l-abṣār, yā Dalīl al-moutaḥayyirīn, yā Ghiyāth al-moustaghīthīn, yā Ḥayyou, yā Qayyoūm, yā Dhā 'l-Jalāli wa 'l-Ikrām! Wa oufawwiḍou amrī ilā-Allāh, inna-Allāha baṣṣīroun bi 'l-ʿibād.	يَتلو الإمامُ: اللّهمَّ يا مُسَبِّبَ الأَسْباب ويا مُفَتِّحَ الأَبْوَاب. يا مُقَلِّبَ القُلُوب والأبصار. يا دَليلَ المُتَحَيِّرين يا غِياثَ المُسْتَغيثين يا حيُّ يا قَيُّوم. يا ذا الجَلال والإكْرام. وأُفَوِّضُ أمْري إلى الله. إنَّ اللهَ بَصيرٌ بِالعِبادِ

Ô Allah, Celui qui cause les causes! Ô Celui qui ouvre les portes! Ô Celui qui fait fluctuer sans cesse les cœurs et les regards Ô Le Guide des perplexes! Ô Celui qui secourt ceux qui implorent le secours! Ô Le Vivant! Ô L'Immuable! Ô le Détenteur de la Majesté et de la Générosité! Je remets mon sort *entre les Mains* d'Allah. Certes, Allah voit parfaitement Ses serviteurs.

Rābiṭatou 'ch-charīfā.	الرّابطةُ الشَّريفة

Connecter votre cœur au cœur du Cheick, à travers lui vers le cœur du Prophète, du cœur du Prophète vers la Présence Divine.

3. Puis, le cheick distribue les 7 pierres de taille moyenne, en gardant 1 pour lui et en donnant les 6 autres aux participants qui se trouvent à sa droite. Ceux qui reçoivent une de ces pierres de taille moyenne récitent la Fātiḥā. Ces pierres sont rendues au cheick juste après.

Soūratou 'l-Fātiḥah (7 fois)		سورة الفاتحة (7 مرّات)

4. Le cheick demande ensuite au groupe de réciter la Ṣalawātou 'ch-Charīfah. Cḥaque personne la récite autant de fois que le nombre de pierres qu'elle a entre ses mains. L'Imam complète la récitation en comptant sur les 21 cailloux qu'il a gardés avec lui.

Ṣalawāt (100 fois): Allāhoumma ṣalli ʿalā Mouhammadin wa ʿalā āli Mouhammadin wa sallim.		صلوات: 100 مرة اللّهمّ صلّ على مُحمّدٍ وعلى آل مُحمّدٍ وسلّم

Ô Allah, Répands Tes grâces et la Paix sur Mouhammad et sur les siens.

5. Le cheick demande ensuite au groupe de réciter la Soūratou 'l-Inchirāḥ, en suivant la même méthode.

Soūratou 'l-Inchirāḥ (79 fois)		سُورةُ الانْشراح (79 مَرة)

6. Ensuite, le cheick distribue les 21 cailloux qu'il avait conservés, de la manière la plus égale possible entre les participants.

7. Puis, le cheick demande au groupe de réciter la Soūratou 'l-Ikhlāṣ, en commençant par la Basmalah. Chacun récite selon le nombre de cailloux qu'il a en main. Ceci est répété 10 fois. Après le dixième tour, le cheick prend la grosse pierre et récite dessus la Soūratou 'l-Ikhlāṣ, complétant ainsi les 1001 récitations de cette sourate.

Soūratou 'l-Ikhlāṣ (1001 fois)		سُورَةُ الإِخْلاص (1001 مَرَّة)

8. Le cheick distribue une fois de plus les 7 pierres de taille moyenne, en gardant un pour lui et en donnant les 6 autres aux participants qui se trouvent à sa gauche. Une fois de plus, ceux qui reçoivent ces pierres récitent la Fātiḥā puis les rendent au cheick juste après.

Soūratou 'l-Fātiḥā (7 fois)		سُورَةُ الفَاتِحَة (7 مَرَّات)

9. Le cheick demande encore une fois au groupe de réciter la Ṣalawātou 'ch-Charīfah, chacun récitant selon le nombre de cailloux qu'il a en main.

Ṣalawāt (100 fois): Allāhoumma ṣalli ʿalā Mouhammadin wa ʿalā āli Mouhammadin wa sallim.		صَلَوات 100 مرة اللَّهُمَّ صلِّ على مُحَمَّدٍ وعلى آل مُحَمَّدٍ وسلِّم

Ô Allah, Répands Tes grâces et la Paix sur Mouhammad et sur les siens.

10. Le cheick ou une personne qu'il désigne récite ensuite le verset 101 du chapitre 12 (12:101) du Saint Coran.

Aʿoudhoū billāhi min ach-chayṭāni 'r-rajīm. Bismillāhi 'r-Raḥmāni 'r-Raḥīm. Rabbī qad ātaytanī min al-moulki wa ʿallamtanī min tā'wīli 'l-aḥādīth fāṭira 's-samāwāti wa 'l-arḍi anta walīyyī fī 'd-dounyā wa 'l-ākhirati tawaffanī mousliman wa alḥiqnī bi' ṣ-ṣāliḥīn; Āmantou billāhi Ṣadaq-Allāhou 'l-ʿAẓīm. Soubḥāna rabbika rabbi 'l-ʿizzati ʿamā yaṣṣifoūn		يتلو الإمامُ: أعُوذُ بِاللهِ من الشَّيْطانِ الرَّجيمِ. بِسْمِ اللهِ الرَّحْمنِ الرَّحيمِ. رَبِّ قَدْ آتَيْتَنِي مِنَ الْمُلْكِ وَعَلَّمْتَنِي مِن تَأْوِيلِ الأَحَادِيثِ فَاطِرَ السَّمَاوَاتِ وَالأَرْضِ أَنتَ وَلِيِّي فِي الدُّنُيَا وَالآخِرَةِ تَوَفَّنِي مُسْلِماً وَأَلْحِقْنِي بِالصَّالِحِينَ. آمَنْتُ

wa salāmoun ʿalā 'l-moursalīn wa 'lḥamdoulillāhi rabbi 'l-ʿalamīn.	بِاللهِ صَدَقَ اللهُ العَظِيمْ. سُبْحَانَ رَبِّكَ رَبِّ العِزَّةِ عَمَّا يَصِفُونَ وسَلَامٌ عَلَى المُرْسَلِينَ والحَمْدُ للهِ رَبِّ العَالَمِينَ

Ô mon Seigneur! Tu m'as accordé une parcelle de la royauté et Tu m'as enseigné quelque chose de l'interprétation des symboles (aḥadîth); Créateur des cieux et de la terre, Tu es mon Protecteur en ce monde et dans l'Ultime Demeure. Achève-moi comme musulman et agrée-moi au nombre des gens pieux. Je crois en Allah, Allah l'Immense dit la Vérité. Gloire à ton Seigneur, le Seigneur de l'Inaccessibilité, Exalté soit-Il, au-delà de ce qu'ils Lui attribuent! Que la Paix soit sur les envoyés et la Louange revient à Allah, le Seigneur des mondes.

11. Le cheick le dédie

Ihdā (offrande): voir Ihdā page 27.	إهْدَاء

12. Le cheick entame ensuite la partie du dhikr qui s'effectue à haute voix.

Partie à haute voix		
F'alam annahoū: Lā ilāhā ill-Allāh (100 fois) Sache que: il n'y a de dieu si ce n'est Allah.		فَاعْلَمْ أَنَّهُ: لا إله إلا الله (100 مَرَّة)
Puis, le cheick récite l'*Ihdā* (voir page 27) pour offrir les récompenses des récitations qui précèdent au Prophète ﷺ et aux cheicks de l'Ordre Naqchbandī:		إهْداء
Ila charafi 'n-Nabī ṣall-Allāhoū 'alayhi wa sallam wa ālihi wa ṣaḥbih, wa ila arwāḥi sā'iri sādātinā wa 'ṣ-ṣīddiqīn, al-Fātiḥah.		إلى شَرَفِ النَّبِي صلى الله عليه وسلم وإلى آلِه وصَحْبِه وإلى أرْواحِ مشايِخِنا وسائِرِ ساداتِنا والصِّدِّيقين الفاتحة
Pour l'honneur du Prophète – sur lui la Grâce et la Paix - pour les siens et ses compagnons et pour les esprits de nos cheicks, de tous nos maîtres et des véridiques, al-Fātiḥah.		

Dhikr al-Jālāla: Allāh, Allāh, Allāh (100 fois) Dieu, Dieu, Dieu		ذِكرُ الجلالةِ الله الله الله (حوالي 100 مرّة)
Ḥasboun-Allāh wa niʿm al-wakīl, niʿm al-Mawlā wa niʿm an-Naṣṣīr, lā ḥawla wa lā qouwwata illa billāhi 'l-ʿAlīyyi 'l-ʿAẓīm.		الإمام: حَسْبُنا الله ونِعْمَ الوكيل نِعْمَ المولى ونِعْمَ النّصِيرُ لا حَوْلَ ولا قوّةَ إلا بِالله العَلِيّ العَظِيم
Allah me suffit! et quel Excellent Garant! Quel Excellent Maître! et quel Excellent Soutien! Il n'y a de force et de puissance que par Allah, le très Haut, l'Immense.		
Hoū, Hoū, Hoū (33 fois) L'Ultime Inconnu.		هُو. هُو. هُو. (حوالي 33 مرّة)
Ḥasboun-Allāh wa niʿm al-wakīl, niʿm al-Mawlā wa niʿm an-Naṣṣīr, lā ḥawla wa lā qouwwata illa billāhi 'l-ʿAlīyyi 'l-ʿAẓīm.		الإمام: حَسْبُنا الله ونِعْمَ الوكيل نِعْمَ المولى ونِعْمَ النّصِيرُ لا حَوْلَ ولا قوّةَ إلا بِالله العَلِيّ العَظِيم
Allah me suffit! et quel Excellent Garant! Quel Excellent Maître! et quel Excellent Soutien! Il n'y a de force et de puissance que par Allah, le très Haut, l'Immense.		

Ḥaqq, Ḥaqq, Ḥaqq (33 fois) Le Réel.	حَقّ. حَقّ. حَقّ. (حَوَالي 33 مَرّة)
Ḥasboun-Allāh wa niʿm al-wakīl, niʿm al-Mawlā wa niʿm an-Naṣṣīr, lā ḥawla wa Lā qouwwata illa billāhi 'l-ʿAlīyyi 'l-ʿAẓīm.	الإمام: حَسْبُنَا الله وَنِعْمَ الوَكِيل نِعْمَ المولى وَنِعْمَ النَّصِير وَلا حَوْلَ وَلا قُوَّةَ إلا بالله العَلِيِّ العَظيم
Allah me suffit! et quel Excellent Garant! Quel Excellent Maître! et quel Excellent Soutien! Il n'y a de force et de puissance que par Allah, le très Haut, l'Immense.	
Ḥayy, Ḥayy, Ḥayy (33 fois) Le Vivant.	حَيّ. حَيّ. حَيّ. (حَوَالي 33 مَرّة)
Ḥasboun-Allāh wa niʿm al-wakīl, niʿm al-Mawlā wa niʿm an-Naṣṣīr, lā ḥawla wa lā qouwwata illa billāhi 'l-ʿAlīyyi 'l-ʿAẓīm.	الإمام: حَسْبُنَا الله وَنِعْمَ الوَكِيل وَلا حَوْلَ نعم المولى ونعم المصير لا قُوَّةَ إلا بالله العَلِيِّ العَظيم

Allah me suffit! et quel Excellent Garant! Quel Excellent Maître! et quel Excellent Soutien! Il n'y a de force et de puissance que par Allah, le très Haut, l'Immense.		
Allāh Hoū, Allāh Ḥaqq (10-12 fois) Dieu l'Ultime Inconnu. Dieu, le Réel.		الله هُو الله حَقّ الله هُو لله حَقّ (10 أو 12 مرّة)
Allāh Hoū, Allāh Ḥayy (10-12 fois) Dieu l'Ultime Inconnu, Dieu le Vivant.		الله هُو الله حَيّ . الله هُو الله حَيّ (10 أو 12 مرّة)
Allāh Ḥayy Yā Qayyoūm (10-12 fois) Dieu le Vivant, Ô l'Immuable!		الله حَيّ يا قَيُّوم الله حَيّ يا قَيُّوم (10 أو 12 مرّة)
Ḥasboun-Allāh wa niʿm al-wakīl, niʿm al-Mawlā wa niʿm an-Naṣṣīr, lā ḥawla wa lā qouwwata illa billāhi 'l-ʿAlīyyi 'l-ʿAẓīm.		الإمام: حَسْبُنا الله ونِعْمَ الوكيل ولا حَوْلَ لا قُوَّةَ إلا بالله العَليّ العَظيم
Allah me suffit! et quel Excellent Garant! Quel Excellent Maître! et quel Excellent Soutien! Il n'y a de force et de puissance que par Allah, le très Haut, l'Immense.		

Yā Hoū, Yā Hoū, Yā Dā'im (3 fois); Allāh Yā Hoū, Yā Dā'im (1 fois) Ô l'Ultime Inconnu, Ô l'Ultime Inconnu, Ô l'éternel! Dieu, Ô l'Ultime Inconnu! Ô l'éternel!		الإمام: يا هُو يا هُو يا دائِم (3 مَرّة)، الله يا هو يا دائِم
Yā Dā'im, Yā Dā'im, Yā Dā'im, Yā Allāh (2 fois) Ô l'Eternel (x3), Ô Dieu!		يا دائِمْ. يا دائِمْ. يا دائِمْ يا الله (مَرّتانِ)
Yā Ḥalīm, Yā Ḥalīm, Yā Ḥalīm, Yā Allāh (2 fois) Ô le Longanime (x3), Ô Dieu!		يا حَلِيمْ. يا حَلِيمْ. يا حَلِيمْ يا الله (مَرّتانِ)
Yā Ḥafīẓ, Yā Ḥafīẓ, Yā Ḥafīẓ, Yā Allāh (2 fois) Ô le Préservateur (x3), Ô Dieu!		يا حَفِيظْ. يا حَفِيظْ. يا حَفِيظْ يا الله (مَرّتانِ)
Yā Laṭīf, Yā Laṭīf, Yā Laṭīf, Yā Allāh (2 fois) Ô le Subtile (x3), Ô Dieu!		يا لَطِيفْ. يا لَطِيفْ. يا لَطِيفْ يا الله (مَرّتانِ)

Yā Ghaffār, Yā Ghaffār, Yā Ghaffār, Yā Allāh (2 fois) Ô le Tout-Pardonnant (x3), Ô Dieu!		يا غَفّارْ. يا غَفّارْ. يا غفّارْ يا الله (مَرّتان)
Yā Sattār, Yā Sattār, Yā Sattār, Yā Allāh (2 fois) Ô Celui qui voile (x3), Ô Dieu!		يا سَتّارْ. يا سَتّارْ. يا سَتّارْ يا الله (مَرّتان)
Yā Fattāḥ, Yā Fattāḥ, Yā Fattāḥ, Yā Allāh (2 fois) Ô Celui qui ne cesse d'ouvrir (x3), Ô Dieu!		يا فَتّاحْ. يا فَتّاحْ. يا فَتّاحْ يا الله (مَرّتان)
Yā Moujīb, Yā Moujīb, Yā Moujīb, Yā Allāh (2 fois) Ô l'Exauceur (x3), Ô Dieu!		يا مُجيبْ. يا مُجيبْ. يا مُجيبْ يا الله (مَرّتان)
Yā Mouʿiz, Yā Mouʿiz, Yā Mouʿiz, Yā Allāh (2 fois) Ô Celui qui honore (x3), Ô Dieu!		يا مُعِز . يا مُعِز . يا مُعِز يا الله (مَرّتان)
Yā Mouʿīn, Yā Mouʿīn, Yā Mouʿīn, Yā Allāh (2 fois) Ô le Secoureur (x3), Ô Dieu!		يا مُعِينْ . يا مُعِينْ . يا مُعِينْ يا الله (مَرّتان)

Yā Wadoūd, Yā Wadoūd, Yā Wadoūd, Yā Allāh (2 fois) Ô le Compatissant (x3), Ô Dieu!	يا وَدُودْ. يا وَدُودْ. يا وَدُودْ يا الله (مَرَّتان)
Yā Raḥmān, Yā Raḥmān, Yā Raḥmān, Yā Allāh (2 fois) Ô le Tout Miséricordieux (x3), Ô Dieu!	يا رَحْمنْ. يا رَحْمنْ. يا رَحْمنْ يا الله (مَرَّتان)
Yā Raḥīm, Yā Raḥīm, Yā Raḥīm, Yā Allāh (2 fois) Ô le Très-Miséricordieux (x3), Ô Dieu!	يا رَحِيمْ. يا رَحِيمْ. يا رَحِيمْ يا الله (مَرَّتان)
Yā Ḥannān, Yā Ḥannān, Yā Ḥannān, Yā Allāh (2 fois) Ô le Plus Affectueux (x3), Ô Dieu!	يا حَنَّانْ. يا حَنَّانْ. يا حَنَّانْ. يا الله (مَرَّتان)
Yā Mannān, Yā Mannān, Yā Mannān, Yā Allāh (2 fois) Ô le Donateur Parfait (x3), Ô Dieu!	يا مَنَّانْ. يا مَنَّانْ. يا مَنَّانْ. يا الله (مَرَّتان)

Yā Dayyān, Yā Dayyān, Yā Dayyān, Yā Allāh (2 fois) Ô le Tout-Equitable (x3), Ô Dieu!		يا دَيّانْ. يا دَيّانْ. يا دَيّانْ. يا الله (مَرّتان)
Yā Soubḥān, Yā Soubḥān, Yā Soubḥān, Yā Allāh (2 fois) Ô le Tout-Glorieux (x3), Ô Dieu!		يا سُبْحانْ. يا سُبْحانْ. يا سُبْحانْ. يا الله (مَرّتان)
Yā Soulṭān, Yā Soulṭān, Yā Soulṭān, Yā Allāh (2 fois) Ô le Souverain! (x3), Ô Dieu!		يا سُلْطانْ. يا سُلْطانْ. يا سُلْطانْ. يا الله (مَرّتان)
Yā Amān, Yā Amān, Yā Amān, Yā Allāh (2 fois) Ô le Protecteur! (x3), Ô Dieu!		يا أمانْ. يا أمانْ. يا أمانْ. يا الله (مَرّتان)
Yā Allāh, Yā Allāh, Yā Allāh, Yā Allāh (2 fois) Ô Dieu! (x3), Ô Dieu!		يا الله. يا الله. يا الله. يا الله. . . . (مَرّتان)
Le cheick peut invoquer d'autres Noms Divins (en plus), selon l'inspiration du moment.		

<table>
<tr><td>Ḥasboun-Allāh wa niʿm al-wakīl, niʿm al-Mawlā wa niʿm an-Naṣṣīr, lā ḥawla wa lā qouwwata illa billāhi 'l-ʿAlīyyi 'l-ʿAẓīm.</td><td></td><td>الإمام: حَسْبُنا الله ونِعْمَ الوكيل نعم المولى ونعم المصير لا حَوْلَ ولا قوّةَ إلا بالله العَليّ العَظيم</td></tr>
<tr><td colspan="3">Allah me suffit! et quel Excellent Garant! Quel Excellent Maître! et quel Excellent Soutien! Il n'y a de force et de puissance que par Allah, le très Haut, l'Immense.</td></tr>
<tr><td>Inna-Allāha wa malā'ikatahoū youṣṣalloūna ʿalā an-Nabī, yā ayyouh-alladhīnā āmanoū, ṣalloū ʿalayhi wa sallimoū taslīmā. (Ṣadaq-Allāhou 'l-ʿAẓīm)</td><td></td><td>إِنَّ اللهَ وَمَلائِكَتَهُ يُصَلُّونَ عَلَى النَّبِيِّ يَا أَيُّهَا الَّذِينَ آمَنُوا صَلُّوا عَلَيْهِ وَسَلِّمُوا تَسْلِيماً</td></tr>
<tr><td colspan="3">Allah Lui-même et Ses anges prient sur le Prophète; Ô vous qui avez la foi! Priez sur lui et adressez-lui vos salutations. (Allah l'Immense dit (ou témoigne de/atteste de) la Vérité).</td></tr>
<tr><td>Ṣalawāt (10 fois): Allāhoumma ṣalli ʿalā Mouhammadin wa ʿalā āli Mouhammadin wa sallim</td><td></td><td>صلوات: 10 مرات – اللَّهُمَّ صلّ على مُحَمَّدٍ وعلى آل مُحَمَّدٍ وسلم</td></tr>
<tr><td colspan="3">Ô Allah, Répands Tes grâces et la Paix sur Mouhammad et sur les siens.</td></tr>
</table>

Le cheick prononce une invocation selon son inspiration.		
Le cheick récite ensuite la plus noble des prières sur le Prophète (voir page 24)		الصَّلاة الشَّرِيفَةِ المأثُورَة
Puis, le Cheick récite l'offrande (voir Ihdā page 27).		إهْداء

Le *Khatm* court (à voix haute)		خَتْمُ الخَواجَكانِ الصغير – جَهْر
Le Khatm court est similaire au long Khatm mais il est récité intégralement à haute voix. Les différences sont dans le nombre de répétitions des invocations dans le Adab:		
Soūratou 'l-Fātiḥah (7 fois)		الفاتحة (7 مرات)
Prières sur le Prophète ﷺ (ṣalawāt) (10 fois): Allāhoumma ṣalli ʿalā Mouhammadin wa ʿalā āli Mouhammadin wa sallim		صَلَوات (10 مرات) اللّهمَّ صلِّ على مُحَمَّدٍ وعلى آل مُحَمَّدٍ وسلِّم
Ô Allah!, Répands Tes grâces et la Paix sur Mouhammad et sur les siens.		
Soūratou 'l-Inchirāḥ (7 fois)		سُورةُ الإنشراح (7 مَرات)
Soūratou 'l-Ikhlāṣ (11 fois)		سُورةُ الإخْلاص (11 مَرّة)
Soūratou 'l-Fātiḥah (7 fois)		سُورةُ الفاتحة (7 مَرّات)

Prières sur le Prophète ﷺ (ṣalawāt) (10 fois): Allāhoumma ṣalli ʿalā Mouhammadin wa ʿalā āli Mouhammadin wa sallim		صَلَوات (10 مَرات) أَللَّهُمَّ صلّ على مُحَمَّدٍ وعلى آل مُحَمَّدٍ وسلم

La suite du Khatm *est identique au long* Khatm *à partir du moment où le cheick désigne quelqu'un pour réciter le verset du Coran (12:101) - section 10* *(voir page 35)*

Invoquer les maîtres

Yā sayyid as-sādāt wa noūr al-mawjoudāt, yā man hoūwa al-malja'ou liman massahou ḍaymoun wa ghammoun wa alam. Yā aqraba'l-wassā'ili ilā-Allāhi taʿalā wa yā aqwā 'l-moustanad, attawassalou ila janābīka 'l-ʿaẓam bi-hādhihi's-sādāti, wa āhlillāh, wa āhli baitika 'l-kirām, li-dafʿi dourrin lā youdfaʿou illā bi wāssiṭatik, wa rafʿi daymin lā yourfaʿou illā bi-dalālatika bi Sayyīdī wa Mawlāy, yā Sayyīdī yā Rassoūlallāh, yā man arsalahou 'llāhou Raḥmatan li 'l-ʿālamīn:

يا سَيِّدَ السَّاداتِ ويا نُورَ المَوْجُوداتِ، يا من هُوَ المَلْجأُ لِمنْ مَسَّهُ ضَيْمٌ وغَمٌّ وألَمٌ، يا أقْرَبَ الوَسائِلِ إلى الله تعالى ويا أقْوى المُسْتَنَد، أتوَسَّلُ إلى جنابِكَ الأعْظم بِهَؤُلاءِ السَّاداتِ وأهْلِ الله وأهْلِ بيْتِكَ الكِرام لِدفْعِ ضُرٍ لا يُدْفَعُ إلا بِواسطتِكَ ورفْعِ ضَيْمٍ لا يُرْفَعُ إلا بِدَلالَتِكَ بِسَيِّدي ومَوْلاي يا سَيِّدي يا رَسُول الله يا من أرْسَلَهُ اللهُ رَحْمَةً لِلْعالَمين

Ô le maître des maîtres et la lumière des existants! Ô le refuge de celui qui est touché par l'oppression, l'amertume et la douleur! Ô le moyen le plus proche d'Allah, Exalté soit-Il! Ô l'appui le plus solide! J'implore ton excellence par l'intermédiaire de ces maîtres, par les Hommes d'Allah et par les siens –les généreux- de repousser une détresse qui ne peut être repoussée que par votre intercession et d'éloigner une oppression qui ne peut être écartée que par votre plaidoyer, au moyen de mon maître et mon Superieur. Ô mon maître! Ô le messager d'Allah! Ô celui qu'Allah a envoyé comme miséricorde pour les mondes!

Nabī		نَبِي
Siddīq		صِدِّيق
Salmān		سَلْمَانْ
Qāssim		قَاسِمْ
J'afar		جَعْفَرْ
Ṭayfoūr		طَيْفُورْ

Abou 'l-Ḥassan		ابو الحَسَنِ
Aboū ʿAlī		أبو عليّ
Yoūssouf		يُوسُفْ
Abou 'l-ʿAbbās		أبو العبّاس
ʿAbdou 'l-Khāliq		عَبْدُ الخالقِ
ʿArif		عارِفْ
Maḥmoūd		مَحْمُودْ
ʿAlī		عليّْ
Mouhammad Bābā as-Samāssī		مُحَمَّد بَابَا السَّماسِيُّ
Sayyid Amīr Koulālī		سيّد أمير كلالي
Khwājā Bahā'ouddīn Naqchband		خَواجَه بهاءُ الدّين النَقْشْبَنْد
ʿAlā'ouddīn		عَلاءُ الدّينِ

Yaʿqoūb		يَعْقوبْ
ʿOubaydoullāh		عُبَيْدُ الله
Mouhammad Zāhid		مُحَمَّد زاهِد
Darwīch Mouhammad		دَرْويشْ مُحَمَّدْ
Khwājā Amkanākī		خَواجَه الأمْكَناكي
Mouhammad al-Bāqī		مُحَمَّدُ الباقي
Ahmad al-Fāroūqī		أحْمَدُ الفارُوقي
Mouhammad Maʿṣoūm		مُحَمَّدْ مَعْصومْ
Sayfouddīn		سيْفُ الدّين
Noūr Mouhammad		نورْ مُحَمَّد
Habīboullāh		حَبيبُ الله
ʿAbd Allāh		عَبْدُ الله

Cheick Khālid		الشَّيْخُ خالدُ
Cheick Ismāʿīl		الشَّيْخُ إسماعيلُ
Khāṣ Mouhammad		خاصْ مُحَمَّد
Cheick Mouhammad Effendi al-Yarāghī		الشَّيْخ مُحَمَّدْ أفْندي اليراغي
Sayyid Jamālouddīn al-Ghoumoūqī al-Houssaynī		سيّد جَمالِ الدّين الغَموقي الحُسَيْنيْ
Aboū Aḥmad as-Soughoūrī		ابو أحْمَد الصُّغوري
Aboū Mouhammad al-Madanī		ابو مُحَمَّد المدَني
Cheick Charafouddīn ad-Dāghestānī		الشَّيْخ شَرَفُ الدّين الدَّاغِسْتَاني
Cheick ʿAbd Allāh al-Fāʾiz ad-Dāghestānī		الشَّيْخ عَبْدُ الله الفائز الدَّاغِسْتَاني
Cheick Mouhammad Nāẓim ʿAdil al-Ḥaqqānī		الشَّيْخ مُحَمَّد ناظِم الحَقَّاني

Invocation de l'Imam al-Mahdi et de ses députés

Ṣāḥibou 'z-Zamān al-Īmāmou 'l-Mahdī عليه السلام		صاحِبُ الزَمانِ الإمامُ مُحَمَّد المَهْدي عليه السّلام
Chahāmatou 'l-Fardānī		شَهامةُ الفَرْداني
Yoūssoufou 'ṣ-Ṣiddīq		يُوسِفُ الصّدّيق
ʿAbdour-Ra'oūf al-Yamānī		عَبْدُ الرَّؤوفِ اليمانيّ
Imāmou 'l-ʿĀrifīn Amānou 'l-Ḥaqq		إمامُ العارفين أمانُ الحَقّ
Lissānou 'l-Moutakallimīn ʿAwnoullāhi 's-Sakhāwī		لِسانُ المُتَكَلّمين عَوْنُ الله السَّخاوي
ʿĀrifou 't-Tayyār al-Māʿroūf bi Moulhān		عارِفُ الطّيّارِ المَعْرُوف بِمُلْحان
Bourhānou 'l-Kouramā' Ghawthi 'l-Anām		بُرْهانُ الكُرَماءِ غَوْثُ الأنامِ

Yā Ṣāḥiba 'z-Zamān, yā Ṣāḥib al-ʿounṣour.		يا صاحِبَ الزّمانِ، يا صاحِبَ العُنْصُرِ
Yā rijāl-Allāh āʿalā 'Llāhou taʿala darajātihim dā'iman wa amaddanā bi-madadihim wa-nafaʿnā bi-barakātihim wa anfāssihimi 'l-qoudsīyya, bi-ḥourmati man lā Nabīyya baʿdahou, bi sirri Soūrati 'l-Fātiḥah.		يا رجالَ اللهِ أعلى اللهُ تعالى دَرَجاتِهم دائماً وأمدَّنا بمَدَدِهم ونفَّعْنا ببَرَكاتِ أنْفاسِهم القُدُسيَّة بِحُرْمَةِ من لا نَبِيَّ بَعْدَهُ وبسرِّ سُورةِ الفاتحة

Ô les hommes d'Allah! qu'Allah, Exalté Soit-Il, élève sans cesse vos rangs, nous soutienne par votre support, nous gratifie par les bénédictions de vos souffles sanctifiés. Et ce, par l'inviolabilité du Sceau des prophètes et par le secret de la sourate al-Fātiḥah.

La prière de Maghrib

Adhān (appel à la prière)		الآذان
Allāhu akbar (4 fois) Allah est le plus Grand.		اللهُ أَكْبَرْ، اللهُ أَكْبَرْ، اللهُ أَكْبَرْ، اللهُ أَكْبَرْ
Ach-hadou an lā ilāha ill-Allāh (2 fois) Je témoigne qu'il n'y a de dieu qu'Allah.		أَشْهَدُ أَنْ لا إِلَهَ إِلاَّ اللهُ أَشْهَدُ أَنْ لا إِلَهَ إِلاَّ اللهُ
Ach-hadou anna Mouhammadan Rassoūloullāh (2 fois) Je témoigne que Mouhammad est le messager d'Allah.		أَشْهَدُ أَنَّ محمداً رَسُول الله – أَشْهَدُ أَنَّ محمداً رَسُول الله
Ḥayyā ʿalā 'ṣ-ṣalāt (2 fois) Venez à la prière.		حيَّ عَلى الصَّلاَة حيَّ عَلى الصَّلاَة
Ḥayyā ʿāla 'l-falāḥ (2 fois) Venez à la félicité.		حيَّ عَلى الفَلاح حيَّ عَلى الفَلاح
Allāhou akbar (2 fois)		اللهُ أَكْبَر اللهُ أَكْبَر

Allah est le plus Grand.		
Lā ilāha illa-Allāh Il n'y a de dieu qu'Allah.		لا إله إلا الله
AṢ-ṢALATOU WA 'S-SALĀM (à réciter à voix haute par le muezzin): Aṣ-Ṣalātou wa 's-salāmou ʿalayk, yā man arsalahoullāhou taʿalā raḥmatan li 'l-ʿālamīn. Aṣ-Ṣalātou wa 's-salāmou ʿalayk, wa ʿalā ālika wa aṣ-ḥābika ajmaʿīn. Aṣ-Ṣalātou wa 's-salāmou ʿalaykoum, yā anbiyā'Allāh.		الصّلاة والسّلام الصَّلاةُ والسَّلامُ عَلَيْكَ يا مَنْ أَرْسَلَهُ اللهُ تعالى رحمةً للعالمين الصَّلاةُ والسَّلامُ عَلَيْكَ وعلى آلِكَ وأَصْحَابِكَ أجمعين الصَّلاةُ والسَّلامُ عَلَيْكُمْ، يا أنبياءَ الله
Que la Grâce et la Paix soient sur toi, Ô toi qu'Allah Exalté a envoyé comme une miséricorde pour les mondes. Que la Grâce et la Paix soient sur toi, sur les tiens et tous tes compagnons. Que la Grâce et la Paix soient sur vous, Ô Envoyés d'Allah.		

INVOCATION (DOU'Ā):

(à réciter à voix basse par toute personne qui entend le adhān):

Allāhoumma rabba hādhihī 'd-da'wati 't-tāmma wa 'ṣ-ṣalāt il-qā'ima, āti Sayyīdinā Mouhammadan al-wassīlata wa 'l-faḍīlata wa 'd-darajati 'r-raf'īati 'l-'alīyya w'ab'athhou Rabbī al-maqām al-maḥmoūd alladhī w'adtahou, warzouqnā chaf'atahou yawm al-qīyāma. Innaka lā toukhlifou 'l-mī'ād.

دُعاءُ:

اللّهُمَّ رَبَّ هَذِهِ الدعْوةِ التّامّةِ والصَّلاةِ القائمة آتِ مُحَمَّداً الوَسيلةَ والفضيلة والدَّرَجةَ الرَّفيعةَ العاليةَ وابْعَثْهُ ربّي المقامَ المَحْمُودَ الذي وَعَدْتَهُ وارْزُقنا شَفاعَتَهُ يَوْمَ القِيامةِ إنّكَ لا تُخْلِفُ الميعاد (وزوّجْنا من الحُور العِين)

Ô Allah! Seigneur de cet appel parfait et de la prière que l'on va accomplir, Accorde à Mouhammad le pouvoir d'intercéder, le rang sublime et suprême. Ressuscite-le à la Station Louange que Tu lui as promise et Accorde-nous son intercession le Jour du jugement car Tu ne manques pas à Ta promesse.

2 RAK'ATS SOUNNAH (SUREROGATOIRES) A faire après l' adhān.		رَكْعَتَيْن سُنَّة
IQAMATOU 'Ṣ-ṢALĀT		إقامةُ الصَّلاة
Identique à l'adhān en introduisant après ḥayyā 'āla 'l-falāḥ: Qad qāmati 'ṣ-ṣalāt (2 fois) Puis, la prière commence.		مثل الآذان ولكن مع إدخال قد قامَتِ الصَّلاة قد قامَت الصَّلاة – بعد حي على الفلاح
3 RAK'ATS FARḌ (OBLIGATOIRES)		ثلاثُ رَكْعات فَرْض
Après le salām final, proclamer:		بعد التّسْليم
lā ilāha ill-Allāh (3 fois) Mouhammadour Rassoūloullāh Il n'y a de dieu qu'Allah (3 fois) Mouhammad est le messager d'Allah.		لا إلَهَ إلاَّ الله (ثَلاثُ مَرّات) مُحَمَّد رَسُولُ الله

Astaghfiroullāh (3 fois) Qu'Allah me pardonne.		إِسْتِغْفَار (ثَلاثُ مَرَّات)
Astaghfiroullāh al-ʿAẓīm alladhī lā ilāha illa Hoūwa al-Ḥayyou 'l-Qayyoūm wa atoūbou ilayh.		أَسْتَغْفِرُ اللهَ العَظِيمَ الذي لا إِلَهَ إلا هُوَ الحَيُّ القَيُّوم وأَتُوبُ إِلَيْه أَسْتَغْفِرُ الله. أَسْتَغْفِرُ الله. أَسْتَغْفِرُ الله
Je demande le Pardon d'Allah l'Immense, qui est Tel qu'il n'y a de dieu si ce n'est Lui, le Vivant, l'Immuable et je me repens auprès de Lui. Qu'Allah me pardonne.		
INVOCATION (DOUʿĀ): Allāhoumma anta 's-Salām wa minka 's-salām tabārakta wa taʿālayta yā Dhā 'l-Jalāli wa 'l-ikrām. Lā ilāha ill-Allāhou wāḥdahou lā sharīka lah, lahou 'l-moulkou wa lahou 'l-ḥamd, youḥī wa youmīt wa Hoūwa ʿalā koulli chay'in qadīr. Samiʿnā wa ataʿnā, ghoufrānaka, Rabbanā, wa ilayka 'l-maṣṣīr.		دُعاء: اللَّهُمَّ أَنتَ السَّلامُ ومِنكَ السَّلامُ تَبارَكْتَ وتَعالَيْتَ يا ذا الجَلالِ والإِكْرام. لا إِلَهَ إلا اللهُ وَحْدَهُ لا شَرِيكَ لَهُ، لَهُ المُلْكُ ولَهُ الحَمْدُ يُحيي ويُميت وهُوَ على كُلِّ شَيْءٍ قَدير. سَمِعْنا وأَطَعْنا غُفْرانَكَ رَبَّنا وإِلَيْكَ المَصير

Ô Allah! Tu es la Paix et de Toi émane la Paix. Béni et Exalté Sois-Tu, Ô Détenteur de la Majesté et de la Générosité! Il n'y a de dieu si ce n'est Allah, l'Un sans associé. À Lui appartiennent le Royaume et la Louange, Il vivifie et Il mortifie et Il a la Puissance sur toute chose. Nous avons entendu et nous avons obéi, nous implorons Ton pardon, Ô notre Seigneur! Et c'est à Toi que sera le retour.

2 RAK'ATS SOUNNAH		رَكْعَتَيْنِ سُنَّة
'alā Rassoūlinā 'ṣ-ṣalawāt. Astaghfiroullāh, soubḥānallāh wa 'l-ḥamdoulillāh, wa lā ilāha ill-Allāh w'allāhoū akbar, wa lā ḥawla wa lā qouwwata illa billāhi 'l-'Alīyyi 'l-'Āẓīm.		على رَسُولِنا الصَّلَوات. أَسْتَغْفِرُ الله. أَسْتَغْفِرُ الله. أَسْتَغْفِرُ الله سُبْحانَ الله والحَمْدُ لله ولا إلَهَ إلاَّ الله والله أَكْبَرُ ولا حَوْلَ ولا قُوَّةَ إلا بالله العَلِيِّ العَظيم

Que les Grâces soient sur notre Prophète; qu'Allah me pardonne (3 fois). Gloire à Allah! Louange à Allah! Il n'y a de dieu si ce n'est Allah et Allah est le plus Grand. Il n'y a de force et de puissance que par Allah, le très Haut, l'Immense.

CHAPITRE 2, VERSET 163 Aʿoudhoū billāhi min ach-chaytāni 'r-rajīm. Bismillāhi 'r-Raḥmāni 'r-Raḥīm. Wa ilāhoukoum ilāhoun wāḥidoun, lā ilāha illa Hoū ar-Raḥmānou 'r-Raḥīm.		البقرة 163 أَعُوذُ بِاللهِ مِنَ الشَّيْطَانِ الرَّجِيمِ بِسْمِ اللهِ الرَّحْمٰنِ الرَّحِيمِ وَإِلٰهُكُمْ إِلٰهٌ وَاحِدٌ لَا إِلٰهَ إِلَّا هُوَ الرَّحْمٰنُ الرَّحِيمُ

Je me refugie auprès de Dieu contre satan le lapidé. Au Nom d'Allah, Le Tout Miséricordieux, Le Très Miséricordieux. Et votre Dieu est un Dieu Unique, il n'est de dieu si ce n'est Lui, Le Tout Miséricordieux, Le Très Miséricordieux.

ĀYATOU 'L-KOURSĪ (LE VERSET DU TRÔNE)		آيَةُ الْكُرْسِي
Allāhoū lā ilāha illa Hoūwa 'l-Ḥayyou 'l-Qayyoūm, lā tākhoudhouhoū 's-sinatoun wa lā nawm, lahoū mā fi 's-samāwāti wa mā fi 'l-arḍ. Man dhā-ladhī yachfaʿou ʿindahoū illā bi idhnih		اللهُ لَا إِلَهَ إِلَّا هُوَ الْحَيُّ الْقَيُّومُ لَا تَأْخُذُهُ سِنَةٌ وَلَا نَوْمٌ لَهُ مَا فِي السَّمَاوَاتِ وَمَا فِي الْأَرْضِ مَنْ ذَا الَّذِي يَشْفَعُ عِنْدَهُ إِلَّا بِإِذْنِهِ يَعْلَمُ

ya'lamou mā bayna aydīhim wa mā khalfahoum wa lā youḥīṭounā bi-chay'in min 'ilmihi illā bimā chā'. Wassi'a koursīyyouhou 's-samāwāti wa 'l-arḍa, wa lā ya'oūdouhou ḥifzouhoumā, wa Hoūwa 'l-'Alīyyou 'l-'Azīm. Ṣadaq-Allāhou 'l-'Aẓīm.		مَا بَيْنَ أَيْدِيهِمْ وَمَا خَلْفَهُمْ وَلَا يُحِيطُونَ بِشَيْءٍ مِّنْ عِلْمِهِ إِلَّا بِمَا شَاءَ وَسِعَ كُرْسِيُّهُ السَّمَاوَاتِ وَالْأَرْضَ وَلَا يَئُودُهُ حِفْظُهُمَا وَهُوَ الْعَلِيُّ الْعَظِيمُ

Allah! Il n'y a de dieu si ce n'est Lui, Le Vivant, L'Immuable. Il n'est sujet ni à l'assoupissement ni au sommeil. Il possède ce qu'il y a dans les cieux et sur la terre. Qui donc peut servir d'intermédiaire auprès de Lui, sans Sa permission ? Il sait ce qui se trouve devant comme derrière eux et ils n'embrassent de Sa science, que ce qu'Il a bien daigné leur accorder. Son Trône contient les cieux et la terre et leur garde ne Lui pèse nullement. Et Il est le très Haut, l'Immense.

TASBĪḤ		تَسْبِيح
Soubḥānak yā 'Azīm soubḥānallāh, soubḥānallāh (33 fois)		سُبحانَكَ يا عَظِيم: سُبْحانُ الله (33 مَرّة)

<table>
<tr><td colspan="3">Gloire à Toi, Ô l'Immense! Gloire à Allah, gloire à Allah.</td></tr>
<tr><td>ʿalā nʿimati 'l-Islām wa charafi 'l-īmān dā'iman alḥamdoulillāh, alḥamdoulillāh (33 fois)</td><td></td><td>علىٰ نِعْمةِ الإسْلامِ وشَرَفِ الإيمانِ دائِماً: الحَمْدُ لله (33 مَرّة)</td></tr>
<tr><td colspan="3">Pour la faveur de l'Islam et l'honneur de la foi, incessamment: la Louange revient à Allah, la Louange revient à Allah.</td></tr>
<tr><td>Taʿalā chā'nouhoū wa lā ilāha ghayroūḥoū, Allāhoū akbar, Allāhoū akbar (33 fois)</td><td></td><td>تعالى شأْنُهُ ولا إله غَيرُهُ: الله أَكْبر(33 مَرّة)</td></tr>
<tr><td colspan="3">Exalté soit son prestige et il n'y a nul autre dieu que Lui: Allah est le plus Grand, Allah est le plus Grand.</td></tr>
<tr><td>Allāhoū akbarou kabīran wa 'lḥamdoulillāhi kathīran wa soubḥānallāhi boukratan wa aṣṣīla. Lā ilāha illa-Allāhou wāḥdahoū lā charīka lah, lahou 'l-moulkou wa lahou 'l-ḥamd youḥīy wa youmīt wa Hoūwa ʿalā koulli chay'in qadīr. Soubḥāna Rabbīou 'l-ʿAlīyyou 'l-ʿāla 'l-Wahhāb.</td><td></td><td>الله أَكْبَرُ كبيرًا والحَمْدُ لله كثيرًا وسُبْحانَ الله بُكْرةً وأصيلاً لا إله إلا الله وَحْدَهُ لا شَرِيكَ له، له المُلْكُ وله الحَمْدُ يُحيِي ويُميت وهُوَ على كلِّ شيءٍ قَديرٌ سُبْحانَ ربّي العَليّ</td></tr>
</table>

		الأعْلى الوهّاب
Allah est le plus Grand, l'infiniment Grand et les louanges reviennent à Allah abondamment. Gloire à Allah à l'aube et au crépuscule. Il n'y a de dieu si ce n'est Allah, Il est Unique, sans second. A Lui appartiennent le Royaume et la Louange, Il vivifie et Il mortifie et Il a la Puissance sur toute chose. Gloire à mon Seigneur, le Haut, le Très Haut, le Donateur.		
SUPPLICATION (DOUʻĀ)		دُعاء شخْصي
Faire une invocation personnelle selon votre inspiration.		
AL-FĀTIḤAH		الفاتِحة
Allāhoumma ṣalli ʻalā Mouhammadin wa ʻalā āli Mouhammadin wa sallim.		اللَّهُمَّ صَلِّ على مُحَمَّدٍ وعلى آلِ مُحَمَّدٍ وسلِّم
Puis, accomplir la prière funéraire.		

Ṣalātou-l-Janāzah

ṢALĀT AL-JANĀZATOU 'ALĀ AL-GHĀ'IB La prière funéraire pour «l'absent»		صلاةُ الغائِب
F'ātabirou yā ouli 'l-abṣār la'allakoum toufliḥoūn. Inna lillāhi wa inna īlayhi rāji'oūn. Ṣalātou 'l-janāza 'ani 'l-ghā'ibīn alladhīna antaqalou ilā raḥmatillāhi min oummati Mouhammad ṣall-Allāhoū 'alayhi wa sallam.		فاعْتَبِرُوا يا أولِي الأبصارْ لعَلَّكُم تفْلحونْ. إنا لله وإنا إليْه راجعُونْ. صّلاةُ الجَنازة عَنِ الغائبِينَ الّذِين أنْتقلوا إلى رَحْمةِ الله من أمّةِ مُحَمّدٍ (صلى الله عليه وسلّم)

Alors, Tirez-en leçon, Ô vous qui êtes doués d'intelligence, peut-ètre réussirez-vous! C'est à Allah que nous appartenons et c'est vers Lui que nous retournerons. Ceci est la prière funéraire pour les absents de la communauté de Mouhammad - sur lui la Grâce et la Paix - qui ont quitté ce monde vers celui de la Miséricorde d'Allah.

AT-TAKBĪRATOU 'L-OŪLĀ (PREMIER TAKBĪR) Allāhoū akbar. Allah est le plus Grand!		التَّكْبِيرة الأولى: اللهُ أكْبَر
Soubḥānaka Allāhoumma wa bi ḥamdika, wa tabāraka ismouka wa ta'alā jaddouka, wa jalla thāna'ouka, wa lā ilāha ghayrouka. (Dans le madhhab Chāfi'ī: réciter la Fātiḥah).		سُبْحانَكَ اللَّهُمَّ وبِحَمْدِكَ، وتَبارَكَ اسْمُكَ وتَعالى جَدُّكَ وجَلَّ ثَناؤُكَ ولا إلهَ غَيْرُكَ
Gloire à Toi Ô Allah! et par Ta Louange, Béni soit Ton Nom, et Exalté soit Ta Louange. Il n'y a nul autre Dieu que Toi. Selon la doctrine Chāfi'ī: réciter la Fātiḥah.		
AT-TAKBĪRATOU 'TH-THĀNĪYA (DEUXIÈME TAKBĪR) Allāhoū akbar. Allah est le plus Grand!		التَّكْبِيرة الثانية : اللهُ أكْبَر
Allāhoumma ṣalli 'alā Mouhammadin wa 'alā āli		اللَّهُمَّ صَلِّ على مُحَمَّدٍ وعلى آلِ

<table>
<tr><td>Mouhammadin, kamā sallayta ʿalā Ibrāhīma wa ʿalā āli Ibrāhīma innaka ḥamīdoun majīdoun. Allāhoumma bārik ʿalā Mouhammadin wa ʿalā āli Mouhammadin, kamā bārakta ʿalā Ibrāhīm wa ʿalā āli Ibrāhīma, innaka ḥamīdoun majīdoun.</td><td></td><td>مُحَمَّدٍ كما صَلَّيتَ على إبراهيمَ
وعلى آلِ إبراهيمَ إنكَ حَميدٌ
مَجيدٌ. اللَّهُمَّ بارِكْ على مُحَمَّدٍ
وعلى آلِ مُحَمَّدٍ كما بارَكْتَ على
إبراهيمَ وعلى آلِ إبراهيمَ إنكَ حَميدٌ
مَجيدٌ.</td></tr>
<tr><td colspan="3">Ô Allah! Répands la Grâce sur Mouhammad et sur les siens comme Tu as répandu la Grâce sur Abraham et sur les siens. Certes, Tu es le Tout-Loué, le Tout-Glorieux. Ô Allah! Bénis Mouhammad et les siens, comme Tu as béni Abraham et les siens. Certes, Tu es le Tout-Loué, le Tout-Glorieux.</td></tr>
<tr><td>AT-TAKBĪRATOU TH-THĀLITHA (TROISIEME TAKBĪR)
Allāhoū akbar.
Allah est le plus Grand!</td><td></td><td>التَّكْبيرة الثالثة:
اللهُ أَكْبَر</td></tr>
</table>

<table>
<tr><td>Allāhoumma ’ghfir li ḥayyinā wa mayyitinā wa chāhidinā wa ghā’ibinā wa ṣaghīrinā wa kabīrinā wa dhakarinā wa ounthānā. Allāhoumma man aḥyaytahoū minna fa aḥyīhi ‘alā al-Islām wa man tawaffaytahoū minnā fa tawaffahoū ‘alā al-īmān. Allāhoumma ’ghfir lahoum wa ’rḥamhoum. Allāhoumma lā taḥrimnā ajrahoum wa lā taftinā b‘ādahoum.</td><td></td><td>اللَّهُمَّ اغْفِرْ لِحَيِّنا ومَيِّتِنا وشاهِدِنا وغائِبِنا وصَغِيرِنا وكَبِيرِنا ذَكَرِنا وأُنْثانا . اللَّهُمَّ مَنْ أَحْيَيْتَهُ مِنّا فَأَحْيِهِ على الإِسْلامِ ومَنْ تَوَفَّيْتَهُ مِنّا فتَوَفَّهُ على الإِيمانِ. اللَّهُمَّ اغْفِرْ لَهُمْ وارْحَمْهُمْ اللَّهُمَّ لا تَحْرِمْنا أَجْرَهُمْ ولا تَفْتِنّا بَعْدَهُمْ</td></tr>
<tr><td colspan="3">Ô Allah! Pardonne nos vivants et nos défunts, nos présents et nos absents, nos jeunes et nos vieux, ainsi que les hommes et les femmes. Ô Allah! ceux d’entre nous que Tu as vivifiés, fais-les vivre selon la religion de l’Islam et ceux d’entre nous que Tu as mortifiés, fais-les mourir dans la foi. Ô Allah! Pardonne-leur et Accorde-leur Ta Miséricorde. Ô Allah! Ne nous prive pas de leur récompense et ne nous éprouve pas après leur mort.</td></tr>
<tr><td>AT-TAKBĪRATOU ’R-RĀBI‘A
(QUATRIEME TAKBĪR)</td><td></td><td>التَّكْبِيرة الرّابِعة:</td></tr>
</table>

Allāhoū akbar. Allah est le plus Grand!		اللهُ أَكْبَرُ اللّهم لا تحرِمْنا أجْرَهُم ولا تفْتِنا بعدهم واغْفِرْ لنا ولهم
TASLĪM (à droite): as-salāmou ʿalaykoum wa raḥmatoullāh Que la Paix et la Miséricorde d'Allah soient sur vous.		تَسْليم إلى اليَمينِ: السَّلامُ عَلَيْكم ورَحْمَةُ اللهِ
(à gauche): as-salāmou ʿalaykoum wa raḥmatoullāh Que la Paix et la Miséricorde d'Allah soient sur vous.		إلى اليَسار: السَّلامُ عَلَيْكم ورَحْمَةُ اللهِ
DOUʿĀ (SUPPLICATION)		دُعاء
Allāhoumma 'ghfir li aḥyā'inā wa 'rḥam mawtānā wachfʿi marḍānā wa'nṣour soultānanā bi ḥourmati man arsaltahou raḥmatan li 'l-ʿālamīn wa bi		اللَّهُمَّ اغْفِرْ لأَحْيائِنا وارْحَمْ مَوْتانا واشْفِ مَرْضانا وانْصُرْ سُلْطانَنا

sirri Soūratou 'l-Fātiḥā.		بِحُرْمَةِ من أَرْسَلْتَهُ رحْمة للعالمين وبسرّ سُورة الفاتِحة

Ô Allah! Pardonne nos vivants, Sois Miséricordieux envers nos défunts, Guéris nos malades et Assiste notre Sultan, par l'inviolabilité de celui que Tu as envoyé comme miséricorde pour les mondes et par le secret de la sourate al-Fātiḥā.

La Ṣalātou 'l-Janāzah est suivie par six rakʿats de la Ṣalātou 'l-Awwābīn.

Ṣalātou-l-Awwābīn (les repentants) 6 rak ʿats (effectués 2 par 2).		صلاة الأوابين (ست ركعات)
KALIMATOU CH-CHAHĀDA (3 FOIS) Ach-hadou an lā ilāha ill-Allāh wa ach-hadou anna Mouhammadan ʿabdouhou wa rassoūlouh.		كَلِمةُ الشَهادة (3 مَرّات): شْهَدُ أن لا إلهَ إلا اللهُ وأشْهَدُ أنّ حَمَّدًا عَبْدُهُ ورَسُولُهُ
Je témoigne qu'il n'y a de dieu si ce n'est Allah et je témoigne que Mouhammad est Son serviteur et Son messager.		
ISTIGHFĀR (100 FOIS)		استغفار (100 مَرّة)
Astaghfiroullāh Qu'Allah me pardonne.		أَسْتَغْفِرُ اللهَ
DOUʿĀ (SUPPLICATION)		دعاء
Astaghfiroullāh min koulli dhanbin wa maʿsīyatin wa		سْتَغْفِرُ اللهَ مِن كُلِّ ذَنبٍ ومَعْصِيَةٍ

<table>
<tr><td>min koulli mā youkhālifou dīn al-Islām, yā Arḥam ar-Rāḥimīn.</td><td></td><td>ومن كُلِّ ما يُخالِفُ دينَ الإسْلام يا أرْحَمَ الراحِمين</td></tr>
<tr><td colspan="3">Qu'Allah me pardonne pour tout péché, toute désobéissance et pour tout ce qui contrarie la religion de l'Islam, Ô le plus Miséricordieux des miséricordieux!</td></tr>
<tr><td>SOŪRATOU 'S-SAJDA (LA PROSTERNATION)</td><td></td><td>سُورةُ السَّجْدة</td></tr>
<tr><td>A'oudhoūbillāhi min ach-chayṭāni 'r-rajīm. Bismillāhi 'r-Raḥmāni 'r-Raḥīm.</td><td></td><td>أعُوذُ بِالله من الشَّيْطانِ الرَّجيمِ. بِسْمِ الله الرَّحْمنِ الرَّحيمِ</td></tr>
<tr><td colspan="3">Je cherche refuge auprès d'Allah contre satan le lapidé. Au nom d'Allah, Le Tout Miséricordieux, Le Très Miséricordieux (ceci sera omis ci-après, mais doit ètre dit avant chaque lecture du Coran). Puis, lire la Soūratou 'l-Fātiḥah, suivie de la Soūratou 's-Sajda (voir page 339).</td></tr>
<tr><td>SOŪRATOU 'L-IKHLĀṢ (LE CULTE EXCLUSIF)
3 FOIS</td><td></td><td>سُورةُ الإخْلاص (3 مرات)</td></tr>
</table>

SOŪRATOU 'L-FALAQ (L'AUBE) 1 FOIS		سُورَةُ الفَلَقِ
SOŪRATOU 'N-NĀS (LES HOMMES) 1 FOIS		سُورَةُ النَّاسِ
TAHLĪL (10 FOIS) Lā ilāha ill-Allāh Il n'y a de dieu qu'Allah Après la dixième fois: Mouhammadour Rassoūloullāh ﷺ. Mouhammad est le messager d'Allah ﷺ.		تهليل: لا إله إلا الله (10 مرات) بَعْدَ العاشِرةِ: مُحَمَّدٌ رَسُولُ الله صلى الله عليه وسلم صلوات: اللَّهُمَّ صَلِّ على مُحَمَّدٍ وعلى آلِ مُحَمَّدٍ وسلِّم (10 مَرَّة)
ṢALAWĀT (10 FOIS) Allāhoumma ṣalli 'alā Mouhammadin wa 'alā āli Mouhammadin wa sallim.		صَلَوات (10 مَرات) اللَّهُمَّ صَلِّ على مُحَمَّدٍ وعلى آلِ مُحَمَّدٍ وسلِّم

<table>
<tr><td>DOU‘Ā (INVOCATION)
Ṣalli, yā Rabbī, wa sallim ‘alā jamī‘i ’l-anbīyā’i wa ’l-moursalīn, wa ālin koullin ajma‘īn wa ’l-ḥamdoulillāhi Rabbi ’l-‘ālamīn.</td><td></td><td>دعاء
صلِّ يا ربِّي وسلِّم على جَميعِ الأنبياءِ والمُرْسَلينَ وآلِ كُلٍّ أجْمَعينَ والحَمْدُ لله ربِّ العالمينَ</td></tr>
<tr><td colspan="3">Ô mon Seigneur! Répands Tes Grâces et la Paix sur tous les envoyés et les prophètes, ainsi que leurs siens. La Louange revient à Allah, le Seigneur des mondes.</td></tr>
<tr><td>LA PLUS NOBLE DES PRIERES (SUR LE PROPHETE) TRANSMISE (VOIR PAGE 24)</td><td></td><td>سيدالصلاة الشريفة المأثورة</td></tr>
<tr><td>IHDĀ (DEDICACE - VOIR IHDĀ PAGE 27)</td><td></td><td>إهْداء</td></tr>
</table>

La prière du ʿIchâ

Accomplie de la même manière que la prière de Maghrib avec les différences suivantes:		
4 RAKʿATS SOUNNAH (SUREROGATOIRES) Accomplies 2 à 2 (avec 2 *taslīm*) ou 4 rakʿats avec un seul *taslīm* à la fin (voir page 215).		4 رَكْعات سُنّة رَكْعات سُنّة: رَكْعَتَيْنِ سُنّة ورَكْعَتَيْنِ نافِلة بِتَسْليمٍ واحِدٍ أو بتسليمين، 4 ركعات فرض ثم 4 ركعات سنة: رَكْعَتَيْنِ سُنّة ورَكْعَتَيْنِ نافلة بِتَسْليم واحِدٍ أو بتسليمين. صَلاة الوِتْرِ (ثَلاثُ رَكْعات) .
4 RAKʿATS FARḌ (OBLIGATOIRES)		4 رَكْعات فَرْض
4 RAKʿATS SOUNNAH Accomplies 2 à 2 (avec 2 *taslīm*) ou 4 rakʿats avec un		4 ركعات سنة:

seul *taslīm* à la fin.		رَكْعَتَيْنِ سُنَّة ورَكْعَتَيْنِ نافِلة بِتَسْلِيمٍ واحِدٍ أو بتسليمين
ṢALĀTOU ʾL-WITR (3 RAKʿATS)		صَلاة الوِتْرِ (ثَلاثُ رَكْعات)
à la troisième rakʿat, avant l'inclination (roukoūʿ), réciter:		
LA PRIERE DE QOUNOŪT (VOIR PAGE 215) Allāhou akbar. Allāhoumma innā nastaʿīnouka wa nastahdīka; wa nastaghfirouka wa natoūbou ilayk wa nou'minou bika, wa natawakkalou ʿalayk, wa nouthnī ʿalayk al-khayr koullahā wa nachkourouka, wa lā nakfourouka, wa nakhlaʿou wa natroukou man yafjourouka.		دعاء القُنوت (في الرَّكْعةِ الثالِثة قبل الركوع على مذهب الامام ابو حنيفة) اللهُ أكْبَر . اللَّهُمَّ إنَّ نَسْتَعِينُكَ وَنَسْتَهْدِيكَ وَنَسْتَغْفِرُكَ وَنَتُوبُ إليكَ وَنُؤْمِنُ بِكَ وَنَتَوَكَّلُ عليكَ وَنُثْني عليكَ الخَيْرَ كلَّهُ نَشْكُرُكَ ولا نَكْفُرُ وَنَخْلَعُ

Allāhoumma iyyāka na'boudou wa laka nouṣṣalli wa nasjoudou wa ilayka nas'ā wa naḥfidhou wa narjou raḥmataka, wa nakhchā 'adhābak, inna 'adhābak al-jidda bil-kouffāri moulḥaq, wa ṣall-Allāhoū 'alā an-Nabī wa 'alā ālihi wa sallam. Allāhou akbar!		ونَتْرُكُ من يَفْجُرُكَ. اللَّهُمَّ إيّاكَ نَعْبُدُ ولكَ نُصلّي ونَسْجُدُ إليكَ نَسْعى ونَحْفِدُ ونَرْجو رَحْمَتَكَ ونَخْشى عَذابَكَ إنَّ عَذابَكَ الجِدَّ بالكُفّارِ مُلحِقٌ وصلّى اللهُ على النّبيّ وآلِهِ وسلّم

Allah est le plus Grand! Ô Allah! Nous implorons Ton Aide, Ta Direction, Ton Pardon et nous nous repentons auprès de Toi. Nous croyons en Toi, nous nous en remettons en Toi et nous T'adressons nos louanges de la meilleur des manières. Nous reconnaissons (Tes faveurs) et nous ne les voilons pas. Nous nous éloignons de celui qui manque de décence à Ton égard. Ô Allah! C'est Toi que nous adorons, c'est pour Toi que nous prions et nous nous prosternons et c'est Toi que nous implorons avec ardeur. Nous espérons Ta Miséricorde et nous craignons Ton châtiment. Certes, Ton châtiment sevère contre les infidèles les atteindra inéluctablement. Que les Grâces et la Paix d'Allah soient sur le Prophète et sur les siens. Allah est le plus Grand!

Proclamer: «Allahou Akbar», puis s'incliner (roukʿoū).
La Ṣalātou 'l-Witr est suivie par le tasbīh et la wazīfā habituelle (voir la prière de Maghrib), en récitant la Soūratou 'l-Moulk (voir page 321) au lieu de la Soūratou 's-Sajda, suivie des invocations (adhkār) habituelles.

La prière de Fajr

Le adab de la prière de Fajr est présenté dans son intégralité car il diffère considérablement des autres prières.

Adhān (appel à la prière)		الآذان
Allāhou akbar (4 fois) Allah est le plus Grand.		الله أكْبر، الله أكْبر، الله أكْبر، الله أكْبر
Ach-hadou an lā ilāha ill-Allāh (2 fois) Je témoigne qu'il n'y a de dieu qu'Allah.		اشْهَدُ أنْ لا إلَهَ إلاَّ الله اشْهَدُ أنْ لا إلَهَ إلاَّ الله
Ach-hadou anna Mouhammadan Rassoūloullāh (2 fois) Je témoigne que Mouhammad est le messager d'Allah.		اشْهَدُ أنَّ محمداً رسول الله – اشْهَدُ أنَّ محمداً رسول الله
Ḥayya ʿalā 'ṣ-ṣalāh (2 fois) Venez à la prière.		حيَّ عَلى الصَّلاة حيَّ عَلى الصَّلاة
Ḥayyā ʿāla 'l-falāḥ (2 fois) Venez à la félicité.		حيَّ عَلى الفَلاح حيَّ عَلى الفَلاح

Aṣ-ṣalātou khayroun min an-nawm (2 fois, avant la prière de Fajr uniquement) La prière est meilleure (pour vous) que le sommeil.		الصَّلاةُ خَيْرٌ مِّنَ النَّوم الصَّلاةُ خَيْرٌ مِّنَ النَّومْ
Allāhou akbar (2 fois) Allah est le plus Grand.		اللهُ أَكْبَرُ اللهُ أَكْبَرْ
Lā ilāha illa-Allāh Il n'y a de dieu qu'Allah.		لا إله إلاَّ الله
AS-ṢALATOU WA 'S-SALĀM (A réciter à voix haute par le muezzin): Aṣ-ṣalātou wa 's-salāmou ʿalayk,yā man arsalahoullāhou taʿalā raḥmatan li 'l-ʿālamīn. Aṣ-ṣalātou wa ' alāmou ʿalayk, wa ʿalā ālika wa aṣ-ḥābika ajmaʿīn. Aṣ-ṣalātou wa 's-salāmou ʿalaykoum, yā anbīyā'oullāh.		الصَّلاة والسَّلام الصَّلاةُ والسَّلامُ عليك يا من أَرْسَلَهُ اللهُ تَعَالَى رَحْمَةً للعالمين الصَّلاةُ والسَّلامُ عَلَيْكَ وعَلَى آلِكَ وأَصْحَابِكَ أَجْمَعِين الصَّلاةُ والسَّلامُ عَلَيْكُمْ، يا أَنْبِياءَ الله

Que la Grâce et la Paix soient sur toi, Ô toi qu'Allah Exalté a envoyé comme une miséricorde pour les mondes. Que la Grâce et la Paix soient sur toi, sur les siens et tous tes compagnons.

Que la Grâce et la Paix soient sur vous, Ô les envoyés d'Allah.

INVOCATION (DOUʿĀ):

(A réciter à voix basse par toute personne qui entend le adhān):

Allāhoumma rabba hādhihī 'd-daʿwati 't-tāmma wa 'ṣ-ṣalāti 'l-qā'ima, āti Sayyīdinā Mouhammadan al-wassīlata wa 'l-faḍīlata wa 'd-darajati 'r-rafʿīata 'l-ʿalīyya w'abʿath-hou Rabbī al-maqām al-maḥmoūd alladhī wʿadtahou, w'arzouqnā chafʿatahou yawm al-qīyāmati innaka lā toukhlifou 'l-mīʿad.

دُعاءُ:

اللَّهُمَّ رَبَّ هَذِهِ الدعْوةِ التّامّةِ والصَّلاةِ القَائِمَةِ آتِ مُحَمَّداً الوَسيلةَ والفَضيلةَ والدَّرَجةَ الرَّفيعةَ العاليةَ وأبْعَثْهُ رَبِّي المقامَ المحْمُودَ الذي وَعَدْتَهُ وارْزُقنا شَفاعَتَهُ يَوْمَ القِيامةِ إنكَ لا تُخْلِفُ الميعاد (وزَوِّجْنا من الحُورِ العِينِ)

Ô Allah! Seigneur de cet appel parfait et de la prière que l'on va accomplir, Accorde à Mouhammad le pouvoir d'intercéder, le degré sublime et suprême. Ressuscite-le à la Station Louangée que Tu lui as promise et Accorde-nous son intercession le Jour du jugement car Tu ne manques pas à Ta promesse.

2 RAK'ATS SOUNNAH		2 رَكْعتان سنة
KALIMATOU CH-CHAHĀDA (3 FOIS) Ach-hadou an lā ilāha ill-Allāh, wa ach-hadou anna Mouhammadan 'abdouhoū wa rassoūlouh.		كلمة الشَهادة: أَشْهَدُ أَنْ لا إله إلا الله وأَشْهدُ أَنَّ مُحَمَّدًا عَبْدُهُ ورَسُولُهُ (3 مرّات)
Je témoigne qu'il n'y a de dieu si ce n'est Allah et je témoigne que Mouhammad est Son serviteur et Son messager.		
Iqāmatou 'ṣ-ṣalāt wa ītā'ou 'z-zakāti wa ṣawmou ramaḍāna, wa Ḥajjou 'l-bayti Ḥaqq. Āmantou billāhi wa malā'ikatihi wa koutoubihi wa roussoulihi wa 'l-yawmi 'l-āhkiri wa bi 'l-qadari khayrihi wa charrihi min Allāhi ta'alā. Awda'nā hātayni 'l-kalimatayni 'ch-chahādatayn 'indaka yā Rassoūloullāh wa hīya lanā wadī'atoun yawma 'l-qiyāmati ya man arsalahoullāhoū ta'alā raḥmatan li 'l-'ālamīn.		إقامةُ الصَّلاةِ وإيتاءُ الزَّكاةِ وصَوْمُ رَمَضانَ وحَجُّ البيْتِ حقٌّ آمَنْتُ بالله ومَلائكتِهِ وكُتُبِهِ ورُسُلِهِ وباليَوْمِ الآخِرِ وبِالقدَرِ خَيْرِه وشَرِّه. أَوْدَعْنا هاتَيْنِ الشَهادَتَيْنِ عِنْدكَ يا سيدي يا رَسُول الله وهي لنا وَديعةٌ يَوْمَ القِيامةِ يا من أَرْسَلَهُ الله تعالى رَحْمةً للعالمينَ.

<table>
<tr><td colspan="3">L’accomplissement de la prière, l’acquittement de l’aumône, le jeune du ramadan et le pélérinage à la Demeure de Dieu sont des obligations. Je professe ma foi en Dieu, Ses anges, Ses Ecritures, Ses messagers, au Jour du jugement et au décret divin – son bien et son mal - advenus d’Allah Exalté Soit-Il.

Nous confions ces deux paroles de témoignage auprès de toi, Ô notre maître, Ô le messager d’Allah! Elles sont pour nous un dépot pour le Jour du jugement dernier, Ô Toi qui fut envoyé par Allah, Exalté Soit-Il, comme miséricorde pour les mondes.</td></tr>
<tr><td>Soubḥānallāh wa bi ḥamdihi soubḥānallāhi ’l-‘Aẓīm Astaghfiroullāh (100 fois)</td><td></td><td>سُبْحانَ اللهِ وبِحَمْدِهِ. سُبْحانَ اللهِ العَظيمِ أَسْتَغْفِرُ اللهَ – 100 مرة</td></tr>
<tr><td colspan="3">Gloire à Allah et par Sa Louange, Gloire à Allah, l’Immense. Qu’Allah me pardonne.</td></tr>
<tr><td>(après la 100ème fois)

Astaghfiroullāh al-‘Aẓīm alladhī lā ilāha illa Hoū al-Ḥayyou ’l-Qayyoūm wa atoūbou ilayh innahou Hoū at-tawābou ’r-Raḥīm min koulli dhanbin wa ma‘ṣīyatin wa min koulli mā youkhālifou</td><td></td><td>بَعْدَ المئة:

أَسْتَغْفِرُ اللهَ العَظيمَ الذي لا إله إلا هُوَ الحيّ القيّوم وأتوبُ إليه إنّهُ هو التّوابُ الرَّحيم، من كُلِّ ذَنْبٍ ومَعْصيةٍ ومِنْ كُلِّ</td></tr>
</table>

dīn al-Islām, yā Arḥam ar-Rāḥimīn, min koulli mā youkhālifou 'ch-charīʿah, wa min koulli mā youkhālifou 'ṭ-ṭarīqata, wa min koulli mā youkhālifou 'l-maʿrifata, wa min-koulli mā youkhālifou 'l-ḥaqīqata, wa min koulli mā youkhālifou 'l-ʿazīmata, yā Arḥam ar-rāhīmin.		ما يُخالِفُ دينَ الإسْلام ومن كُلِّ ما يُخالِفُ الشَّريعة ومن كُلِّ ما يُخالِفُ الطَّريقة ومن كُلِّ ما يُخالِفُ المَعْرِفة ومن كُلِّ ما يُخالِفُ الحَقيقة ومن كُلِّ ما يُخالِفُ العَزيمة يا أرْحَمَ الرَّاحِمين.

Je demande le Pardon d'Allah l'Immense, il n'y a de dieu si ce n'est Lui, le Vivant, l'Immuable et je me repens auprès de Lui; certes, c'est Lui qui est enclin à accepter le repentir et Il est le Très Miséricordieux, de tout péché, de toute désobéissance, de tout ce qui s'oppose à la religion de l'Islam, Ô le plus Miséricordieux des miséricordieux, de tout ce qui s'oppose à la Loi, de tout ce qui s'oppose à la Voie, de tout ce qui s'oppose à la connaissance parfaite, de tout ce qui s'oppose à la Réalité et de tout ce qui s'oppose à la ferme intention, Ô le plus Miséricordieux des miséricordieux.

Astaghfiroullāhou 'l-ʿAẓīm, wa atoūbou ilayh (100 fois)		أسْتَغْفِرُ اللهَ العَظيم وأتُوبُ إليه – 100 مرة

Je demande le Pardon d'Allah l'Immense et je me repens auprès de Lui.

(après la 100ème fois)

Tawbatan ʿabdin ẓālimin li nafsihi, lā yamlikou li nafsihi mawtan wa lā ḥayātan wa lā nouchoūrā.

Allāhoumma anta Rabbī, lā ilāha illa Anta khalaqtanī wa anā ʿabdouka wa anā ʿalā ʿahdika wa waʿdika mā 'staṭaʿt. Aʿoudhoū bika min charri mā sanʿātou, aboū'ou laka bi niʿmatika ʿalayya, wa aboū'ou bi dhanbī faghfir lī fa innahoū lā yaghfir oudh-dhounoūba illa Anta Yā Allāh.

تَوْبَةَ عَبْدٍ ظالِمٍ لِنَفْسِهِ لا يَمْلِكُ لِنَفْسِهِ مَوْتًا ولا حَيَاةً ولا نُشُورًا اللَّهُمَّ رَبِّي لا إله إلا أنتَ خَلَقْتَنِي وأنا عَبْدُكَ وأنا على عَهْدِكَ ووَعْدِكَ ما اسْتَطَعْتُ أعُوذُ بِكَ من شَرِّ ما صَنَعْتُ وأبوء لَكَ بِنِعْمَتِكَ عليّ وأبوء بِذَنْبِي فاغْفِرْ لِي فإنَّهُ لا يَغْفِرُ الذنوبَ إلا أنتَ يا الله.

Le repentir d'un serviteur injuste envers lui-même, qui n'a de pouvoir ni sur sa mort ni sur sa vie ni sur sa résurrection.

Ô Allah! Tu es mon Seigneur. Il n'y a de dieu que Toi. Tu m'as crée, je suis Ton serviteur et je tiens à l'engagement et au Pacte (conclu avec Toi) autant que je peux. Je me réfugie auprès de

Toi contre mes mauvaises actions ; je reconnais la faveur que Tu m'as accordée et je Te confesse mon péché. Pardonne-moi car nul ne peut pardonner les péchés si ce n'est Toi, Ô Allah!

CHAPITRE 3, VERSET 8 Rabbanā lā touzigh qouloūbanā ba'da idh hadaytanā wa hab lanā min ladounka raḥmatan innaka Anta' l-Wahhāb.	سُورَةُ آلِ عِمْرانَ آية 8 رَبَّنَا لَا تُزِغْ قُلُوبَنَا بَعْدَ إِذْ هَدَيْتَنَا وَهَبْ لَنَا مِنْ لَدُنْكَ رَحْمَةً إِنَّكَ أَنْتَ الْوَهَّابُ

Ô Seigneur! Ne Laisse pas dévier nos coeurs après nous avoir guidés et Accorde-nous Ta Miséricorde. Certes, Tu es le Donateur.

Yā Wahhāb. Yā Wahhāb. Yā Wahhāb. Yā Moussabbib al-asbāb, yā Moufattiḥ al-abwāb, yā Mouqallib al-qouloūbi wa 'l-abṣār, yā Dalīl al-moutaḥayyirīn, yā Ghiyāth al-moustaghīthīn, yā Ḥayyou, yā Qayyoūm, yā Dhā 'l-Jalāli wa 'l-Ikrām! Wa oufawwidou amrī ila-Allāh, inna-Allāha	يَا وَهَّابُ يَا وَهَّابُ يَا وَهَّابُ، يَا مُسَبِّبَ الأَسْبَابُ. وَيَا مُفَتِّحَ الأَبْوَابُ. يَا مُقَلِّبَ القُلُوبِ وَالأَبْصَارِ. يَا دَلِيلَ المُتَحَيِّرِينَ يَا غِيَاثَ المُسْتَغِيثِينَ يَا حَيُّ يَا قَيُّومُ. يَا

baṣṣīroun bi 'l-ʿibād.		ذا الجَلال والإكْرامْ. وأُفَوِّضُ أمْري إلى الله. إنَّ اللهَ بَصيرٌ بالعِباد .

Ô le Donateur! Ô le Donateur! Ô le Donateur! Ô L'instigateur des causes! Ô Celui qui ouvre les portes! Ô Celui qui fait fluctuer sans cesse les coeurs et les regards! Ô le Guide des perplexes! Ô Celui qui secourt ceux qui implorent le secours! Ô Le Vivant! Ô L'Immuable! Ô le Détenteur de la Majesté et de la Générosité! Je remets mon sort entre les Mains d'Allah. Certes, Allah voit parfaitement Ses serviteurs.

DOUʿĀ (INVOCATION)		دُعاء
Yā man lā maljā'a minhou illa ilayhi fa lā toukhayyib rajā'anā, yā Qadīm al-iḥsān. Lā taqnaṭou min raḥmati-llāh, inna-llāha yaghfirou 'dh-dhoūnouba jamīʿan, innahoū Hoūwa 'l-Ghafoūrou 'r-Raḥīm. Allāhoumma innā nas'alouka 'l-ʿafwa wal-ʿāfiyata fi 'd-dīni wa 'd-dounyā wa 'l-ākhira. Allahoumma 'stournā bi satrik al-jamīl. Allāhoumm 'oustour ʿawratī, wa āmin rawʿatī, waqḍi daynī. Allāhoumma inna nāʿoūdhoū bika min jahdi 'l-balā'i, wa darki 'ch-cḥaqā'i, wa soūi 'l-qaḍā'i, wa chamātati 'l-āʿdā'i, bi ḥourmati man arsaltahoū raḥmatan li 'l-ʿālamīn.		يَا مَنْ لَا مَلْجَأَ مِنْهُ إِلا إِلَيْهِ فَلَا تُخَيِّبْ رَجَاءَنَا يَا قَدِيمَ الإِحْسَانْ لَا تَقْنَطُوا مِن رَحْمَةِ اللهِ إِنَّ اللهَ يَغْفِرُ الذُنُوبَ جَمِيعًا إِنَّهُ هُو الغَفُور الرَّحِيمْ اللَّهُمَّ إِنَّا نَسْأَلُكَ العَفْوَ والعَافِيَةَ فِي الدِّينِ والدُّنْيَا والآخِرَةِ اللَّهُمَّ اسْتُرْنَا بِسَتْرِكَ الجَمِيلِ. اللَّهُمَّ اسْتُرْ عَوْرَتِي وآمِنْ رَوْعَتِي واقْضِ دَيْنِي. اللَّهُمَّ إِنَّا نَعُوذُ بِكَ مِن جَهْدِ البَلَاءِ ودَرْكِ الشَّقَاءِ وسُوءِ القَضَاءِ وشَمَاتَةِ الأَعْدَاءِ بِحُرْمَةِ مَن أَرْسَلْتَهُ رَحْمَةً لِلْعَالَمِينَ.

Ô Celui dont il n'est de refuge si ce n'est auprès de Lui, ne brise pas nos espoirs, Ô le Détenteur de la vertu Parfaite et éternelle.

Ne désespérez pas de la Miséricorde d'Allah car Allah Pardonne tous les péchés. Certes, Il est le Pardonneur, le Très Miséricordieux.

Ô Allah! Nous implorons Ton indulgence, Ta protection, dans la vie d'ici-bas et dans la Demeure Ultime.

Ô Allah! Revets-nous de Ton Beau Voile.

Ô Allah! Dissimule mes imperfections, Apaise mon effroi et Acquitte mes dettes.

Ô Allah! Nous nous réfugions en Toi contre les affres des épreuves, contre l'indignité de la misère, contre le mauvais destin et contre la jubilation des ennemis - de par l'inviolabilité de celui que Tu as envoyé comme miséricorde pour les mondes.

Ṣalātou mounajīyyah (la prière protectrice)		الصلاة المُنجيّة
Allāhoumma ṣalli ʿalā Mouhammadin ṣalātan tounjīnā bihā min jamīʿi 'l-ahwāli wa 'l-āfāt, wa taqḍī		اللّهمّ صلّ على سيّدنا مُحمّدٍ صلاةً تُنجينا بها من جَميع الأهْوال والآفاتِ

lanā bihā min jamī'i 'l-ḥājāt, wa touṭahhirounā bihā min jamī'i 's-sayyi'āt, wa tarfa'ounā bihā 'indaka 'alā 'd-darajāt, wa touballighounā bihā aqṣā 'l-ghāyāt min jamī'i 'l-khayrāti fi 'l-ḥayāt wa ba'd al-mamāt.	وتَقضي لنا بها جميعَ الحاجاتِ وتُطهِّرُنا بها من جميعِ السَّيِّئاتِ وتَرفَعُنا بها عِندَكَ أعلى الدَّرجاتِ وتُبلِّغُنا بها أقصى الغاياتِ من جميعِ الخَيراتِ في الحياةِ وبَعدَ المماتِ

Ô Allah! Répands Ta Grâce sur notre seigneur Mouhammad, une Grâce qui nous protège de toutes les calamités et les vices, qui nous permette de satisfaire tous nos besoins, nous purifie de toutes nos fautes, nous élève auprès de Toi vers les plus hauts degrés et nous fasse atteindre l'apogée de tous les bienfaits dans cette vie et dans la vie future.

Allāhoumma 'sliḥ oummata Mouhammad.	اللَّهُمَّ أَصْلِحْ أُمَّةَ مُحَمَّدٍ

Ô Allah, Amende l'état de la communauté de Mouhammad.

Allāhoumma 'rḥam oummata Mouhammad.	اللَّهُمَّ ارْحَمْ أُمَّةَ مُحَمَّدٍ

Ô Allah, Sois Miséricordieux envers la communauté de Mouhammad.

Allāhoūmma 'stour oummata Mouhammad.		اللَّهُمَّ اسْتُرْ أُمَّةَ مُحَمَّدٍ
Ô Allah, Revets – de Ta Grâce - l'imperfection de la communauté de Mouhammad.		
Allāhoūmm 'ghfir li oummati Mouhammad.		اللَّهُمَّ اغْفِرْ لِأُمَّةِ مُحَمَّدٍ
Ô Allah, Pardonne la communauté de Mouhammad.		
Allāhoūmm 'aḥfaẓ oummata Mouhammad.		اللَّهُمَّ احْفَظْ أُمَّةَ مُحَمَّدٍ
Ô Allah, Préserve la communauté de Mouhammad.		
Allāhoūmma 'nṣour oummata Mouhammad.		اللَّهُمَّ أُنْصُرْ أُمَّةَ مُحَمَّدٍ
Ô Allah, Assiste la communauté de Mouhammad.		
Yā Arḥam ar-Rāḥīmīn Arḥamnā. Yā Arḥam ar-Rāhīmīn fa'fou 'annā. Yā Arḥam ar-Raḥīmīn, yā Ghaffār adh-dhoūnoub, Yā Sattār al-'ouyoūb, Yā Fattāḥ al-qouloūb.		يا أَرْحَمَ الرَّاحِمِينَ ارْحَمْنا . يا أَرْحَمَ الرّاحِمِين اعْفُ عَنّا . يا أَرْحَمَ الرّاحِمِين يا غَفّارَ الذنُوب يا سَتّارَ العُيُوبْ يا فَتّاحَ القُلُوب
Ô le Meilleur des miséricordieux, Sois Miséricordieux envers		

<table>
<tr><td colspan="3">nous! Ô le plus Miséricordieux des miséricordieux, Pardonne-nous! Ô Le Plus Miséricordieux des miséricordieux, Ô le Pardonneur des péchés, Ô le Dissimulateur des imperfections, Ô l'Illuminateur des cœurs!</td></tr>
<tr><td>Allāhoumma 'sqinā 'l-ghaytha souqyā raḥmatin wa lā taj'alnā min al-qāniṭīn. Rabb ighfir w'Arḥam wa Anta khayrou'r-Rāḥimīn. Āmīn. Āmīn. Āmīn.</td><td></td><td>اللَّهُمَّ اسْقِنَا الغَيْثَ سُقْيا رَحْمَةٍ ولا تَجْعَلْنا من القَانِطِينَ ربِ اغْفِرْ وارْحَمْ وأنتَ خيرُ الرَّاحِمِينَ. آمين آمين آمين</td></tr>
<tr><td colspan="3">Ô Allah, Abreuve-nous par les flux de Ta Miséricorde et ne nous Place pas parmi ceux qui cèdent à la lassitude. Seigneur, Pardonne et Sois Miséricordieux car Tu es le Meilleur des miséricordieux. Āmīn. Āmīn. Āmīn.</td></tr>
<tr><td>Wa salāmoun 'alā 'l-moursalīn, wa 'lḥamdou-lillāhi Rabbi 'l-'ālamīn.</td><td></td><td>وسَلامٌ على المُرْسَلِينَ والحَمْدُ لله رَبِّ العالمينَ.</td></tr>
<tr><td colspan="3">Que la Paix soit sur les messagers et la Louange revient à Dieu, le Seigneur des mondes.</td></tr>
</table>

SOŪRATOU 'L-IKHLĀṢ (CHAPITRE 112) 3 FOIS		سُورةُ الإخْلاص – 3 مرات
CHAPITRE 37, VERSET 180 Soubḥāna Rabbika Rabbi 'l-'izzati 'ammā yaṣṣifoūn wa salāmoun 'ala 'l-moursalīn wa 'l-ḥamdoulillāhi Rabbi 'l-'ālamīn.		سُورة الصّافات 180 سُبْحانَ رَبِّكَ رَبِّ العِزَّةِ عَمّا يَصِفُونَ وسَلامٌ على المُرْسَلِينَ والحَمْدُ لله رَبِّ العالَمِينَ
Gloire à ton Seigneur, le Seigneur du Prestige Exalté Soit-Il, au-delà de ce qu'ils Lui attribuent ! Paix aux messagers et la Louange revient à Allah, le Seigneur des mondes.		
Lā ilāhā ill-Allāh, wāḥdahoū lā charīka lah, lahou 'l-moulkou wa lahou 'l-ḥamd, youḥī wa youmīt, wa Hoūwa Ḥāyyoun dā'imoun, lā yamoūt, bi yadihi 'l-khayr, wa Hoūwa 'alā koulli shay'in qadīr.		لا إله إلا اللهُ وَحْدَهُ لا شَرِيكَ لَه، له المُلْكُ وَله الحَمْدُ يُحيِي ويُمِيتُ وهُوَ حيٌّ دائِمٌ لا يَمُوتُ بِيَدِهِ الخَيْرُ وهُوَ على كُلِّ شَيْءٍ قَدِير.

Il n'y a de Dieu si ce n'est Allah, Il est Unique, sans second. A Lui appartiennent le Royaume et la Louange. Il vivifie et Il mortifie et le bonheur est entre Ses Mains. Certes Il a la Puissance sur toute chose.

IHDĀ (DEDICACE - VOIR IHDA PAGE 26) Ila charafi 'n-Nabī ṣall-Allāhoū ʿalayhi wa sallama wa ālihi wa ṣaḥbih, wa ilā arwāḥi ikhwānihi min al-anbiyā'i wa 'l-moursalīn wa khoudamā'i charāʿihim wa ila arwāḥi 'l-a'immati 'l-arbaʿah wa ila arwāḥi machāyikhinā fi 'ṭ-ṭarīqati 'n-naqchbandīyyati 'l-ʿaliyyah khāṣṣatan ila roūḥi Imāmi 'ṭ-ṭarīqati wa ghawthi 'l-khalīqati Khwājā Bahā'ouddīn an-Naqchband Mouhammad al-Ouwaissī 'l-Boukhārī wa ḥaḍarati Mawlanā Soulṭānou 'l-awlīyā ach-Cheick ʿAbd Allāh al-Fā'iz		إهْداء إلى شَرَفِ النبي وآلِهِ وصَحْبِهِ، وإلى أرْواحِ إخْوانِهِ مِن الأنْبياءِ والمُرسَلينَ وخُدَماءِ شَرائِعِهِم وإلى أرْواحِ الأئِمَّةِ الأرْبَعة، وإلى أرْواحِ مَشَايِخِنا في الطَّرِيقَةِ النَّقْشْبَنْدِيَّةِ العَلِيَّةِ خاصةً إلى رُوحِ إمامِ الطريقةِ وغَوْثِ الخَليقةِ خَواجه بَهاءُ الدِّين النَّقْشْبَنْد مُحَمَّدُ الأُوَيْسيّ البُخاريّ وإلى حَضْرَةِ مولانا سُلْطانُ الأوْلِياءْ

ad-Dāghestānī wa sayyidounā ach-Cheick Mouhammad Nāẓim al-Ḥaqqānī wa sa'iri sādātinā wa 'ṣ-ṣiddiqīna al-Fātiḥā		الشّيْخ عَبْدُ الله ألدّغشْتاني وَمَولانا الشّيْخ مُحَمّدْ ناظِمُ الحَقاني والى سائِرِ سادا تِنا والصّدّيقِين. الفاتِحَة
Pour l'honneur du Prophète - sur lui la Grâce et la Paix – et pour les siens et ses compagnons; pour les esprits de ses frères parmi les envoyés et les messagers, aux serviteurs de leurs lois, aux esprits des quatre imams et aux esprits de nos maîtres de la voie soufie suprême, la Naqchbandī, particulièrement à l'esprit de l'Imām de la ṭarīqat et au sauveur des créatures, *Khwājā Bahā'ouddīn an-Naqchband Mouhammad al-Ouwaissī 'l-Boukhārī*, à notre maître vénéré le sultan des saints, notre Cheick ʿAbd Allāh al-Fā'izi 'd-Daghestanī et à notre maître Cheick Mouhammad Nāẓim al-Ḥaqqānī, ainsi qu'à tous nos Maîtres et aux véridiques, al-Fātiḥah.		
(SE COUCHER SUR LE CÔTÉ DROIT ET RECITER LE CHAPITRE 20, VERSET 55) Minhā khalaqnākoum, wa fīhā nuʿīdoukoum, wa minhā		اسْتَرِحْ على جَنْبِكَ الأيمن: سُورة طه 55

<table>
<tr><td>noukhrijoukoum tāratan oukhrā.</td><td></td><td>مِنْهَا خَلَقْنَاكُمْ وَفِيهَا نُعِيدُكُمْ وَمِنْهَا نُخْرِجُكُمْ تَارَةً أُخْرَى</td></tr>
<tr><td colspan="3">C’est d’elle (la terre) que Nous vous avons crées, c’est à elle que Nous vous ferons retourner et d’elle que Nous vous ferons sortir une fois encore.</td></tr>
<tr><td>CHAPITRE 2, VERSET 156
Innā lillāhi wa innā ilayhi rāji‘oūn.</td><td></td><td>سورة البقرة 156
إِنَّا لِلَّهِ وَإِنَّا إِلَيْهِ رَاجِعونَ</td></tr>
<tr><td colspan="3">Certes nous appartenons à Allah et c'est vers Lui que se fera le retour.</td></tr>
<tr><td>CHAPITRE 40, VERSET 12
Fa ’l-ḥoukmou lillāhi ’l-‘Alīyyi ’l-Kabīr. Allāhoumma thabbitnā ‘alā al-īmān.</td><td></td><td>سُورة غافر 12
فَالْحُكْمُ لِلَّهِ الْعَلِيِّ الْكَبِيرِ. اللَّهُمَّ ثَبِّتْنَا على الإيمان</td></tr>
<tr><td colspan="3">Le jugement appartient à Allah, l’Elevé, l’Infiniment Grand. Ô Allah, Accorde-nous la constance dans la foi.</td></tr>
</table>

IQĀMATOU 'S-SALAT (tel que dans la prière de Maghrib)		إقامة الصّلاة
2 RAK'ATS FARḌ (OBLIGATOIRES)		رَكْعتان فَرْض
Dans la 2ème rak'at, après avoir dit - *Samī' Allāhou li man ḥamīda* – réciter:		بعد سمع الله لمن حمده:
PRIÈRE DE QOUNOŪT (VOIR PAGE 215)		دعاء القُنوت
Allāhoumma 'hdinā bi-faḍlika fī-man hadayt, wa 'āfinā fī-man 'āfayt, wa tawallanā fī-man tawallayt, wa bārik lanā fī-mā ā¿ṭayt, wa qinā w'aṣrif 'annā charra mā qaḍayt [les paumes tournées vers le bas de qinā à qaḍayt]. Fa innaka taqḍī wa lā youqḍā 'alayk, wa innahoū lā yadhillou man wālayt, wa lā ya'izzou man		اللَّهُمَّ اهْدِنا بِفَضْلِكَ فِيمَنْ هَدَيْتَ، وَعَافِنا فِيمَنْ عَافَيْتَ، وَتَوَلَّنا فِيمَنْ تَوَلَّيْتَ، وَبَارِكْ لَنا فِيما أَعْطَيْتَ، وَقِنا وَاصْرِفْ عَنّا شَرَّ مَا قَضَيْتَ، فَإِنَّكَ تَقْضِي بالحقّ، وَلا يُقْضَى عَلَيْكَ، وإنّه

ʿādayt. Tabārakta Rabbanā wa taʿālayt, wa laka 'l-ḥamdou ʿalā mā qaḍayt. Nastaghfirouk 'Allāhoumma wa natoūbou ilayk, wa ṣalla-llāhou ʿalā 'n-Nabī il-oummīyy wa ʿalā ālihi wa ṣaḥbihi wa sallam.		لا يَذِلُّ مَنْ وَالَيتَ، وَلا يَعِزُّ من عَادَيْتَ تَبَارَكْتَ رَبَّنا وتَعَالَيتَ فلَكَ الحَمْدُ على ما قَضَيْتَ نَسْتَغْفِرُكَ اللَّهُمَّ من كل الذُنوبِ ونَتُوبُ إليكَ وصَلَّى اللهُ على النَّبِي الأُمِّي وعلى آلِهِ وصَحْبِهِ وسَلَّم

Ô Allah! De par Ta Faveur, Guide-nous vers ceux que Tu as guidés et Préserve-nous parmi ceux que Tu as préservés. Protège-nous parmi ceux que Tu as protégés et bénis-nous dans ce que Tu dispenses. Détourne loin de nous le mal que Tu aurais décrété . Certes, Tu décrètes par la Vérité et nul ne peut décréter contre Toi. Celui qui est Ton protégé ne subira pas d'humiliation et Ton ennemi ne subira pas d'élevation. Bénis et Exalté Sois-Tu, notre Seigneur. La Louange revient à Toi pour ce que Tu as décrété. Ô Allah! Nous implorons Ton Pardon et nous nous repentissons à Toi. Que les Grâces d'Allah soient sur le Prophète illettré, sur les siens et sur ses compagnons.

Allāhoumma 'kchif ʿanā min al-balāya mā lā yakchifouhou ghayrouk		اللَّهُمَّ اكْشِفْ عنّا من البَلايا ما لا يَكْشِفُهُ غَيْرُكَ

<table>
<tr><td colspan="3">Ô Allah, écarte-nous des épreuves que nul autre que Toi ne peut écarter!</td></tr>
<tr><td>Allāhoumma 'sqina 'l-ghaytha souqyā raḥmatin wa lā taj'alnā min al-qāniṭīn. Rabbi 'ghfir wArḥam wa Anta khayrou 'r-Rāḥimīn.</td><td></td><td>اللَّهُمَّ اسْقِنا الغَيْثَ سُقْيا رَحْمةٍ ولا تَجْعَلْنا من القانِطينَ ربِّ اغْفِرْ وارْحَمْ وأنتَ خَيْرُ الرّاحِمينَ</td></tr>
<tr><td colspan="3">Ô Allah, Abreuve-nous par les flux de Ta Miséricorde et ne nous Place pas parmi ceux qui cèdent à la lassitude. Seigneur, Pardonne-moi et Sois Miséricordieux. Certes, Tu es le Meilleur des miséricordieux.</td></tr>
<tr><td>Allāhoumma 'ftah lanā fatḥan moubīnan wa Anta khayrou 'l-fātiḥīn.</td><td></td><td>اللَّهُمَّ افْتَحْ لنا فَتْحاً مُبِيْنًا وأَنتَ خَيْرُ الفاتِحين</td></tr>
<tr><td colspan="3">Ô Allah, Accorde-nous une victoire éclatante car Tu es le Meilleur des illuminateurs !</td></tr>
</table>

<table>
<tr><td>CHAPITRE 6, VERSET 45
Fa-qouṭiʿa dābirou ʾl-qawmi ʾLladhīna ẓalamoū wa ʾl-ḥamdoulillāhi Rabbi ʾl-ʿālamīn.
(Puis, se prosterner sans passer ses mains sur le visage ou la poitrine.)</td><td></td><td>سُورة الأنعام 45
فَقُطِعَ دَابِرُ الْقَوْمِ الَّذِينَ ظَلَمُوا
وَالْحَمْدُ لِلّهِ رَبِّ الْعَالَمِينَ</td></tr>
<tr><td colspan="3">C'est ainsi que ces peuples iniques furent exterminés du premier au dernier: la louange revient à Allah, le Seigneur des mondes!</td></tr>
<tr><td>(APRES LE SALOUT FINAL)
Lā ilāhā ill-Allāh (3 fois)
Mouhammadou ʾr-Rassoūloullāh</td><td></td><td>بعد التّسليم من الصّلاة
لا إِلَهَ إِلاَّ اللهُ محمدٌ رسولُ اللهِ – 3
مرات</td></tr>
<tr><td colspan="3">Il n'y a de dieu qu'Allah, Mouhammad est le messager d'Allah.</td></tr>
<tr><td>ISTIGHFĀR
Astaghfiroullāh (3 fois)
Qu'Allah me pardonne.</td><td></td><td>إِسْتِغْفار (3 مرّة)</td></tr>
<tr><td>DOUʿĀ (INVOCATION)
Allāhoumma Anta ʿs-Salām wa minka ʾs-salām wa ilayka</td><td></td><td>دُعاء</td></tr>
</table>

yaʿoūdou 's-salām, fa ḥayyinā Rabbanā bi 's-salām, wa 'dkhilnā 'l-Jannata bi louṭfika wa karamika wa joūdika dāraka, dār as-salām. Tabārakta Rabbanā wa tāʿalayta, yā Dhā 'l-Jalāli wa 'l-Jamāli wa 'l-Baqā'i wa 'l-ʿAẓamati wa 'l-Ikrām. Yā Rabbanā, Yā Rabbi 'ghfir w'Arḥam wa Anta Khayrou 'r-Raḥīmīn.	اللهمَ أنتَ السَّلامُ ومِنْكَ السَّلامَ وإليكَ يَعُودُ السَّلام فحيِّنا رَبنا بالسَّلام وادْخِلنا الجَنَّةَ بلطفِكَ وكَرَمِكَ وجُودِكَ دارِكَ دارُ السّلام. تبارَكتَ ربّنا وتعاليْتَ يا ذا الجلال والجَمَال والبَقاءِ والعَظَمَةِ و الإكرام. يا ربّنا يا رب اغفِرْ وارْحَمْ وأنتَ خَيْرُ الرّاحِمين.

Ô Allah! Tu es la Paix, de Toi émane la Paix et vers Toi retourne la Paix. Ô notre Seigneur, Salue-nous par la Paix et introduis-nous dans Ton Paradis par Ta Douceur, Ta Générosité et Ta Munificence; Ta Demeure est une Demeure de Paix. Bénis et Exalté Sois-tu, Ô le Détenteur de la Majesté, de la Beauté, de la Pérennité, de l'Immensité et de la Générosité. Ô notre Seigneur, Ô Seigneur! Pardonne-moi et Sois Miséricordieux car Tu es le Meilleur des miséricordieux.

<table>
<tr><td>Lā ilāhā ill-Allāh, wāḥdahoū lā charīka lah, lahou 'l-moulkou wa lahou 'l-ḥamd, youḥī wa yoūmīt, wa Hoūwa ʿalā koulli chay'in qadīr (9 fois).</td><td></td><td>لا إِلَهَ إِلَّا اللهُ وَحْدَهُ لا شَرِيكَ لَهُ، لَهُ المُلْكُ ولَهُ الحَمْدُ يُحْيِي ويُمِيتُ وهُوَ على كُلِّ شَيْءٍ قديرٍ (9 مرّات).</td></tr>
<tr><td colspan="3">Il n'y a de dieu si ce n'est Allah, l'Un sans second. A Lui appartiennent le Royaume et la Louange, Il vivifie et Il mortifie et Il a la Puissance sur toute chose.</td></tr>
<tr><td>Lā ilāhā ill-Allāh, wāḥdahoū lā charīka lah, lahou 'l-moulkou wa lahou 'l-ḥamd, youḥī wa youmīt, wa Hoūwa Ḥāyyoun dā'imoun, lā yamoūt, bi yadihi 'l-khayr, wa Hoūwa ʿalā koulli chay'in qadīr.</td><td></td><td>لا إله إلا اللهُ وَحْدَهُ لا شَرِيكَ له، له المُلْكُ وله الحَمْدُ يُحيِي ويُميت وهُوَ حيٌّ دائِمٌ لا يَمُوتُ بِيَده الخَيْرُ وهُوَ على كُلِّ شَيْءٍ قَديرٍ.</td></tr>
<tr><td colspan="3">Il n'y a de dieu si ce n'est Allah, l'Un sans second. A Lui appartiennent le Royaume et la Louange, Il vivifie et Il mortifie et c'est Lui le Vivant, l'Immuable qui ne meurt point. Le meilleur est entre Ses Mains. Certes Il a la Puissance sur toute chose.</td></tr>
<tr><td>Samʿinā wa ataʿnā, ghoufrānaka Rabbanā wa</td><td></td><td>سَمِعْنا وأَطَعْنا غُفْرانَكَ رَبَّنا وإِلَيْكَ</td></tr>
</table>

ilayka 'l-maṣṣīr.		المصير
Nous avons entendu et nous avons obéi, nous implorons Ton pardon, Seigneur et notre destin nous ramène à Toi [inéluctablement].		
'Alā Rassoūlinā 'ṣ-ṣalawāt: (dire à voix basse) Allāhoūma ṣalli 'alā Sayyīdinā Mouhammad		على رَسُولِنا الصَّلَوات : اللَّهُمَّ صلِّ على سَيِّدِنا مُحَمَّدٍ
Que les Grâces soient sur notre Prophète : Ô Allah, Répands Tes grâces sur notre maître Mouhammad.		
Astaghfiroullāh, soubḥānallāh wa 'l-ḥamdoulillāh, wa lā ilāha ill-Allāh w'Allāhoū akbar, wa lā ḥawla wa lā qouwwata illa billāhi 'l-'Alīyyou 'l-'Āẓīm.		أَسْتَغْفِرُ الله. أَسْتَغْفِرُ الله. أَسْتَغْفِرُ الله سُبْحانَ الله والحَمْدُ لله ولا إِلَهَ إِلاَّ الله والله أَكْبَر ولا حَوْلَ ولا قُوَّةَ إِلا بِالله العَلِيِّ العَظِيمْ
Qu'Allah me pardonne. Gloire à Allah! Louange à Allah ! Il n'y a de dieu si ce n'est Allah et Allah est le plus Grand. Il n'y a de force et de puissance que par Allah, l'Elevé, l'Immense.		

CHAPITRE 2, VERSET 163	البقرة 163
Aʿoudhoū billāhi min ach-chayṭāni ʼr-rajīm. Bismillāhi ʼr-Raḥmāni ʼr-Raḥīm. Wa ilāhoukoum ilāhoun wāḥidoun, lā ilāha illa Hoūwa ʼr-Raḥmānou ʼr-Raḥīm.	أَعُوذُ بِاللهِ مِنَ الشَّيْطَانِ الرَّجِيمِ. بِسْمِ اللهِ الرَّحْمٰنِ الرَّحِيمِ وَإِلَٰهُكُمْ إِلَٰهٌ وَاحِدٌ لَّا إِلَٰهَ إِلَّا هُوَ الرَّحْمَٰنُ الرَّحِيمُ.

Je me réfugie auprès de Dieu contre satan le lapidé. Au Nom d'Allah, Le Tout Miséricordieux, Le Très Miséricordieux. Et votre Dieu est un Dieu Unique, il n'est de dieu si ce n'est Lui, Le Tout Miséricordieux, Le Très Miséricordieux.

ĀYATOU 'L-KOURSI
(LE VERSET DU TRONE)

Allāhoū lā ilāha illa Hoūwa 'l-Ḥayyou 'l-Qayyoūm, lā tākhoudhouhou 's-sinatoun wa lā nawm, lahoū mā fi 's-samāwāti wa mā fi 'l-arḍ. Man dhā-lladhī yachfa'ou 'indahoū illā bi idhnih ya'lamou mā bayna aydīhim wa mā khalfahoum wa lā youḥīṭounā bi-chay'im min 'ilmihi illā bimā chā'. Wassi'a koursīyyouhou 's-samāwāti wa 'l-arḍa, wa lā ya'oudouhoū hifẓouhouma, wa Hoūwa al-'Alīyyou 'l-Aẓīm. Ṣadaq-Allāhou 'l-'Aẓīm.

آيَةُ الْكُرْسِي

اللهُ لَا إِلَهَ إِلَّا هُوَ الْحَيُّ الْقَيُّومُ لَا تَأْخُذُهُ سِنَةٌ وَلَا نَوْمٌ لَهُ مَا فِي السَّمَاوَاتِ وَمَافِي الْأَرْضِ مَن ذَا الَّذِي يَشْفَعُ عِندَهُ إِلَّا بِإِذْنِهِ يَعْلَمُ مَا بَيْنَ أَيْدِيهِمْ وَمَا خَلْفَهُمْ وَلَا يُحِيطُونَ بِشَيْءٍ مِنْ عِلْمِهِ إِلَّا بِمَاشَاءَ وَسِعَ كُرْسِيُّهُ السَّمَاوَاتِ وَالْأَرْضَ وَلَا يَؤُودُهُ حِفْظُهُمَا وَهُوَ الْعَلِيُّ الْعَظِيمُ. صَدَقَ اللهُ الْعَظِيمُ.

Allah! Il n'y a de Dieu si ce n'est Lui, Le Vivant, L'Immuable. Il n'est sujet ni à l'assoupissement ni au sommeil. Il possède ce qu'il y a dans les cieux et sur la terre. Qui donc peut servir d'intermédiaire auprès de Lui, sans Sa permission ? Il sait ce qui se trouve devant eux comme ce qui se trouve derrière et ils n'embrassent de Sa science, que ce qu'Il a bien daigné leur accorder. Son Trone contient les cieux et la terre et leur garde ne Lui pèse en rien. Et Il est l'élevé, l'Immense.
Allah l'Immense témoigne de la Vérité.

CHAPITRE 3, VERSETS 18-19	سُورة آل عمران 18–19
Chahid-Allāhou annahoū lā ilāha illa Hoū. Wa 'l-malā'ikatou wa oūlou 'l-ʿilmi qā'iman bi 'l-qisṭ. Lā ilāha illa Hoūwa 'l-ʿAzīzou 'l-Ḥakīm. Inna 'd-dīna ʿinda 'Llāhi 'l-islām.	شَهِدَ اللّهُ أَنَّهُ لاَ إِلَهَ إِلاَّ هُوَ وَالْمَلاَئِكَةُ وَأُوْلُواْ الْعِلْمِ قَآئِمَاً بِالْقِسْطِ لاَ إِلَهَ إِلاَّ هُوَ الْعَزِيزُ الْحَكِيمُ إِنَّ الدِّينَ عِندَ اللّهِ الإِسْلاَمُ

Allah atteste, ainsi que Ses Anges et ceux qui ont reçu la science, qu'il n'est de dieu que Lui qui assure la justice. Point de divinité en dehors de Lui, le Puissant, le Sage ! Au regard d'Allah, il n'est de religion que l'Islam.

CHAPITRE 3, VERSETS 26-27

Qouli 'Llāhoumma Mālik al-moulki. Tou'tī 'l-moulka man tacha'ou wa tanzi'ou 'l-moulka mimman tachā'ou wa tou'izzou man tachā'ou wa toudhillou man tachā'ou, bi yadik al-khayr, innaka 'alā koulli chay'in qadīr. Toūlijou 'l-layla fi 'n-nahāri wa toūlijou 'n-nahāra fi 'l-layl, wa toukhrijou 'l-ḥāyya min al-mayyiti, wa toukhrijou 'l-mayyita min al-ḥāyy, wa tarzouqou man tachā'ou bi ghayri ḥissāb.

سورة آل عمران 26-27

قُلِ اللَّهُمَّ مَالِكَ الْمُلْكِ تُؤْتِي
الْمُلْكَ مَن تَشَاء وَتَنزِعُ الْمُلْكَ
مِمَّن تَشَاء وَتُعِزُّ مَن تَشَاء وَتُذِلُّ
مَن تَشَاء بِيَدِكَ الْخَيْرُ إِنَّكَ عَلَىَ كُلِّ
شَيْءٍ قَدِيرٌ تُولِجُ اللَّيْلَ فِي الْنَّهَارِ
وَتُولِجُ النَّهَارَ فِي اللَّيْلِ وَتُخْرِجُ الْحَيَّ
مِنَ الْمَيِّتِ وَتُخْرِجُ المَيَّتَ مِنَ الْحَيِّ
وَتَرْزُقُ مَن تَشَاء بِغَيْرِ حِسَابٍ

Dis: «Ô Allah! Possesseur du Royaume, Tu l'accordes à qui Tu veux et Tu le ravis à qui Tu veux; Tu élèves qui Tu veux et Tu humilies qui Tu veux. Tout le bien est entre Tes Mains car Tu es l'Omnipotent. Tu fais glisser la nuit dans le jour et le jour dans la nuit; Tu fais sortir le mort du vivant et le vivant du mort; Tu accordes Ta subsistance sans compter, à qui Tu veux.

<table>
<tr><td>Allāhoumma lā mānіʿa limā āʿṭayta, wa lā mouʿṭīya limā manʿata wa lā rādda limā qaḍayta, wa lā yanfaʿou Dhā 'l-jaddi minka 'l-jiddou Rabbī wa lā ḥawla wa lā qouwwata illa billāhi 'l-ʿAlīyyi 'l-ʿAẓīm.</td><td></td><td>اللَّهُمَّ لا مانِعَ لما أعْطَيْتَ ولا مُعْطِي
لِما مَنَعْتَ ولا رادَّ لِما قَضَيْتَ ولا
يَنْفَعُ ذا الجَدِّ مِنْكَ الجَدُّ رَبِّي لا
حَوْلَ ولا قُوَّةَ إلا بِاللهِ العَلِيِّ العَظِيمِ</td></tr>
<tr><td colspan="3">Ô Allah! Nul ne peut interdire ce que Tu dispenses et nul ne peut dispenser ce que Tu interdis. Ce que Tu as décrété est sans appel. La grandeur (illusoire) de celui qui la possède ne lui est d'aucune utilité; Ô mon Seigneur, la Grandeur émane de Toi! Il n'y a de force ni de puissance que par Allah, l'élevé, l'Immense.</td></tr>
<tr><td>CHAPITRE 57, VERSET 3
Hoūwa 'l-Awwalou wa 'l-Ākhirou, wa 'ẓ-Ẓāhirou wa 'l-Bāṭin, wa Hoūwa bi koulli chay'in ʿalīm.</td><td></td><td>سُورة الحديد 3
هُوَ الأَوَّلُ وَالآخِرُ وَالظَّاهِرُ وَالبَاطِنُ
وَهُوَ بِكُلِّ شَيْءٍ عَلِيمٌ</td></tr>
<tr><td colspan="3">Il est le Premier et le Dernier, le Manifeste et l'Occulte et Il est Omniscient.</td></tr>
</table>

SOŪRATOU 'L-FĀTIḤA		سُورة الفاتحة
SOŪRATOU 'L-IKHLĀṢ		سُورة الإخْلاص
SOŪRATOU 'L-FALAQ		سُورةُ الفلَق
SOŪRATOU 'N-NĀS		سُورةُ النّاس
TASBĪḤ Yā Rabbī Dhā 'l-Jalāli wa 'l-Ikrām, Soubḥānaka yā ʿAẓīm soubḥānallāh, soubḥānallāh (33 fois)		تَسْبيح يا رَبيَّ ذا الجلالِ والإكْرامِ سُبحانَكَ يا عَظيم: سُبْحان الله (33 مرّة)
Ô mon Seigneur, le Détenteur de la Majesté et de la Générosité! Gloire à Toi, Ô l'Immense! Gloire à Allah, gloire à Allah.		
ʿalā nʿimati 'l-Islām wa charafi 'l-īmān dā'iman alḥamdoulillāh (33 fois).		على نعْمةِ الإسْلام وشَرَفِ الإيمانِ دائِمًا: الحَمْدُ لله (33 مرّة)

<table>
<tr><td colspan="3">Pour la faveur de l’Islam et l’honneur de la foi, perpétuellement la Louange revient à Allah.</td></tr>
<tr><td>Taʿalā chā’nouhoū wa lā ilāha ghayroūḥoū, Allāhoū akbar, Allāhoū akbar (33 fois).</td><td></td><td>تَعَالَى شأنُهُ ولا إله غَيْرُهُ: اللهُ أكْبَر
(33 مَرّة)</td></tr>
<tr><td colspan="3">Exalté soit Son Prestige et il n’y a nul autre dieu que Lui : Allah est le plus Grand.</td></tr>
<tr><td>Allāhoū akbarou kabīran wa ’lḥamdoulillāhi kathīran wa soubḥānallāhi boukratan wa aṣṣīla. Lā ilāha illa-Allāh wāḥdahoū lā charīka lah, lahou ’l-moulkou wa lahou ’l-ḥamd youḥīy wa youmīt wa Hoūwa ʿalā koulli chay’in qadīr. Soubḥāna Rabbīou ’l-ʿAlīyyou ’l-ʿāla ’l-Wahhāb.</td><td></td><td>اللهُ أكْبَرُ كَبيرًا والحَمْدُ لله كَثيرًا
وسُبْحانَ اللهِ بُكْرَةً وأصيلاً
لا إلَهَ إلاّ اللهُ وَحْدَهُ لا شَرِيكَ لَهُ، لَهُ
المُلكُ ولَهُ الحَمْدُ يُحيِي ويُميت وهُوَ
عَلَى كُلِّ شَيءٍ قَديرٌ. سُبْحانَ رَبِّيَ
العَليِّ الأعلى الوهّابْ</td></tr>
</table>

Allah est le plus Grand, l'infiniment Grand et les louanges reviennent à Allah abondamment. Gloire à Allah à l'aube et au crépuscule. Il n'y a de dieu si ce n'est Allah, Il est Unique, sans second. A Lui appartiennent le Royaume et la Louange, Il vivifie et Il mortifie et Il a la Puissance sur toute chose. Gloire à mon Seigneur, l'élevé, le Très-élevé, le Donateur.

CHAPITRE 33, VERSET 56 Inna 'Llāha wa malā'ikatahoū youṣṣalloūna ʿalā an-Nabī, yā ayyouha 'Lladhīnā āmanoū, ṣalloū ʿalayhi wa sallimoū taslīmā. (Ṣadaq-Allāhou 'l-ʿAẓīm)		سورة الأحزاب 56 إِنَّ اللَّهَ وَمَلَائِكَتَهُ يُصَلُّونَ عَلَى النَّبِيِّ يَا أَيُّهَا الَّذِينَ آمَنُوا صَلُّوا عَلَيْهِ وَسَلِّمُوا تَسْلِيماً

Allah Lui-même et Ses anges prient sur le Prophète; Ô vous qui avez la foi! Priez sur lui et adressez-lui vos salutations. Allah l'Immense dit la Vérité.

ṢALAWAT (3 FOIS) Allāhoumma ṣalli ʿalā Sayyīdinā Mouhammadin wa ʿalā āli Sayyīdinā Mouhammad. Bi ʿadadi koulli		صَلَوات اللَّهُمَّ صلِّ على سَيِّدِنا مُحَمَّدٍ وعلى آلِ سَيِّدِنا مُحَمَّدٍ بِعَدَدِ كُلِّ

<table>
<tr><td>dā'in wa dawā'in wa bārik wa sallim ‘alayhi wa ‘alayhim kathīrā
(APRES LA 3EME FOIS)
kathīran kathīra, wa 'l-ḥamdoulillāhi Rabbi 'l-‘ālamīn.</td><td></td><td>دَاءٍ ودَواءٍ وبارِكْ وسَلِّمْ عليه وعليْهم كثيرًا
في المرّة الثالثة كثيرًا كثيرًا</td></tr>
<tr><td colspan="3">Ô Allah, Répands Tes grâces sur notre maître Mouhammad et sur les siens au nombre de toute maladie et de tout remède; Répands Ta bénédiction et Ta Paix sur lui et sur les siens, abondamment.
A la 3ième fois, rajouter: abondamment, abondamment et la Louange revient à Allah le Seigneur des mondes.</td></tr>
<tr><td>TAHLĪL
F‘ālam annahoū: Lā ilāha illa-Allāh, Lā ilāha illa-Allāh (100 fois).</td><td></td><td>تهْليل:
فاعْلَمْ أنَّهُ: لا إلهَ إلاّ الله (100 مرّة)</td></tr>
<tr><td colspan="3">Sache que: il n'y a de dieu si ce n'est Allah.</td></tr>
<tr><td>ṢALAWAT (10 FOIS)
Allāhoumma ṣalli ‘alā Mouhammadin wa ‘alā āli Mouhammadin wa sallim.</td><td></td><td>صَلوات (10 مرات)
اللّهمَّ صلّ على مُحمَّدٍ وعلى آلِ مُحمَّدٍ وسلّم</td></tr>
<tr><td colspan="3">Ô Allah, Répands Tes grâces et La Paix sur Mouhammad et sur</td></tr>
</table>

<table>
<tr><td colspan="3">les siens.</td></tr>
<tr><td>DOU‘Ā (INVOCATION)
Ṣalli, yā Rabbī, wa sallim ‘alā jamī‘i ’l-anbīyā’i wa ’l-moursalīn, wa ālin koullin ajma‘īn wa ’l-ḥamdoulillāhi Rabbi ’l-‘ālamīn.</td><td></td><td>دُعاء
صلِّ يا ربِّي وسلِّم على جَميعِ الأنبياءِ والمُرْسَلينَ وآلِ كُلٍّ أجْمَعينَ والحَمْدُ لله رَبِّ العالمينَ</td></tr>
<tr><td colspan="3">Ô mon Seigneur, Répands Ta Grâce et Ta Paix sur tous les envoyés et les prophètes, ainsi que les leurs. La Louange revient à Allah, le Seigneur des mondes.</td></tr>
<tr><td>LA PLUS NOBLE DES PRIERES (SUR LE PROPHETE) TRANSMISE (VOIR PAGE 24)</td><td></td><td>الصّلاة الشريفة المأثورة</td></tr>
<tr><td>Soubḥāna Rabbīou ’l-’Alīyyou ’l-‘Ala ’l-Wahhāb.</td><td></td><td>سُبْحانَ رَبِّي العَلِيِّ الأعْلى الوَهّاب</td></tr>
<tr><td colspan="3">Gloire à mon Seigneur, l’Elevé, le Très-Elevé, le Donateur.</td></tr>
<tr><td>DOU‘Ā (INVOCATION) PERSONNELLE</td><td></td><td>دُعاء شَخْصي</td></tr>
</table>

SUIVIE PAR:		ثم تقرأ:
CHAPITRE 59, VERSETS 22-24 A'oudhoūbillāhi min ach-chayṭāni 'r-rajīm. Bismillāhi 'r-Raḥmāni 'r-Raḥīm. Hoūwa Allāhou 'Lladhī lā ilāha illa Hoū. 'Ālimou 'l-ghaybi wa 'ch-chahādati, Hoūwa 'r-Raḥmānou 'r-Raḥīm. Hoūwa Allāh 'oulladhī lā ilāha illa Hoūw al-Malikou 'l-Qouddoussou 's-Salāmou 'l-Mou'minou 'l-Mouhayminou 'l-'Azīzou 'l-Jabbārou 'l-Moutakabbir. Soubḥānallāhi 'ammā youchrikoūn. Hoūw 'Allāhou 'l-Khāliqou 'l-Barī'ou 'l-Mouṣṣawwirou lahou 'l-asmā'ou 'l-ḥousnā. Youssabbiḥou lahoū mā fi 's-samāwāti wa 'l-arḍ, wa Hoūwa 'l-'Azīzou 'l-Ḥakīm.		سُورة الحشر 22–24 أعُوذُ بِالله من الشَّيْطانِ الرَّجيمِ. بِسْمِ اللهِ الرَّحْمنِ الرَّحيمِ. هُوَ اللَّهُ الَّذِي لَا إِلَهَ إِلَّا هُوَ عَالِمُ الْغَيْبِ وَالشَّهَادَةِ هُوَ الرَّحْمَنُ الرَّحِيمُ هُوَ اللَّهُ الَّذِي لَا إِلَهَ إِلَّا هُوَ الْمَلِكُ الْقُدُّوسُ السَّلَامُ الْمُؤْمِنُ الْمُهَيْمِنُ الْعَزِيزُ الْجَبَّارُ الْمُتَكَبِّرُ سُبْحَانَ اللَّهِ عَمَّا يُشْرِكُونَ . هُوَ اللَّهُ الْخَالِقُ الْبَارِئُ الْمُصَوِّرُ لَهُ الْأَسْمَاءُ الْحُسْنَى يُسَبِّحُ لَهُ مَا فِي السَّمَاوَاتِ وَالْأَرْضِ

		وَهُوَ الْعَزِيزُ الْحَكِيمُ

Je cherche refuge auprès d'Allah contre satan le lapidé. Au Nom d'Allah le Tout Miséricordieux, le Très Miséricordieux. Il est Allah qui est Tel qu'il n'y a de dieu si ce n'est Lui ; Connaisseur du non-manifesté comme du manifesté, Il est le Tout Miséricordieux, le Très Miséricordieux. Il est Allah qui est Tel qu'il n'y a de dieu si ce n'est Lui – le Roi, le Saint, la Paix, Celui qui sécurise (la foi), le Dominateur, l'Inaccessible, le Contraignant, le Superbe. Gloire à Allah au-delà de ce qu'ils décrivent de Lui. Il est Allah le Créateur; le Producteur; le Formateur: c'est à Lui qu'appartiennent les plus beaux noms. Tout ce qui se trouve dans les cieux et sur terre proclame Sa Gloire et Il est l'Inaccessible, le Sage.

CHAPITRE 57, VERSET 3 Hoūwa 'l-Āwwalou wa 'l-ākhirou waẓ-Ẓāhirou wa 'l-Bāṭin, wa Hoūwa bi koulli chay'in 'Alīm. Ṣadaq-Allāhou 'l-'Aẓīm.		سورة الحديد 3 هُوَ الْأَوَّلُ وَالْآخِرُ وَالظَّاهِرُ وَالْبَاطِنُ وَهُوَ بِكُلِّ شَيْءٍ عَلِيمٌ. صَدَقَ اللهُ العظيم

Il est le Premier et le Dernier, le Manifeste et l'Occulte; et Il est Omniscient. Allah l'Immense dit vrai.

<table>
<tr>
<td>

DOUʿĀ (INVOCATION)

Rabbanā taqabbal minnā, waʿfou ʿannā, waghfir lanā, warḥamnā, wa toub ʿālaynā, wasqinā, waṣliḥ chā'nanā wa chā'n al-Mouslimīn, fanṣourna ʿalā al-qawm il-moufsidīn, bi ḥourmati man anzalta ʿalayhi Soūratou 'l-Fātiḥah.

</td>
<td></td>
<td>

دُعاءُ :

رَبَّنا تَقَبَّلْ مِنّا واعْفُ عَنّا
واغْفِرْ لَنا وارْحَمْنا وتُبْ
عَلَيْنا واهْدِنا واسْقِنا واصْلِحْ
شأنَنا وشأنَ المُسْلِمينَ وانْصُرْنا
على القَوْمِ الكافِرينَ بِحُرْمَةِ مَنْ
أُنْزِلَتْ عليهِ سُورَةُ الفاتِحَةِ

</td>
</tr>
<tr>
<td colspan="3">

Ô notre Seigneur! Accepte nos oeuvres et sois Clément avec nous, Pardonne-nous et Fais-nous miséricorde, Agrée notre repentir, Guide-nous et Abreuve-nous, Réforme notre condition ainsi que celle des musulmans. Accorde-nous le triomphe sur ceux qui voilent la Vérité, de par l'inviolabilité de celui à qui Tu as révélé la soūrat al-Fātiḥah.

</td>
</tr>
</table>

KALIMATOU 'CH-CHAHĀDA (3 FOIS) Ach-hadou an lā ilāha ill-Allāh, wa ach-hadou anna Mouhammadan 'abdouhoū wa rassoūlouh.	كلمة الشَّهَادَة أَشْهَدُ أَنْ لا إله إلا الله وأَشْهَدُ أَنَّ مُحَمَّدًا رَسُولُ الله (3 مرَّات) (بصَوْتٍ خفي) صلَّى الله عليه وسلَّم

Je témoigne qu'il n'y a de dieu si ce n'est Allah et je témoigne que Mouhammad est Son serviteur et Son messager.

ISTIGHFĀR Astaghfiroullāh (100 fois) Qu'Allah me pardonne.	اسْتِغْفَار: أَسْتَغْفِرُ الله (100 مَرَّة)
Astaghfiroullāh min koulli dhanbin wa ma'sīyatin wa min koulli mā youkhālifou dīn al-Islām, yā Arḥama 'r-Rāḥimīn.	أَسْتَغْفِرُ الله من كلِّ ذَنْبٍ ومَعْصِيَةٍ ومن كلِّ ما يُخالِفُ دينَ الإسلامِ يا أَرْحَمَ الرَّاحِمين

Je demande le Pardon d'Allah de tout péché, de toute désobéissance, de tout ce qui s'oppose à la religion de l'Islam, ô le plus Miséricordieux des miséricordieux.

SOŪRATOU ʼL-FĀTIḤA		سُورة الفاتحة
SOŪRAT YĀ SĪN (CHAPITRE 36 - VOIR PAGE 295) CHAPITRE 28, VERSET 88 Koullou chay'in hālikoun illa Wajhah, lahou ʼl-ḥoukmou wa ilayhi tourjaʻoūn.		سُورة يس سُورة القصص 88 ثم تنتهي: كُلُّ شَيْءٍ كُلُّ شَيْءٍ هَالِكٌ إِلَّا وَجْهَهُ لَهُ الْحُكْمُ وَإِلَيْهِ تُرْجَعُونَ وإليه تُرْجَعُونَ

Toute chose est périssable à l'exclusion de Sa Face ; c'est à Lui qu'appartient l'autorité et c'est vers Lui que vous serez ramenés.

99 Noms et Attributs de Dieu

(ASMA'OULLAH) Aʻoudhoūbillāhi min ach-chayṭāni ʼr-rajīm. Bismillāhi ʼr-Raḥmāni ʼr-Raḥīm. Hoūwa		أَسْماءُ الله الحسنى أَعُوذُ بالله من الشَّيْطانِ الرَّجيمِ. بِسْمِ الله الرَّحْمنِ الرَّحيمِ.

Allāhou 'Lladhī lā ilāha illa Hoū. Ar-Raḥmānou 'r-Raḥīm (Jalla Jallālouhoū). Al-Malikou 'l-Qouddousou 's-Salāmou 'l-Mou'minou 'l-Mouhayminou 'l-'Azīzou 'l-Jabbārou 'l-Moutakabbir (Jalla Jallālouhoū). Al-Khāliqou 'l-Bāri'ou 'l-Mouṣṣawwirou 'l-Ghaffārou 'l-Qahhārou 'l-Wahhābou 'r-Razzāqou 'l-Fattāḥou 'l-'Alīm (Jalla Jallālouhoū), al-Qābiḍou 'l-Bāssiṭou 'l-Khāfiḍou 'r-Rāf'iou 'l-Mou'izzou 'l-Moudhillou 's-Samī'ou 'l-Baṣṣīr, (Jalla Jallālouhoū), al-Ḥakamou 'l-'Adlou 'l-Laṭīfou 'l-Khabīrou 'l-Ḥalīmou 'l-'Aẓīmou 'l-Ghafoūrou 'ch-Chakoūrou 'l-'Alīyyou 'l-Kabīr, (Jalla Jallālouhoū), al-Ḥafīẓou 'l-		هُوَ اللهُ الذي لا إله إلا هُوَ عالِمُ الغَيْبِ والشَّهادةِ هُوَ الرَّحْمنُ الرَّحيمُ ﷻ، المَلِكُ، القُدُّوسُ، السَّلامُ، المُؤْمِنُ، المُهَيْمِنُ، العَزيزُ، الجَبَّارُ، المُتَكَبِّرُ ﷻ، الخالِقُ، البارِىءُ، المُصَوِّرُ، الغفَّارُ، القَهَّارُ، الوَهَّابُ، الرَّزَّاقُ، الفَتَّاحُ، العَليمُ ﷻ، القابِضُ، الباسِطُ، الخافِضُ، الرَّافِعُ، المُعِزُّ، المُذِلُّ، السَّميعُ، البَصيرُ ﷻ، الحَكَمُ، العَدْلُ، اللَّطيفُ، الخَبيرُ، الحَليمُ، العَظيمُ، الغفورُ، الشَّكورُ، العَلِيُّ، الكَبيرُ ﷻ، الحَفيظُ، المُقيتُ، الحَسيبُ، الجَليلُ، الكَريمُ، الرَّقيبُ،

Mouqītou 'l-Ḥassībou 'l-Jalīlou 'l-Karīmou 'r-Raqībou 'l-Moujībou 'l-Wās'iou 'l-Ḥakīmou 'l-Wadoūdou 'l-Majīd, (Jalla Jallālouhoū), al-Bā'ithou 'ch-Chahīdou 'l-Ḥaqqou 'l-Wakīlou 'l-Qawīyyou 'l-Matīnou 'l-Walīyyou 'l-Hamīdou 'l-Mouḥṣīyou 'l-Moubd'īou 'l-Mou'īdou 'l-Mouḥīyyou 'l-Moumītou 'l-Ḥāyyou 'l-Qayyoūm (Jalla Jallālouhoū), al-Wājidou 'l-Mājidou 'l-Wāḥidou 'l-Āḥadou 'ṣ-Ṣamadou 'l-Qādirou 'l-Mouqtadir (Jalla Jallālouhoū), al-Mouqaddimou 'l-Mou'akhkhirou 'l-Awwalou 'l-Ākhirou 'ẓ-Ẓāhirou 'l-Bāṭinou 'l-Wālīyou 'l-Mouta'ālou 'l-Barrou 't-Tawwāb (Jalla Jallālouhoū), al-Mountaqimou 'l-		المُجيبُ، الوَاسِعُ، الحَكِيمُ، الوَدُودُ، المَجيدُ ﷻ، الباعِثُ، الشَّهيدُ، الحَقُّ، الوَكِيلُ، القَويُّ، المَتِينُ، الوَلِيُّ، الحَمِيدُ، المُحْصِي، المُبْدِىءُ، المُعِيدُ، المُحْيِي، المُمِيتُ، الحَيُّ، القَيُّومُ ﷻ، الوَاجِدُ، المَاجِدُ، الوَاحِدُ، الأَحدُ، الصَّمَدُ، القادِرُ، المُقْتَدِرُ ﷻ، المُقدِّمُ، المُؤَخِّرُ، الأَوَّلُ، الآخِرُ، الظَّاهِرُ، البَاطِنُ، الوَالِي، المُتَعالِ، البَرُّ، التَّوَّابُ ﷻ، المُنْتَقِمُ، العَفُوُّ، الرَّؤُوفُ، مالِكُ المُلْكِ، ذو الجَلالِ وَالإِكْرامِ ﷻ، المُقْسِطُ، الجامِعُ، الغَنِيُّ، المُغْنِي، المُعْطِي،

ʿAfouwwou ʾr-Raʾouf Mālikou ʾl-moulki Dhā ʾl-Jalāli wa ʾl-Ikrām (Jalla Jallālouhoū), al-Mouqsiṭou ʾl-Jāmiʿou ʾl-Ghanīyyou ʾl-Moughnīyyou ʾl-Mouʿṭīou ʾl-Māniʿou ʾd-Ḍārrou ʾn-Nāfiʿou ʾn-Noūr (Jalla Jallālouhoū), al-Hādīyou ʾl-Badʿīou ʾl-Bāqīyou ʾl-Wārithou ʾr-Rachīdou ʾṣ-Ṣaboūr. Jalla Jallālouhoū wa jallat ʿāẓamatahū wa lā ilāha ghayroūḥou ʿLladhī lam yalid wa lam yoūlad wa lam yakoun lahoū koufouwan āḥad		المَانِعُ، الضَّارُ، النَّافِعُ، النُّورُ ﷻ، الهَادِيُّ، البَدِيعُ، البَاقِيُّ، الوَارِثُ، الرَّشِيدُ، الصَّبُورُ جَلَّ جَلاله وَجَلَّت عَظَمَتهُ ولاَ إلهَ غَيْرُهُ الذي لَمْ يَلِدْ وَلَمْ يُولَدْ وَلَمْ يَكُنْ لَهُ كُفُواً أَحَدٌ

Je cherche refuge auprès d'Allah contre satan le lapidé. Au Nom d'Allah, le Tout Miséricordieux, le Très Miséricordieux. Il est Allah qui est Tel qu'il n'y a point de dieu en dehors de Lui. Il est le Tout Miséricordieux, le Très Miséricordieux (Exaltée Soit Sa Majesté). Le Roi, le Saint, la Paix, Celui qui sécurise, le Dominateur, l'Inaccessible, le Contraignant, le Superbe (Exaltée Soit Sa Majesté), le Créateur, le Producteur, le Formateur, le

Tout-Pardonnant, le Tout-Contraignant, le Donateur, le Pourvoyeur, Celui qui ne cesse d'ouvrir et d'accorder la victoire, le Très-Savant (Exaltée Soit Sa Majesté), le Restricteur; l'Epanouisseur, l'Abaissant, l'Elevant, Qui rend irresistible, Celui qui rend vil, L'Audient, le Voyant (Exaltée Soit Sa Majesté), l'Arbitre, le Juste, le Subtile, l'Informé, le Longanime, l'Immense, le Pardonneur, le Très-Reconnaissant, l'Elevé, l'Infiniment Grand, (Exaltée Soit Sa Majesté), le Préservateur, le Gardien, le Demandeur de comptes, le Majestueux, le Généreux, le Vigilant, l'Exauceur, le Vaste, le Sage, le Compatissant, le Glorieux (Exaltée Soit Sa Majesté), le Ressusciteur, le Témoin, le Réel, le Gérant, le Fort-Puissant, le Ferme, le Très-proche, le Digne des louanges, Celui qui garde en compte, Celui qui initie, Celui qui répète, le Vivificateur, le Mortificateur, le Vivant, l'Immuable (Exaltée Soit Sa Majesté), l'Opulent, l'Excellent, l'Unique, l'Absolu Insondable, l'Absolu, le Puissant, le Tout-Puissant (Exaltée Soit Sa Majesté), Celui qui devance, Celui qui retarde, le Premier, le Dernier, le Manifeste, l'Occulte, Celui qui dirige, l'Exalté, le Bienveillant, Celui qui accepte le repentir (Exaltée Soit Sa Majesté), le Vengeur, l'Indulgent, le Clément, le Possesseur du Royaume, le Détenteur de la Majesté et de la Générosité (Exaltée Soit Sa Majesté), l'Equitable, le Rassembleur, l'Indépendant, Celui qui confère la suffisance, le Dispenseur, le Défenseur, le

Contrariant, l'Utile, la Lumière (qu'Exaltée Soit Sa Majesté), le Guide, le Novateur [Celui qui a créé les choses sans exemples précédents], le Permanent, l'Héritier, le Bien-Guidé [par Lui-même], l'Endurant. Exaltée Soit Sa Majesté et Sa Grandeur; il n'y a de dieu autre que Lui; Celui qui n'a pas engendré et n'a pas été engendré et Il n'a aucun pair.		
Yā Āḥad, Yā Ṣamad, ṣalli ʿalā Mouhammad (3 fois).		يا أَحَد . يا صَمَد صلِ على محمد (3 مرات)
Ô l'Absolu Insondable! Ô l'Absolu, Prie sur Mouhammad.		
SOŪRATOU 'L-IKHLĀṢ (CHAPITRE 112) 11 FOIS		سُورَةُ الإِخْلاصِ (11 مرة)
SOŪRATOU 'L-FALAQ (CHAPITRE 113) 1 FOIS		سُورَةُ الفَلَق

SOŪRATOU 'N-NĀS (CHAPITRE 114) 1 FOIS		سُورَةُ النّاس
TAHLĪL AVEC DES ṢALAWĀT (10 FOIS) Lā ilāhā ill-Allāh Mouhammadou 'r-Rassoūloullāh, ṣall-Allāhoū ta'alā 'alayhi wa 'alā ālihi wa ṣaḥbihi wa sallam.		تهْليل: لا إله إلا الله مُحَمَّدٌ رَسُولُ الله صلّى اللهُ تعالى عليه وعلى آلِهِ وصَحْبِهِ وسلّم (10 مرات)
Il n'y a de dieu qu'Allah, Mouhammad est le messager d'Allah. Allah, Exalté Soit-Il, répands Ses grâces sur lui, sur les siens et ses compagnons.		
ṢALAWĀT (10 FOIS) Allāhoumma ṣalli 'alā Mouhammadin wa 'alā āli Mouhammadin wa sallim.		الصَلَوات الشّريفة (10مرّات) اللّهمَّ صلّ على مُحَمَّدٍ وعلى آلِ مُحَمَّدٍ وسلّم
Ô Allah, Répands Tes grâces et la Paix sur Mouhammad et sur les siens.		

DOU'Ā (INVOCATION) Ṣalli, yā Rabbī, wa sallim 'alā jamī'i 'l-anbīyā'i wa 'l-moursalīn, wa ālin koullin ajma'īn wa 'l-ḥamdoulillāhi Rabbi 'l-'ālamīn.		دُعاء صلِّ يا ربِّي وسلِّم على جميعِ الأنبياءِ والمرْسَلينَ وآلِ كُلٍّ أجْمَعينَ والحَمْدُ لله ربِّ العالمينَ
Ô mon Seigneur, Répands Ta Grâce et la Paix sur tous les envoyés et les prophètes, ainsi que leurs siens. La Louange revient à Allah, le Seigneur des mondes.		
LA PLUS NOBLE DES PRIERES (SUR LE PROPHETE) TRANSMISE (VOIR PAGE 24)		الصّلاة الشريفة المأثورة
IHDĀ (DEDICACE VOIR IHDĀ PAGE 27)		إهْداء

La prière de Ẓouhr

La prière de Ẓouhr s'effectue de la même manière que celle de ʿIchā, à partir de l' *adhān* jusqu'à la fin, à l'exception de la prière de Witr qui n'est pas effectuée.

4 RAKʿATS SOUNNAH (VOIR PAGE 199)		4 ركْعات سُنّة: رَكْعَتَيْنِ سُنّة ورَكْعَتَيْنِ نافِلة بِتَسْليم واحِد أو بتسليمين
4 RAKʿATS FARḌ		أرْبَعُ ركْعات فَرْض
4 RAKʿATS SOUNNAH		أرْبَعُ ركْعات سُنّة
SOŪRATOU 'L-MOULK (CHAPITRE 67 – VOIR PAGE 321)		سُورةُ المُلك

A la fin de la *Soūratou 'l-Moulk,* ajouter: *Allāhou taʿalā Rabbounā wa Rabbou 'l-ʿālamīn*. Puis continuer avec les mêmes pratiques que celles effectuées dans la prière de Ishā à l'exception de la prière de Witr.

La prière de ʿAṣr

La prière de ʿAṣr s'effectue exactement comme celle de ʿIchā, à l'exception des 4 rakʿāts Sounnah après la prière ainsi que la prière de Witr qui ne sont pas effectuées.		
4 RAKʿATS SOUNNAH (voir page 199)		4 ركْعات سُنّة ركْعَتَيْنِ سُنّة وركْعَتَيْنِ نافِلة بِتَسْليم واحِد أو بتسليمين
4 RAKʿATS FARḌ		4 ركْعات فرْض
SOŪRATOU 'N-NABĀ (CHAPITRE 78 – VOIR PAGE 331)		ثم تقرأ سُورةَ النَبأ
Complétez la récitation avec les versets 25-30 du chapitre 89. Fa yawmaydhin lā youʿadhibou ʿadhābahou āḥadoun wa lā yoūthiqou wathāqahou āḥad. Yā ayyatouhā 'n-nafsou 'l-mouṭma'innatou 'rjiʿī ilā		فيَوْمَئِذٍ لا يُعَذِّبُ عَذَابَهُ أَحَدٌ . ولا يُوثِقُ وَثَاقَهُ أَحَدٌ يا أَيَّتُها النَّفْسُ المُطْمَئِنَّةُ ارْجِعِي إِلَى رَبِّكِ رَاضِيَةً مَرْضِيَّةً فادْخُلي فِي عِبادِي وادْخُلِي جَنَّتِي

rabbiki rāḍīyyatan marḍīyyah. f'adkhoulī fī 'ibādī w'adkhoulī jannatī. Puis ajouter: Razzaqanā Allāhou, yā Allāh, Āmannā billāhi. Ṣadaqa-Allāhou 'l-'Aẓīm.		رَزَقَنَا الله يا الله. آمَنَّا بالله. صدق الله العظيم
Ce Jour-là, nul autre que Lui n'infligera un tel chatiment, et nul autre que Lui ne reserrera autour d'eux l'étau]. Ô toi, âme apaisée, retourne auprès de ton Seigneur, satisfaite et agréée, et entre au nombre de Mes serviteurs, entre en Mon Paradis. Puis ajouter: Qu'Allah nous l'accorde, Ô Allah, nous croyons en Allah. Allah l'Immense dit vrai.		
Puis continuer la récitation jusqu'à la fin, tel qu'effectué dans la prière de 'Ichā.		

Pratiques durant les mois de Rajab, de Cha'ban et de Ramadan

Pratiques du mois de Rajab		أدب شهْر رجب
Cet Adab est effectué le jour précédant le premier jour du mois de Rajab, entre la prière de 'Aṣr et la prière de Maghrib. Il est répété *en tant que pratique quotidienne du disciple, commençant une heure et demie avant la prière de Fajr, sans la Grande Invocation Transmise de Grandcheick (Ad-dou'āou 'l-māthoūr li Sulṭān al-Awliyā* à *la page* 161) qui est récitée uniquement la première nuit. *De même, le dernier après-midi avant le début du mois de Rajab, les prières de la vigile de nuit (Ṣalātou 'n-Najāt, Ṣalātou 'ch-Choukr and Ṣalātou 't-Tasbīh) ne sont pas effectuées.*		
LE BAIN DE PURIFICATION A l'arrivée du mois de Rajab, juste avant la première nuit, entre la prière de 'Aṣr et celle de Maghrib, le disciple accueille ce mois en prenant le grand bain de purification (ghousl ou grande ablution).		غُسل إذا دخل شهر رجب بادر المريد في ليلة ابتدائه للغسل ما بين العصر والمغرب.

Puis, il doit mettre ses meilleurs vètements, un bon parfum (pour les hommes) et prier ensuite 2 rakʿats de sunnat al-wuḍū'.		ثم يلبس أفضل الثياب واطهرها يتطيب ويستقبل القبلة ثم يصلي ركعتين سنة الوضوء ثم يقرأ:
Réciter: Yā Rabb al-ʿizzati wa 'l-ʿaẓamati wa 'l-jabbaroūt		يا رب العزة والعظمة الجبروت
Ô Seigneur de l'Honneur, de l'Immensité et de la Contrainte.		
Et le disciple avance de trois pas dans son lieu de prière, en direction de la Qiblah.		و يتقرب في محرابه ثلاثة اقدام نحو القبلة
NĪYYAT (L'INTENTION)		النية:
Nawaytou 'l-arbāʿīn, nawaytou 'l-ʿitikāf, nawaytou 'l-khalwa, nawaytou ʿl ʿouzla, nawaytou 'r-riyāḍa, nawaytou 's-souloūk, lillāhi taʿala fī hādhā 'l-masjid (ou fī hādha al-jāmiʿ)		نَوَيْتُ الأَرْبَعِين، نَوَيْتُ الإِعْتِكَاف نَوَيْتُ الخَلْوَة نَوَيْتُ العُزْلَة، نَوَيْتُ الرِيَاضَة نَوَيْتُ السُّلُوك، لله تَعالى في هَذَا المَسْجِد
J'ai l'intention de consacrer quarante jours (à la dévotion), j'ai		

l'intention d'être en réclusion, j'ai l'intention de me retirer dans la mosquée, j'ai l'intention de m'isoler, j'ai l'intention de discipliner (mon ego), j'ai l'intention de cheminer sur la voie d'Allah, Exalté soit-Il, dans ce lieu de prière.

100 fois Yā Ḥalīm (pour dissiper la colère). Ô Le Longanime!	يا حَلِيمُ . يا حَلِيمُ . يا حَلِيمُ (100 مَرَّة)
100 fois Yā Ḥafīz (pour écarter les afflictions). Ô Le Protecteur!	يا حَفِيظُ . يا حَفِيظُ . يا حَفِيظُ (100 مَرَّة)

Imaginez-vous dans le Jardin Béni (al-Rawḍah), devant le maqām du Prophète ﷺ en face du Messager de Dieu ﷺ, récitant:

ṢALAWĀT (100 FOIS) Allāhoummā ṣalli ʿalā Sayyidina Mouhammadin wa ʿalā āli Mouhammadin wa sallim.	صَلَوات –100 مرة اللَّهُمَّ صَلِّ على مُحَمَّدٍ وعَلَى آلِ مُحَمَّدٍ وسلِّم

Ô Allah, Répands Tes grâces et la Paix sur notre maître Mouhammad et sur les siens.

Formule l'intention afin qu'Allah t'introduise en présence

spirituelle de Son Messager ﷺ, de l'Imām al-Mahdī عليه السلام et de nos cheicks.

NĪYYAT (INTENTION) : Yā Rabbī innanī nawaytou an ataqaddama naḥwa baḥri waḥdanīyyatika ilā maqāmi 'l-fanāʿi fīka. Falā taroudanī yā Rabbī, yā Allāh khā'ibān ḥattā touwaṣṣilanī ila dhāk al-maqām al-maqāmou 'l-fardānī.	النية: يا ربيّ إنني نوَيتُ ان أتَقَدَّمَ نحوَ بَحْرِ واحْدانِيّتكِ إلى مقامِ الفَنّاءِ فيكَ فلا تردَّني يا ربي يا الله خائِبا حتى تُوَصّلَني إلى ذاك المقام — المقامُ الفَرْداني.

Ô mon Seigneur ! j'ai l'intention d'avancer vers l'Océan de Ton Unicité, vers la Station de l'extinction en Toi. Ne me rejette pas, Ô mon Seigneur, Ô Allah, tant que Tu ne m'as pas fait atteindre cette station, la Station de l'Unicité.

Yā Rabbī, yā Allāh ḥaithou hādha ach-chahrou hoūwa chahrouka, jiʿtouka ḍa'ifan wa nāwī'an an ʿamala ʿamalan bidoūn ʿiwaḍoun aw an yakoūna fīhi ṭalaban li 'l-	يَا ربيّ يا الله حيْثُ هذا الشَّهْرُ هو شَهْرُكَ جِئْتُكَ ضَيْفاً وناوِياً ان أعْمَلَ عَمَلاً بِدُونِ عُوْضٍ أو ان يَكُونَ فيه

<table>
<tr><td>faḍīlati qāssidan iyyāka Ilāhī anta maqsoūdī wa riḍāka maṭloūbi.</td><td></td><td>طلباً للفضيلة. قاصداً إياكَ الهي
أنتَ مَقْصودي ورضاكَ مَطلوبي</td></tr>
<tr><td colspan="3">Ô mon Seigneur, Ô mon Allah! Puisque ce mois est Ton mois, je viens à Toi tel un faible hôte, qui a l'intention de réaliser une œuvre sans demander de rétribution, juste pour anoblir mon caractère. Je suis venu vers Toi, Ô mon Dieu! Tu es le but que je voudrais atteindre et Ton agrément est mon désir.</td></tr>
<tr><td>Yā Rabbī, koullou ʿoumrī qad amḍaytouhou fī 'l–maʿāṣṣī wa 'ch-chirki 'l-khafī. Wa innanī ouqirrou bi-annanī lam ā'ti ilā bābika bi-ʿamalin maqboūlin ʿindaka anta-Allāhou 'Lladhī lā yā'tī āḥadoun ilā bābika bi ʿamalihi bal bi-faḍlika wa joūdika wa karamika wa iḥsānika. Anta-Allāhou 'Lladhī la tarouddou ʿabdan jā'a ilā bābika falā tarouddanī yā Allāh.</td><td></td><td>يا ربي كلُّ عُمْري قد أمْضيتُهُ في
المَعاصي والشِرْكِ الخَفي وانّي أُقِرُّ
بأنّي لم آتِ إلى بابكَ بِعَمَلٍ مَقْبُول
عِندكَ أنتَ اللهُ الذي لا يأتي أحدٌ إلى
بابكَ بِعَمَلِهِ بل بفضلكَ وجودك
وكرمكَ وإحسانكَ أنتَ اللهُ الذي لا
تَرُدُّ عَبْدًا جاءَ إلى بابكَ فلا تَرُدَّني يا
الله</td></tr>
</table>

Ô mon Seigneur! J'ai passé ma vie dans la désobéissance et dans l'association cachée. Je me confesse à Toi, je suis venu à Ta porte sans aucune oeuvre acceptable par Toi, Ô Allah. Tu es Allah et nul ne se présente à Ta porte par ses oeuvres mais plutot par Ta Bienfaisance, Ta Générosité, Ta Munificence et Ta Vertu Parfaite. Certes, Tu es Allah, Celui qui ne repousse pas un serviteur venu à Sa porte, ne me repousse pas Ô Allah!

Yā Rabbī, koullou oumoūrī fawwaḍtouhā ilayka, ḥayātī wa mamātī wa bʿada mamāti, wa yawmou 'l-ḥachr. Koullou oumoūri ḥawwaltouhā ʿindaka. Wa fawwaḍtou amrī ilayka, lā amlikou min amri nafsī chay-an. Lā nafʿan, wa lā ḍarran, wa lā mawtan, wa lā ḥayātan, wa lā nouchoūran. Koullou oumoūri wa ḥissābī wa sou'ālī wa jawābī ḥawwaltouhou ʿindaka yā Rabbī yā Allāh. Nāssīyatī bi-yadika wa anā ʿājizoun ʿani 'l-jawābi wa law mithqāla dharratin.		يا ربي كل أُمُوري فوَّضتُها إليك حَياتي ومَماتي وبَعْدَ مماتي و يَوْمُ الحَشْرِ كُلُّ أُمُوري حَوَّلْتُهَا عِنْدَكَ وفَوَّضْتُ أمْري إليكَ لا أَمْلِكُ من أمرِ نَفْسي شَيْئاً لا نَفْعاً ولا ضُرّاً ولا مَوْتاً ولا حَياة ولا نُشُوراً. كُلُّ أُمُوري وحِسابي وسُؤالي وجَوابي حَوَّلْتُهُ عِنْدَكَ يا ربي يا الله، ناصِيَتي بِيَدِكَ وانا عاجِزٌ عنِ الجَوابِ ولو مِثْقَالَ ذَرَّةٍ

<table>
<tr><td colspan="3">Ô mon Seigneur, je T'ai confié toutes mes affaires: ma vie, ma mort, celle de l'au-dela et ma résurrection. Je Te soumets toutes mes affaires; Intrèquement, rien d'inhérent à ma nature ne m'appartient. Je ne peux m'octroyer ni bienfaits, ni méfaits, ni mort, ni vie, ni résurrection. Pour toutes mes affaires, mes jugements, mes questions, mes réponses, je m'en remets à Toi, Ô mon Seigneur, Ô Allah! Je me plie à Ta contrainte. Je suis incapable de fournir la moindre réponse, ne serait-ce de la taille d'un atome.</td></tr>
<tr><td>Law kāna laka yā Rabbī bābayni āḥadahoumā moukhaṣṣaṣṣoun li 't-tā'ibīna min ʿibādika al-mouʿminīn wa 'l-ākharou li 't-tā'ibīna min ʿibādika al-ʿaṣṣīn. Jiʿtouka yā Allāh naḥwou bābik alladhī yaḥtājou an yadkhoula minhou ʿibādouka al-ʿāṣṣīn. Wa innanī ouqirrou wa āaʿtarif annahou yajibou an oujaddida islāmī wa īmānī min hādha'l-bāb li-iẓhāri 'l-ʿajzi.</td><td></td><td>لو كان لكَ يا ربي بابَين أحَدَهُما
مُخَصَّصٌ للتّائبين من عِبادِكَ المؤمنين
والأخَرُ للتّائبين من عِبادِكَ العاصِين ،
جِئْتُكَ يا اللهُ نحْوَ بابِكَ الذي يَحْتاجُ ان
يَدْخُلَ مِنْهُ عِبادُكَ العاصِين وانّني أُقِرُّ
واعْتَرِفُ انَّهُ يَجِبُ ان أُجَدّدَ إسْلامي
وإيماني من هذا الباب لإظْهارِ العَجْزِ .</td></tr>
<tr><td colspan="3">Ô mon Seigneur, si Tu avais deux portes par lesquelles Tes Serviteurs entreraient — l'une réservée aux repentis d'entre Tes</td></tr>
</table>

<table>
<tr><td colspan="3">serviteurs croyants et l'autre destinée aux repentis d'entre Tes Serviteurs désobéissants — je serai venu à la porte que les désobéissants auraient empruntée. Certes, je déclare et j'avoue que je dois, de cette porte, renouveller ma religion et ma foi afin de manifester mon impuissance.</td></tr>
<tr><td>Wa hādhā al-'amalou hoūwa āwwalou 'amalin lī b'ada mā chahidtou bi 'l-islāmi ḥaqqan. Yā Rabbī wa Anta wakīlī yā Wakīl haithou naqoūlou Allāha 'alā mā naqoūlou Wakīloun wa Chahīd.</td><td></td><td>و هذا العَمَلُ هُوَ أوَّلُ عَمَلٍ لي بَعْدَ
ما شَهِدْتُ بالإسلام حقاً يا رَبِّي
وأنتَ وَكيلي يا وَكيل حَيْثُ نَقُول
الله على ما نَقُول وَكيل وشَهيد .</td></tr>
<tr><td colspan="3">Après avoir professé véritablement l'Islam (Chahāda), cet acte est mon premier acte. Ô mon Seigneur Tu es mon Garant, Ô le Garant! Et nous proclamons: Allah est Garant et Témoin de ce que nous disons.</td></tr>
<tr><td>Commencer par la proclamation des paroles de la Chahādah

Chahādah (3 fois)</td><td></td><td>ثُم تَبدأ بِكَلِمَتي الشَهادَة (3 مرات)</td></tr>
</table>

<table>
<tr><td>Iqāmou ’ṣ-ṣalāti wa ītāou ’z-zakāt wa ṣawmou ramaḍāna, wa Ḥajjou ’l-bayt.</td><td></td><td>تجديد اركان الإسلام: إقامُ الصّلاة وإيتاءُ الزّكاة وصَوْمُ رَمَضان وحَجّ البَيْت</td></tr>
<tr><td colspan="3">Ré-affirmation des cinq pilliers de l’Islam:
l’accomplissement de la prière, l’acquittement de l’aumône, le jeune du ramadan et le pélérinage à la Demeure d’Allah.</td></tr>
<tr><td>Āmantou billāhi wa malā’ikatihi wa koutoubihi wa roussoulihi wa ’l-yawmi ’l-ākhiri wa bi ’l-qadari khayrihi wa charrihi min Allāhi taʿalā.</td><td></td><td>تجديد الإيمان: آمَنْتُ بالله وملائكته وكُتُبِه ورُسُلِه وباليَوْمِ الآخِرِ وبالقَدَرِ خَيْرِه وشَرِّه .</td></tr>
<tr><td colspan="3">Ré-affirmation des piliers de la foi:
Je crois en Dieu, en Ses anges, en Ses Ecritures, en Ses messagers, au Jour final et au destin - son bien et son mal - émanant d’Allah, Exalté soit-Il.</td></tr>
<tr><td>Yā Rabbī, yā Allāhou, kam ẓahara minnī min adh-dhounoūbi wa ’l-maʿāṣṣīyy ẓāhiran wa bāṭinan wa sirran min ʿahdi ījādi dharratī wa</td><td></td><td>يا ربي يا الله كَمْ ظَهَرَ مِنّي مِنَ الذُنوبِ والمعَاصِي ظاهِراً وباطِناً</td></tr>
</table>

rouḥī, wa doukhoūli rouḥī ilā jismī wa ẓouhoūrī min al-'adami ilā 'l-woujoūdi wa ẓouhoūrī fī 'ālami 'd-dounyā ilā yawminā hādha, raj'atou 'ani 'l-jamī'i ilayka bi 't-tawbati wa 'l-istighfār.		وسِراً مِن عَهْدِ إيجادِ ذرّتي ورُوحي ودُخُول رُوحي إلى جسْمي وظُهوري مِنَ العدَمِ إلى الوُجُودِ وظُهوري في عَالَمِ الدُّنيا إلى يَوْمنا هذا، رَجَعْتُ عنِ الجَميعِ اليك بالتَّوْبةِ والإسْتِغفار

Ô mon Seigneur, Ô Allah, je ne peux recenser le nombre de péchés et de désobéissances que j'ai commis à differents degrés – apparent, caché et secret - depuis la promesse de mon existence atomique ou sprituelle. Et aussi, depuis l'Insufflation de mon esprit dans mon corps et ma manifestation du néant vers l'existence, dans ce monde ici-bas. Je me détourne de tout cela et je reviens vers Toi, en implorant Ton repentir et Ton pardon.

Wa innanī qad dakhaltou wa salaktou fī raḥmāti chahrika hādha 'l-moubārak falā tarouddanī yā Rabbī, 'an		وإنّي قد دَخَلْتُ وسَلَكْتُ في رَحْماتِ شَهْرِكَ هذا المبارَك فلا تَرُدَّني

bābika wa lā tatrouknī li-aḥwāli nafsī wa law laḥẓah wa anā astaghfirouka.		يا ربي عن بابِكَ ولا تَتْرُكْني لاحْوالِ نَفْسي ولو لَحْظة، أنا أَسْتَغْفِرُكَ
Certes, je suis entré et j'ai avancé dans la voie des miséricordes de Ton mois Béni. Ô mon Seigneur ! Ne me repousse pas de Ta Porte et ne m'abandonne pas aux états de mon ego, ne serait-ce que pour l'instant d'un clin d'oeil et je demande Ton Pardon.		
ISTIGHFĀR 100 fois Astaghfiroullāh		إسْتِغْفار أستغفر الله (100 مرات)
Qu'Allah me pardonne.		
Continuer avec le reste du Adab Naqchbandī, en récitant la Soūratou 'l-Fātiḥah, les versets de Āmanar-Rassoūl (2:285-286) jusqu'à la fin du Ihdā (voir page 27).		سُورَةُ الفاتِحَةِ، آية آمَنَ الرَّسُول. . . . .إلى الأخر الإهْداء

Pour les pratiques quotidiennes du mois de Rajab, effectuer la récitation journalière du wird des gens de la détermination incluant la répétition du nom «Allah Allah» et des ṣalawāts (voir page 28). Par contre, le wird à ce niveau, de même que les trois prières ci-dessous ne sont pas à accomplir le jour précédent le mois Rajab:

ṢALĀTOU 'N-NAJĀT (2 RAKATS)		صَلاةُ النّجات ركعتين
ṢALĀTOU 'CH-CHOUKR (2 RAKATS)		صلاة الشّكر ركعتين
ṢALĀTOU 'Ṭ-ṬASSĀBIḤ (4 RAKATS)		صلاة التّسابيح اربع ركعات

Dans le cadre des pratiques quotidiennes, les 3 prières ci-dessus sont suivies des invocations suivantes :

500 FOIS YĀ ṢAMAD		يا صَمَد .(500 مَرة)

Ô l'Absolu.

Avec l'intention d'éliminer les mauvais aspects de l'ego.

500 FOIS ASTAGHFIROULLĀH		أَسْتَغْفِرُ الله (500 مرة)

<table>
<tr><td colspan="3">Qu'Allah me pardonne.

Réciter avec l'intention de demander à Allah de pardonner vos péchés, depuis le jour de la création de votre ame jusqu'à ce jour.</td></tr>
<tr><td>500 FOIS
ASTAGHFIROULLĀH</td><td></td><td>أستغفر الله (500 مرة)</td></tr>
<tr><td colspan="3">Qu'Allah me pardonne.

Réciter avec l'intention qu'Allah vous protège contre les péchés, de ce jour jusqu'au dernier jour dans ce monde.</td></tr>
<tr><td>500 FOIS
ALḤAMDOULILLĀH</td><td></td><td>الحمدُ لله (500 مَرة) .</td></tr>
<tr><td colspan="3">La Louange revient Allah.

En reconnaissance à Allah de ne vous avoir pas crées et fait partie de la communauté des autres prophètes.</td></tr>
<tr><td>500 TIMES
ALḤAMDOULILLĀH</td><td></td><td>الحمدُ لله (500 مَرة) .</td></tr>
<tr><td colspan="3">La Louange revient Allah.

En reconnaissance à Allah de vous avoir crées et fait partie de la communauté de Sayyidina Mouhammad ﷺ et de vous avoir honorés par Sayyidina Aboū Bakr aṣ-Ṣiddīq ﵁,</td></tr>
</table>

Cheick 'Abd al-Khāliq al-Ghoujdawānī, Cheick Charafouddīn ad-Dāghestānī, Grandcheick Cheick 'Abd Allāh al-Fā'iz ad-Dāghestānī et de vous avoir honorés en faisant de vous un disciple de Mawlānā Cheick Mouhammad Nāẓim al-Ḥaqqānī.

LA GRANDE INVOCATION TRANSMISE (AD-DOU'ĀOU 'L-MĀTHOŪR) DE SOULṬĀN AL-AWLĪYĀ

(VOIR PAGE 143)

NB: A réciter uniquement le jour avant Rajab.

Pratiques quotidiennes entre Maghrib et ʿIchā pendant le mois de Rajab	أدب اليومي بين المغرب والعشاء في شهر رجب
1. Eviter la compagnie des gens. Observer l'Adab Naqchbandī dans le dernier tiers de la nuit jusqu'au lever du soleil, et/ou entre la prière de ʿAṣr et celle de Maghrib et/ou entre la prière de Maghrib et celle de ʿIchā.	
NĪYYAT (INTENTION)	النية:
Nawaytou 'l-arbāʿīn, nawaytou 'l-ʿitikāf, nawaytou 'l-khalwa, nawaytou 'l-ʿouzla, nawaytou 'r-riyāḍa, nawaytou 's-souloūk, lillāhi taʿala fī hādhā 'l-masjid (ou fī hādha al-jāmiʿ).	نَوَيْتُ الأَرْبَعِين، نَوَيْتُ الإِعْتِكاف، نَوَيْتُ الخَلْوَة، نَوَيْتُ العُزْلَة، نَوَيْتُ الرِياضَة، نَوَيْتُ السُلوك لله تَعالى في هذا المسجد
J'ai l'intention de consacrer quarante jours (à la dévotion), j'ai l'intention d'être en réclusion, j'ai l'intention de me retirer dans la mosquée, j'ai l'intention de m'isoler, j'ai l'intention de	

discipliner (mon ego), j'ai l'intention de cheminer sur la voie d'Allah, Exalté soit-Il, dans ce lieu de prière (ou dans cet endroit).

SOŪRATOU 'L-AN'AM A réciter chaque jour (si possible).		سُورة الأنعام كل يوم (إذا امكن)
Lire un jouz' du Coran chaque jour (tel qu'indiqué dans votre wird quotidien).		جزء من القرآن كل يوم
DALĀ'ILOU 'L-KHAYRĀT (faisant partie de votre *wird* quotidien)		دلائل الخيرات
WIRD QUOTIDIEN		الأوراد اليومية
LE JEÛNE		الصيام
Jeûner davantage, surtout les lundis et les jeudis, de même que le jour de Raghā'ib (le premier vendredi du mois), le 7ème jour, au milieu de Rajab		الإكثار من الصيام ، وخاصة صيام يوم الإثنين والخميس ونهار ليلة

(15ème jour) et le 27ème jour du mois.		الرغائب. اي السابع من رجب ونصف شهر رجب ويوم السابع العشرين

Invocation de Rajab (A réciter 3 fois tous les jours)		دعاء رجب
Bismillāhi ’r-Raḥmāni ’r-Raḥīm. Allāhoumma innī astaghfirouka min koulli mā toubtou ‘anhou ilayka thoumma ‘oudtou fīhi. Wa astaghfirouka min koulli mā āradtou bihi wajhaka fakhālaṭani fīhi la laysa fīhi raḍā‘ouk. Wa astaghfirouka li ’n-ni‘am ’illatī taqawwaytou bihā ‘alā m‘aṣṣīyatik. Wa astaghfirouka min adh-dhounoūb ’illati lā y‘alamouhā ghayrouka, wa lā yaṭali‘ou ‘alayhā aḥadoun siwāk wa lā tassa‘oūhā illa raḥmatika, wa lā tounjī minhā illa maghfiratouka wa ḥilmouka. Lā ilāha illa Anta soubḥānaka innī kountou mina ’ẓ-ẓālimīn.		بسم الله الرحمن الرحيم اللّهمَّ انّي أسْتَغْفْرُكَ مِن كُلّ ما تُبْتُ عَنْهُ الَيكَ ثمّ عُدْتُ فِيه، و أسْتَغْفِرُكَ مِن كُلّ ما أَرَدْتُ بِهِ وَجْهَكَ فخالطَني فِيه ما ليس فِيه رضاك. و أسْتَغْفْرُكَ لِلنعَمِ الّتي تَقَوّيتُ بِها على مَعْصِيتك، و أسْتَغْفْرُكَ مِنَ الذنُوب التي لا يَعْلَمُها غَيْرُكَ ولا يَطَلِعُ عليْها أحَدٌ سِواك ولا تَسَعُها الا رَحْمَتَكَ ولا تُنْجي مِنها الا مَغفِرَتَكَ وحِلْمُكَ لا اله الا أنت سُبْحانَكَ اني كُنتُ مِنَ الظّالمين

Au nom d'Allah, le Tout Miséricordieux, le Très Miséricordieux.

Ô Allah! Je demande Ton pardon pour tout ce dont je me suis repenti auprès de Toi et auquel je suis retourné. Je demande Ton pardon pour tout ce dont j'ai désiré Ta Face et qui a été entaché par ce qui n'est pas agrée par Toi. Je demande également Ton Pardon pour toutes les faveurs dont j'ai fait usage démésuré pour tomber dans ta désobéissance. Je demande Ton pardon pour tous les péchés que nul autre que Toi ne sait, nul autre que Toi ne peut dévoiler, que seule Ta Miséricorde peut couvrir et dont rien ne peut me sauver sauf Ton Pardon et Ta Clémence. Il n'y a de Dieu si ce n'est Toi. Gloire à Toi ! Certes, j'ai été parmi les injustes.

Allāhouma innī istaghfirouka min koulli ẓoulmin ẓalamtou bihi ʿibādak. Fa ayyoumā ʿabdin min ʿibādika aw amatin min imā'ika ẓalamtou fī badanihi aw ʿirdihi aw mālihi fa-āʿatihi min khazā'iniki 'llatī lā tanqous. Wa as'alouka an toukrimanī bi-raḥmatiki		اللهمّ اني أستغفرك مِن كلّ ظلمٍ ظلمتُ بِهِ عِبادِك فأيما عبدٍ مِن عِبادِك أو أمةٍ مِن إمائِك ظلمتُ في بدنِه أو عِرضِهِ أو مالِه فأعطِه مِن خزائِنك التي لا تنقص وأسألك ان تكرمني برحمتِك

'llatī wassi'at koulla chay'in wa lā touhīnanī bi-'adhābika wa tou'ṭīyyanī mā as'alouka fa-innī ḥaqīqoun bi-raḥmatika ya Arḥamou 'r-Rāḥimīn. Wa ṣalla-Allāhou 'alā Sayyīdinā Mouhammadin wa 'alā ālihi wa ṣāḥbihi ajm'aīn. Wa lā ḥawla wa lā qouwatta illa billāhi 'l-'Alīyyi 'l-'Āẓīm.	التي وَسِعَت كلّ شَيءٍ ولا تُهِنّي بِعَذابِكَ وتُعْطِيني ما أسْأَلُكَ فاني حَقيقٌ بِرَحْمَتِكَ يا أرْحَمَ الرّاحمين. وصلّى اللهُ على سَيِّدِنا مُحَمَّدٍ وآلِهِ وصَحْبِهِ أجْمَعِين، ولا حولَ ولا قوّةَ الا بالله العليّ العظيم

Ô Allah! Je demande Ton pardon pour toute injustice que j'ai commise envers Tes serviteurs. Quiconque de Tes serviteurs que j'ai hurté, physiquement ou dans leur dignité ou que j'ai lésé dans leurs avoirs, donne-leur de Tes trésors inépuisables. Je T'implore afin de me gratifier de Ta Miséricorde qui couvre toute chose. Ne m'humilie pas par Ton châtiment mais accorde-moi ce que je Te demande car j'ai besoin de Ta Miséricorde, Ô le plus Miséricordieux des miséricordieux. Qu'Allah Répande Ses Grâces sur notre maître Mouhammad, sur les siens et sur tous ses compagnons. Il n'y a de force et de puissance que par Allah, l'Elevé, l'Immense.

Pratiques de la nuit bénie de *Raghāib* (la nuit des désirs)		أدب لَيْلَةِ الرَّغَائِبْ
Cet adab est effectué après la prière de ʿIchā, dans la nuit du premier vendredi du mois de Rajab, considérée par plusieurs érudits comme étant la nuit où la lumière du Prophète ﷺ est passée de son père ʿAbd Allah ibn ʿAbd al-Mouṭṭalib à la matrice de sa mère Āmina bint Wahab عليها السلام. *Note: il s'agit de la nuit du jeudi au vendredi.*		بعد صلاة العشاء
NĪYYAT (INTENTION)		النية:
Nawaytou 'l-arbāʿīn, nawaytou 'l-ʿitikāf, nawaytou 'l-khalwa, nawaytou 'l-ʿouzla, nawaytou 'r-riyāḍa, nawaytou 's-souloūk, lillāhi taʿala fī		نَوَيْتُ الأَرْبَعِين، نَوَيْتُ الإِعْتِكَاف، نَوَيْتُ الخَلْوَة، نَوَيْتُ العُزْلَة، نَوَيْتُ الرِّيَاضَة، نَوَيْتُ السُّلُوك لله تعالى في

hādhā 'l-masjid.		هَذَا المسجد
J'ai l'intention de consacrer quarante jours (à la dévotion), j'ai l'intention d'être en réclusion, j'ai l'intention de me retirer dans la mosquée, j'ai l'intention de m'isoler, j'ai l'intention de discipliner (mon ego), j'ai l'intention de cheminer sur la voie d'Allah, Exalté soit-Il, dans ce lieu de prière.		
ADABOU 'Ṭ-ṬARIQĀH		ادب الطريقة
LA GRANDE INVOCATION TRANSMISE (VOIR PAGE 143)		الدّعاء المأثور عن لسلطان الأولياء
KHATMOU'L-KHWĀJAGĀN		ختم الخواجكان مع الذكر
MAWLID		مَولد الشّريفة
ṢALĀTOU 'T-TASSĀBĪḤ		صلاة التّسابيح
Il est recommendé de jeùner ce jour-là (la journée du vendredi) et d'offrir un sacrifice à Allah.		

Pratiques de la nuit d'ascension		ادب لَيْلَةُ الإسراء والمعراج
Cet adab est effectué après la prière de Isha la nuit du 27ème jour de rajab, considérée la nuit où le Prophète effectua le voyage nocturne.		بعد صلاة العشاء
NĪYYAT (INTENTION)		النية:
Nawaytou 'l-arbāʿīn, nawaytou 'l-ʿitikāf, nawaytou 'l-khalwa, nawaytou 'l-ʿouzla, nawaytou 'r-riyāḍa, nawaytou 's-souloūk, lillāhi taʿala fī hādhā 'l-masjid.		نَوَيتُ الأَرْبَعِين، نَوَيتُ الإِعْتِكَاف، نَوَيتُ الخَلْوَة، نَوَيتُ العُزْلَة، نَوَيتُ الرِّيَاضَة، نَوَيتُ السُّلُوك لله تعالى في هَذا المسجد

J'ai l'intention de consacrer quarante jours (à la dévotion), j'ai l'intention d'être en réclusion, j'ai l'intention de me retirer dans la mosquée, j'ai l'intention de m'isoler, j'ai l'intention de discipliner (mon ego), j'ai l'intention de cheminer sur la voie d'Allah, Exalté soit-Il, dans ce lieu de prière.

ADABOU 'T-TARIQĀH		ادب الطريقة
LA GRANDE SUPPLICATION (VOIR PAGE 143)		الدّعاء المأثور عن لسلطان الأولياء
KHATMOU 'L-KHWĀJAGĀN (VOIR PAGE 29)		ختم الخواجكان مع الذكر
MAWLID		مَولد الشَّريفةِ
ṢALĀTOU 'T-TASSĀBĪḤ		صلاة التّسابيح
ṢALĀTOU 'CH-CHOUKR ET L'INVOCATION DE QOUNOŪT		صلاة الشّكر مع دعاء القنوت
IHDĀ (VOIR IHDĀ PAGE 27)		إهْداء

ṢALĀTOU 'CH-CHOUKR ET L'INVOCATION DE QOUNOŪT		صلاة الشّكر مع دعاء القنوت
IHDĀ (VOIR PAGE 27)		إهْداء
DOU'Ā ET AL-FĀTIḤAH		دُعاء الفاتِحة
Il est recommendé de jeùner ce jour-là, d'offrir un sacrifice en remerciement à Allah et de jeùner le dernier jour de Rajab.		

Pratiques de la 15ème nuit du mois de Cha'bān (niṣf Cha'bān)		ادب ليلة النصف من شهر شعبان
ADAB AT-ṬARĪQAH		ادب الطريقة
Lecture de la sourate Yā Sīn trois fois; premièrement, dans l'intention d'avoir une longue vie en Islam et dans la foi (imān), deuxièmement dans l'intention d'éloigner toute affliction de soi-même et de la communauté Mouhammadienne, troisièmement dans l'intention de recevoir votre subsistence sans dépendre d'autrui.		قراءة يس ثلاث مرات، المرة الاولى بنية طول العمر بالإسلام والإيمان، والمرة الثانية بنية دفع البلاء عنه وعن الامة المحمدية ، والمرة الثلاثة بنية الرزق والإستغناء عن الناس
Après chaque lecture, faites l'invocation suivante: Allāhoumma yā Dhā 'l-Manni lā yamannou 'alayhi āḥad, yā Dhā 'l-Jalāli wa 'l-Ikrām yā Dhā 'ṭ-Ṭoūli wa 'l-An'ām. Lā		و بعد كل مرة تدعوا بهذا الدعاء: اللهمّ يا ذا المنّ لا يَمَنُّ عليه أحَدٌ يا ذا الجَلالِ والإكْرام يا ذا الطُولِ والأنْعام، لا

ilāha illa Anta. Ẓahara 'l-lāji'īn wa Jārou 'l-moustajirīn wa Amānou 'l-khā'ifīn. Allāhoumma in kounta katabtanī ʿindaka fī oummou 'l-Kitābi cḥaqīyan aw maḥroūman aw maṭroūdan aw mouqataran ʿalayya mina 'r-rizq famḥou-llāhoumma bi-faḍlika cḥaqāwatī wa ḥourmāni wa ṭourdī wa iqtāra rizqī wa thabitnī ʿindaka fī oummi 'l-kitābi saʿīdan wa marzoūqan li 'l-khayrāti fa-innaka qoulta wa qawloukou 'l-ḥaqq fī kitābik al-mounzal ʿala lissāni nabīyyika 'l-moursal: yamḥoullāhou mā yachā'ou wa youthbitou wa ʿindahou Oummou 'l-Kitāb. Ilāhī bi 't-tajallī al-āʿaẓami fī lalayti 'n-niṣfi min chahri chaʿbāni 'l-mouʿaẓami 'l-moukarrami 'llatī youfraqou fīhā koullou amrin ḥakīmin

إله إلا أنتَ ظهرَ اللاجئين وجارُ المستجيرين وأمانُ الخائفين اللهمّ ان كنتَ كتبتني عندكَ في أمِّ الكتاب شقياً أو محروماً أو مطروداً أو مقتراً عليّ في الرزقِ فامحُ اللهمَ بفضلكَ شقاوتي وحرماني وطردي واقتارَ رزقي وثبتني عندكَ في أمّ الكتاب سعيداً ومرزوقاً للخيراتِ فانكَ قلتَ وقولكَ الحقّ في كتابكَ المنزل على لسانِ نبيكَ المرسل يمحوا الله ما يشاءُ ويثبتُ وعندهُ أمُّ الكتاب. إلهي بالتجلي الأعظمِ في ليلةِ النصفِ من شهرِ شعبانِ المعظمِ المكرمِ التي يفرق

wa youbram, an takchifa 'annā mina 'l-balā'i mā na'lamou wa mā lā na'lamou wa mā Anta bihi ā'alamou innaka Anta al-A'azzou 'l-Akram. Wa ṣalla-Allāhou 'alā Sayyīdinā Mouhammadin wa 'alā ālihi wa ṣāḥbihi wa sallam.		فِيها كُلَّ أَمْرٍ حَكِيمٍ ويُبْرَمُ ان تَكْشِفَ عَنّا مِنَ البَلاءِ ما نَعْلَمُ وما لا نَعْلَمُ وما أَنْتَ بِهِ أَعْلَمُ إِنّكَ أَنْتَ الأَعَزُّ الأَكْرَم. وصلى الله على سَيِّدِنا محمد وعلى آلِهِ وصَحْبِهِ وسلّم.

Ô Allah, le Donateur par excellence, Celui qui est parfaitement Autonome, le Possesseur de la Majesté et de la Générosité! Ô Celui qui accorde Ses Grâces et Ses Faveurs. Il n'y a de dieu si ce n'est Toi, le Soutien des réfugiés et le Protecteur de ceux qui se sentent en insécurité. Ô Allah! si Tu m'as consigné auprès de Toi dans la Mère des Ecrits (la Table préservée) comme une personne malheureuse, indigente ou rejetée, ou à qui la subsistence a été accordée avec mesure, alors efface, Ô Allah, par Ta Faveur ma misère, mon indigence, mon rejet, l'étroitesse de ma subsistence et confirme-moi auprès de Toi dans la Mère des Ecrits comme un être heureux, comblé de bénédictions car certes Tu as dit – et Ta Parole est la Vérité – dans Ton Livre révélé sur la langue de Ton messager: «Allah efface et confirme ce qu'Il veut et la Mère des Ecrits est avec Lui.» (13:39) Ô Allah! par

la Manifestation Sublime de la nuit de mi-Cha'bān - le mois honorable et vénéré – «au cours de laquelle tout ordre de sagesse est distinct et associé» (44:4), éloigne-nous des calamités — celles que nous connaissons et celles que nous ne connaissons pas - celles que Toi Seul Sait. Certes, Tu es l'Inaccessible, le Très Généreux. Que la grâce et la paix d'Allah soient sur notre maître Mouhammad, sur les siens et sur ses compagnons.		
Puis, invoquer Allah par le biais de la Grande invocation transmise par Soulṭān al-'Awliyā (voir la page 143) après chaque récitation de Yā sīn si c'est facile. Sinon, une fois après la troisième récitation.		وتدعو بالدعاء الأعظم المأثور عن سلطان الأولياء اذا تيسر بعد كل مرة، وإلا تدعو به مرة واحدة بعد القراءة الثالثة
KHATMOU 'L-KHWĀJAGĀN (VOIR LA PAGE 29)		ختم الخواجكان مع الذكر
ṢALĀTOU 'Ṭ-ṬASSĀBĪḤ		صلاة التّسابيح اربع ركعات

ṢALĀTOU 'CH-CHOUKR 2 raka'ts avec la l'invocation de Qounoūt.		صلاة الشّكر مع دعاء القنوت
ṢALĀTOU 'T-TAHAJJOUD Après la prière de 'Ichā, effectuer 100 raka'ts de la Salāt at-Tahajjoud. Dans la première raka'h après la Fātiḥah, réciter deux fois la sourate al-Ikhlāṣ et dans la deuxième raka'h, la réciter une fois.		صلاة التهجّد ثم بعد صلاة العشاء تجتّهد ان تكمل 100 ركعة تقرأ في الرّكعة الأولى بعد الفاتحة سُورة الاخلاص مرتين تقرأ في الرّكعة الثّانية بعد الفاتحة اخلاص الشريفة مرة
LE JEUNE Vous devez jeûner cette journée-là et faire un sacrifice à Allāh comme offrande pour vous-même et pour votre famille et la distribuer aux nécessiteux.		

La Grande Invocation Transmise De Soulṭān al-Awliyā, Mawlānā ach-Cheick 'Abd Allāh al-Fā'iz ad-Dāghestānī, qu'Allah sanctifie son secret.	الدّعاء الأعظم المأثور لسلطان الأولياء مولانا الشّيخ عبد الله الفائز الدّغستاني
Bismillāhi 'r-Raḥmāni 'r-Raḥīm. Allāhoumma ṣalli 'alā Mouhammadin an-Nabī il-moukhtār 'adada man ṣalla 'alayhi mina 'l-akhyār, wa 'adada man lam youṣṣalli 'alayhi mina 'l-achrār, wa 'adada qaṭarāti 'l-amṭār, wa 'adada amwāji 'l-bihār, wa 'adada 'r-rimāli wa 'l-qifār, wa 'adada awrāqi 'l-achjār, wa 'adada anfāssi 'l-moustaghfirīna bi 'l-as-ḥār, wa 'adada akmāmi 'l-athmār, wa 'adada mā kāna wa mā yakoūnou ila yawmi 'l-ḥachri wa 'l-qarār, wa ṣalli	بسم الله الرحمن الرحيم اللهمّ صلّ على محمد النّبي المختار عَدَدَ مَن صَلَّى عَلَيْهِ مِنَ الأَخْيَارِ ، وعَدَدَ مَن لم يُصَلِّ عَلَيْهِ مِنَ الأَشْرَارِ، وعَدَدَ قَطَرَاتِ الأَمْطَارِ، وعَدَدَ امْواجِ البِحَارِ، وعَدَدَ الرّمالِ والقِفَارِ، وعَدَدَ اوْراقِ الأَشْجَارِ ، وعَدَدَ انْفاسِ المُسْتَغْفِرِينَ بالأَسْحَارِ، وعَدَدَ أُكْمامِ الأَثْمَارِ، وعَدَدَ ما كانَ وما يكونُ إلى يَوْمِ

'alayhi mā ta'āqaba 'l-laylou wa 'n-nahārou wa ṣalli 'alayhi mā 'khtalafou 'l-malawān wa ta'āqaba 'l-'aṣṣrān wa karrara 'l-jadīdān wa 'staqbala 'l-farqadān, wa balligh roūḥahou wa arwāḥi āhli baytihi minnā taḥīyyatan wat-taslīm wa 'alā jamī'i 'l-anbīyā'i wa 'l-moursalīn wa 'l-ḥamdou lillāhi Rabbi 'l-'alamīn.	الحَشْرِ والقَرار، وصَلِّ عَلَيْهِ ما تَعاقَبَ اللَّيْلُ والنَّهار، وصَلِّ عَلَيْهِ ما اخْتَلَفَ المَلَوان وتَعاقَبَ العَصْران وكَرَّرَ الجديدان واسْتَقْبَلَ الفَرْقَدان، وبَلِّغ رُوحَهُ وأَرْواحَ أَهْلِ بَيْتِهِ مِنّا تَحِيَّةً وتَسْلِيماً وعلى جَمِيعِ الأَنبياءِ والمُرْسلين والحَمْدُ لله رَبِّ العالمين.

Au nom d'Allah, le Tout Miséricordieux, le Très Miséricordieux.

Ô Allah! Répands Tes Grâces sur Mouhammad, le Prophète choisi, au nombre des vertueux qui ont prié sur lui et au nombre de maléfiques qui n'ont pas prié sur lui, au nombre des gouttes des pluies, au nombre des vagues des océans, au nombre des grains de sable et des déserts, au nombre de feuilles des arbres et au nombre de souffles de ceux qui implorent Ton Pardon avant l'aube, au nombre de fruits recouverts d'enveloppes et au nombre de ce qui a été et de ce qui sera jusqu'au Jour du Rassemblement et du Verdict.

Que Ta Grâce soit sur lui, autant que la nuit et le jour s'alternent, autant que les couleurs transmutent, les Deux Temps – les ténèbres et la Lumière - s'alternent et autant que les manifestations incessantes des nouveaux existants.

Et Transmets à son esprit et aux esprits des siens, des salutations de notre part, de même qu'à tous les prophètes et messagers. Et La Louange revient à Allah, le Seigneur des mondes.

Allāhoumma ṣalli ʿalā Mouhammad wa ʿalā āli Mouhammadin bi ʿadadi koulli dharratin alfa alfa marrah. Allāhoumma ṣalli ʿalā Mouhammadin wa ʿalā āli Mouhammadin wa ṣaḥbihi wa sallim. Souboūḥoun qouddoūssoun rabbounā wa rabbou 'l-malāʾikati wa 'r-Roūḥ, Rabbi 'ghfir wa 'rḥam wa tawājaz ʿamma tʿalamou innaka Anta 'l-Aʿazzou 'l-Akram.		اللهمّ صَلّ على محمد وعلى آلِ محمد بِعَدَدِ كُلّ ذرَّةٍ أَلْفَ أَلفَ مَرَّة. اللهمّ صَلّ على محمد وعلى آلِهِ وصَحْبِهِ وسلّم، سُبُوحٌ قُدُوسٌ رَبُّنا ورَبُّ المَلائِكةِ والرُّوح، رَبّ اغْفِرْ وارْحَمْ وتَجاوزْ عَمّا تَعْلَمُ إنَّكَ أَنتَ الأَعَزُّ الأَكْرم.

Ô Allah, Répands Tes Grâces sur Mouhammad et sur les siens au nombre de tous les atomes mille et mille fois. Ô Allah, Répands Tes Grâces et la Paix sur Mouhammad et sur les siens ainsi que sur ses compagnons. Le Tout Glorifié, le Très Saint, notre Seigneur, le Seigneur des anges et de l'Esprit. Ô notre Seigneur, Pardonne et Sois Miséricordieux, Epargne-nous ce que Tu sais. Certes, c'est Toi le Très Exalté, le Très Généreux.

Bismillāhi 'r-Raḥmāni 'r-Raḥīm. Allāhoumma innī astaghfirouka min koulli mā toubtou ʿanhou ilayka thoumma ʿoudtou fīhi. Wa astaghfirouka min koulli mā āradtou bihi wajhaka fakhālaṭani fīhi la laysa fīhi riḍāʿouk. Wa astaghfirouka li 'n-niʿam 'illatī taqawwaytou bihā ʿalā mʿaṣṣīyatik. Wa astaghfirouka min adh-dhounoūb 'illati lā yʿalamouhā ghayrouka, wa		بسم الله الرحمن الرحيم اللّهمَّ انّي أَسْتَغْفِرُكَ مِن كُلّ ما تُبْتُ عَنْهُ اليكَ ثمَّ عُدْتُ فِيه، و أَسْتَغْفِرُكَ مِن كُلّ ما أَرَدْتُ بِهِ وَجْهَكَ فَخالَطَني فِيه ما ليس فِيه رِضائك. و أَسْتَغْفِرُكَ لِلنّعَمِ الّتي تَقَوّيتُ بِها على مَعْصِيتك، و أَسْتَغْفِرُكَ مِنَ الذُّنوبِ التي لا يَعْلَمُها غَيْرُكَ ولا يَطّلِعُ عليْها أَحَدٌ سِواكَ ولا تَسَعُها

lā yaṭaliʿou ʿalayhā aḥadoun siwāk wa lā tassaʿoūhā illa raḥmatika, wa lā tounjī minhā illa maghfiratouka wa ḥilmouka. Lā ilāha illa Anta soubḥānaka innī kountou mina 'ẓ-ẓālimīn.		الا رَحْمَتِكَ ولا تُنْجِي مِنها الا مَغْفِرَتُكَ وحِلْمُكَ لا اله الا أنتَ سُبْحانَكَ اني كُنتُ مِنَ الظّالمين.

Au nom d'Allah, le Tout Miséricordieux, le Très Miséricordieux.

Ô Allah! Je demande Ton pardon pour tout ce dont je me suis repenti auprès de Toi et auquel je suis retourné. Je demande Ton pardon pour tout ce dont j'ai voulu Ta Face et qui a été affecté par ce qui n'est pas agréé par Toi. Je demande également Ton Pardon pour toutes les faveurs que j'ai utilisées pour accroître ma désobéissance envers Toi. Je demande Ton pardon pour tous les pêchés que nul autre que Toi ne sait, nul autre que Toi ne peut dévoiler, que seule Ta Miséricorde peut embrasser et dont rien ne peut me sauver sauf Ton Pardon et Ta Clémence. Il n'y a de Dieu si ce n'est Toi. Gloire à Toi! Certes, j'ai été parmi les injustes.

Allāhoumma innī astaghfirouka min koulli ẓoulmin ẓalamtou bihi ʿībādouka fa ayyamā ʿabdan		اللهمّ اني أسْتَغْفِرُكَ مِن كُلّ ظُلْمٍ ظَلَمْتُ بِهِ عِبادِكَ فأيُما عَبْدٍ مِن عِبادِكَ أو أمَةٍ

min ʿibādika aw ʾamatin min imā'ika ẓalamtou fī badanihi aw ʿirdhihi aw mālihi f'āṭihi min khazāʿinak 'illati lā tanqouṣ, wa asʿalouka an toukrimanī bi raḥmatik 'illati wassiʿat koulla chay'in wa lā touhīnanī bi ʿadhābika wa tʿouṭīanī mā asʿalouka fa innī ḥaqīqoun bi-raḥmatika ya Arḥam ar-Rāḥimīn. Wa ṣalla-Allāhou ʿalā Sayyīdinā Mouhammadin wa ālihi wa ṣāḥbihi ajmāʿīn wa lā ḥawla wa lā qouwwata illa billāhi 'l-ʿAliyyī 'l-ʿAẓīm.	مِن إمائك ظَلَمْتُ في بَدَنِهِ أو عِرْضِهِ أو مالِهِ فأعْطِهِ مِن خَزائِنِك التي لا تَنْقُص وأسْألُك ان تُكْرِمَني بِرَحْمَتِكَ التي وَسِعَت كُلَّ شَيءٍ ولا تُهِينَني بِعَذابِك وتُعْطِيني ما أسْألُكَ فاني حَقيقٌ بِرَحْمَتِكَ يا أرْحَمَ الرّاحِمين. وصلى الله على سَيِّدِنا مُحَمَّدٍ وآلِهِ وصَحْبِه أجْمَعين، ولا حول ولا قوّةَ الا بالله العليّ العظيم.

Ô Allah! Je demande Ton pardon pour toute injustice que j'ai commise envers Tes serviteurs. Quiconque de Tes serviteurs que j'ai blessé, physiquement ou dans sa dignité ou que j'ai atteint dans ses avoirs, donne-lui de Tes trésors qui sont inépuisables. Je T'implore pour me gratifier par Ta Miséricorde qui embrasse toute chose. Ne m'humilie pas par Ton châtiment mais Accorde-moi ce que je Te demande car je suis dans le

<table>
<tr><td colspan="2">besoin de Ta Miséricorde, Ô le plus Miséricordieux des miséricordieux. Qu'Allah Répande Ses Grâces sur notre maître Mouhammad, sur les siens et sur tous ses compagnons. Il n'y a de force et de puissance que par Allah, l'Élevé, l'Immense.</td></tr>
<tr><td>Bismillāhi 'r-Raḥmāni 'r-Raḥīm.

Bismillāhi 'n-Noūr, noūroun ʿalā noūr, wa 'lḥamdoulillāhi 'Lladhī khalaq as-samawāti wa 'l-arḍa wa jaʿala aẓ-ẓouloumāti wa 'n-noūr wa anzala at-tawrāta ʿalā jabali 'ṭ-Ṭoūri fī kitābin masṭoūr.

Wa 'l-ḥamdoulillāhi 'Lladhī hoūwa bi 'l-Ghanīyy madhkoūr wa bi 'l-ʿizzi wa 'l-Jalāli machhoūr, wa 'lḥamdoulillāhi 'Lladhī khalaqa 's-samāwāti wa 'l-arḍi wa jaʿala 'ẓ-zouloumāti wa 'n-noūr thoumma 'Lladhīna kafaroū bi-rabbihim yaʿdiloūn. Kāf, Hā, Yā, ʿAyn, Sād. Ḥā, Mīm,</td><td>بسم الله الرحمن الرحيم
بِسْمِ اللهِ النُّور، نُورٌ على نُور والحَمْدُ لله الذي خَلَقَ السَّمواتِ والأَرْض وجَعَلَ الظُّلُماتِ والنُّورُ وأَنْزَلَ التَّوْراةَ على جَبَلِ الطُّور في كِتابٍ مَسْطُور ، والحَمْدُ لله الذي هُوَ بِالغِنى مَذْكُور بِالعِزِّ والجَلالِ مَشْهُور، والحَمْدُ لله الذي خَلَقَ السَّمواتِ والأَرْض وجَعَلَ الظُّلُماتِ والنُّور ثُمَّ الَّذين كَفَرُوا بِرَبِّهِمْ يَعْدِلُون، كهيعص حمعسق إِياكَ نَعْبُدُ وإِياكَ نَسْتَعِينُ يا</td></tr>
</table>

'Ayn, Sīn, Qāf. Īyāka n'aboudou wa Īyāka nasta'īn. Yā Ḥayyou Yā Qayyoūm. Allāhou laṭīfoun bi 'ibādihi yarzouqoū man yachā'ou wa Hoūwa 'l-Qawiyyou 'l-'Azīz. Yā Kāfī koulla chay'in ikfinī waṣṣrif 'anī koulla chay'in innaka Qādiroun 'alā koulli chay'in bi-yadika 'l-khayr innaka 'alā koulli chay'in Qadīr.	حيُّ يا قيُّوم، اللهُ لطِيفٌ بِعبادِهِ يُرْزِقُ مَن يَشاءُ وهُو القويُّ العَزيز، يا كافي كُلّ شَيءٍ إكْفِني واصْرِفْ عَني كُلّ شَيءٍ إنَّكَ قادِرٌ على كُلّ شَيءٍ بِيَدِكَ الخَيْر إنَّكَ على كُلّ شَيءٍ قَدِيرٌ

Au nom d'Allah, le Tout Miséricordieux, le Très Miséricordieux.

Au nom d'Allah, La Lumière, Lumière sur Lumière. La Louange revient à Allah qui a créé les cieux et la terre et qui a créé les ténèbres et la Lumière, et a fait descendre la Torah sur le mont Toūr dans un parchemin déployé. La Louange revient à Allah, Celui qui est invoqué pour Son autonomie et Son Indépendance (de toute chose), connu pour Son Inaccessibilité et Sa Majesté. La Louange revient à Dieu qui a créé les cieux et la terre et qui établit les ténèbres et la Lumière.

« Pourtant les mécréants donnent des pairs à leur Seigneur». (6:1)

Kāf, Hā, Yā, ʿAyn, Sād. Hā, Mīm, ʿAyn, Sīn, Qāf. «C'est Toi [Seul] que nous adorons et c'est Toi [Seul] dont nous implorons le secours». (1:4)

Ô le Vivant! Ô l'Immuable, Allah!

«Allah est bienveillant à l'égard de Ses serviteurs. Il accorde Sa Subsistance à qui Il veut. Et Il est le Fort-Puissant, l'Inaccessible ». (42:19)

Ô Toi qui suffit toute chose, suffis-moi et épargne-moi de toute chose. Certes, Tu as la Puissance sur toute chose. Le meilleur est entre Tes Mains. Certes Tu es l'Omnipotent.

Allāhoumma ya Kathīr an-nawāli wa yā Dāʿim al-wiṣṣāli wa yā Ḥousna 'l-fiʿāli wa yā Razzāq al-ʿibādi ʿalā koulli ḥāl.		اللهمّ يا كَثِيرَ النَّوالِ ويا دائِمَ الوِصالِ ويا حُسْنَ الفِعالِ ويا رازِقَ العِبادِ على كُلِّ حَالٍ.

Ô Allah! Toi qui Accorde en abondance, Tu es le lien Incessant (la connexion permanente), Tu as les plus Beaux Actes, Ô le Pourvoyeur des serviteurs à chaque état.

Allāhoumma in dakhala 'sh-chakou fī īmānī bika wa lam āʿalam bihi toubtou ʿanhou wa aqoūlou lā ilāha ill-Allāh Mouhammadour-Rassoūloullāh ﷺ.		اللهمّ إنْ دَخَلَ الشَّكُّ في إيماني بِكَ ولم أَعْلَمْ بِهِ تُبْتُ عَنْهُ وأَقُولُ لا إله إلا الله مُحَمَّدٌ رسول الله ﷺ.

Ô Allah, si le doute a affecté ma foi en Toi sans que j'en ai conscience, je m'en repens et je déclare: il n'y a de dieu si ce n'est Allah et Mouhammad ﷺ est Son messager.

Allāhoumma in dakhala 'ch-chakka wa 'l-koufr fī tawḥīdī īyāka wa lam āʿalam bihi toubtou ʿanhou wa aqoūlou lā ilāha ill-Allāh Mouhammadour-Rassoūloullāh ﷺ.		اللهمّ إنْ دَخَلَ الشَّكُّ والكُفْرُ في تَوْحِيدي إياكَ ولم أَعْلَمْ بِهِ تُبْتُ عَنْهُ وأَقُولُ لا إله إلا الله محمد رسول الله ﷺ.

Ô Allah, si le doute et l'infidélité ont affecté ma profession de Ton Unicité, sans que j'en ai conscience, je m'en repens et je déclare: il n'y a de dieu si ce n'est Allah et Mouhammad ﷺ est Son messager.

Allāhoumma in dakhala 'sh-choubhata fī mʿarifati īyāka wa lam āʿalam bihi toubtou ʿanhou wa aqoūlou lā ilāha		اللهمَ إنْ دَخَلَتِ الشُّبْهَةُ في مَعْرِفَتي إياكَ ولم أَعْلَمْ بِهِ تُبْتُ عَنْهُ وأَقُولُ لا إله إلا الله

<table>
<tr><td>ill-Allāh Mouhammadour-Rassoūloullāh ﷺ.</td><td></td><td>محمد رسول الله ﷺ.</td></tr>
<tr><td colspan="3">Ô Allah, si la confusion a affecté la connaissance que j'ai de Toi, sans que j'en ai conscience, je m'en repens et je déclare: il n'y a de dieu si ce n'est Allah et Mouhammad ﷺ est Son messager.</td></tr>
<tr><td>Allāhoumma in dakhal al-'oujb wa 'r-riyā' wa 'l-kibrīyā wa 's-soum'atou fī 'ilmī wa lam ā'alam bihi toubtou 'anhou wa aqoūlou lā ilāha ill-Allāh Mouhammadour-Rassoūloullāh ﷺ.</td><td></td><td>اللهمّ إنْ دَخَلَ العُجْبُ والرِّياءُ والكِبْرِياءُ والسُّمْعَةُ في عِلْمي ولم أَعْلَمْ بِهِ تُبْتُ عَنْهُ وأَقُولُ لا إله إلا الله محمد رسول الله ﷺ.</td></tr>
<tr><td colspan="3">Ô Allah, si la prétention, l'hypocrisie, l'orgueil et l'infamie ont affecté ma science sans que j'en ai conscience, je m'en repens et je déclare: il n'y a de dieu si ce n'est Allah et Muhammad ﷺ est Son messager.</td></tr>
<tr><td>Allāhoumma in jara 'l-kadhibou 'alā lissānī wa lam ā'alam bihi toubtou 'anhou wa aqoūlou lā ilāha ill-Allāh Mouhammadour-Rassoūloullāh ﷺ.</td><td></td><td>اللهمّ إنْ جَرَى الكَذِبُ على لِساني ولم أَعْلَمْ بِهِ تُبْتُ عَنْهُ وأَقُولُ لا إله إلا الله محمد رسول الله ﷺ.</td></tr>
</table>

<table>
<tr><td colspan="3">Ô Allah, si j'ai menti fréquemment, sans que j'en ai conscience, je m'en repens et je déclare: il n'y a de dieu si ce n'est Allah et Mouhammad ﷺ est Son messager.</td></tr>
<tr><td>Allāhoumma in dakhala an-nifāq fī qalbī min adh-dhounoūbi 'ṣ-ṣaghā'iri wa 'l-kabā'iri wa lam āʿalam bihi toubtou ʿanhou wa aqoūlou lā ilāha ill-Allāh Mouhammadour-Rassoūloullāh ﷺ.</td><td></td><td>اللهمّ إنْ دَخَلَ النّفاقُ في قلْبي مِنَ الذنوبِ الصّغائِرِ والكِبائِرِ ولم أَعْلَمْ بِهِ تُبْتُ عَنْهُ وأَقُولُ لا إله إلا الله محمد رسول الله ﷺ</td></tr>
<tr><td colspan="3">Ô Allah, si l'hypocrisie a pénétré mon coeur par le biais de petits et de grands péchés, sans que j'en ai conscience, je m'en repens et je déclare: il n'y a de dieu si ce n'est Allah et Mouhammad ﷺ est Son messager.</td></tr>
<tr><td>Allāhoumma mā asdayta ilayya min khayrin wa lam ashkourouka wa lam āʿalam bihi toubtou ʿanhou wa aqoūlou lā ilāha ill-Allāh Mouhammadour-Rassoūloullāh ﷺ.</td><td></td><td>اللهمَ ما أَسْدَيْتَ إليّ مِن خَيْرٍ ولم أَشْكُرْكَ ولم أَعْلَمْ بِهِ تُبْتُ عَنْهُ وأَقُولُ لا إله إلا الله محمد رسول الله ﷺ.</td></tr>
<tr><td colspan="3">Ô Allah, pour tout bienfait que Tu m'as accordé et dont je</td></tr>
</table>

n'ai pas été reconnaissant, sans que j'en ai conscience, je m'en repens et je déclare: il n'y a de dieu si ce n'est Allah et Mouhammad ﷺ est Son messager.

Allāhoumma mā qadarta lī min amrin wa lam arḍāhou wa lam āʿalam bihi toubtou ʿanhou wa aqoūlou lā ilāha ill-Allāh Mouhammadour-Rassoūloullāh ﷺ.		اللهمّ ما قَدَرْتَ لِي مِن أَمْرٍ ولم أَرْضاهُ ولم أَعْلَمْ بِهِ تُبْتُ عَنْهُ وأَقُولُ لا إله إلا الله محمد رسول الله ﷺ.

Ô Allah, pour tout ordre que Tu m'as décrété et que je n'ai pas agréé, sans que j'en ai conscience, je m'en repens et je déclare: il n'y a de dieu si ce n'est Allah et Mouhammad ﷺ est Son messager.

Allāhoumma mā anʿamta ʿalayya min nʿimatin fa-ʿaṣṣaytouka wa ghafaltou ʿan choukrika wa lam āʿalam bihi toubtou ʿanhou wa aqoūlou lā ilāha ill-Allāh Mouhammadour-Rassoūloullāh ﷺ.		اللهمَ ما أَنعَمْتَ مِن نِعْمَةٍ فعَصَيْتُكَ وغَفَلْتُ عَنْ شُكْرِكَ ولم أَعْلَمْ بِهِ تُبْتُ عَنْهُ وأَقُولُ لا إله إلا الله محمد رسول الله ﷺ.

Ô Allah, pour toute faveur que Tu m'as accordée, à travers laquelle je T'ai désobéi et pour laquelle j'ai oublié de te présenter ma gratitude, sans que j'en ai conscience, je m'en

<table>
<tr><td colspan="3">repens et je déclare: il n'y a de dieu si ce n'est Allah et Mouhammad ﷺ est Son messager.</td></tr>
<tr><td>Allāhoumma mā mananta bihi ʿalayya min khayrin fa lam āḥmadouka ʿalayhi wa lam āʿalam bihi toubtou ʿanhou wa aqoūlou lā ilāha ill-Allāh Mouhammadour-Rassoūloullāh ﷺ.</td><td></td><td>اللهمَّ ما مَنَنْتَ بِهِ علي مِن خَيْرٍ فلم أَحْمَدْكَ عليْهِ ولم أَعْلَمْ بِهِ تُبْتُ عَنْهُ وأَقُولُ لا إله إلا الله محمد رسول الله ﷺ.</td></tr>
<tr><td colspan="3">Ô Allah, pour tout don que Tu m'as accordé et pour lequel je ne T'ai pas louangé, sans que j'en ai conscience, je m'en repens et je déclare: il n'y a de dieu si ce n'est Allah et Muhammad ﷺ est Son messager.</td></tr>
<tr><td>Allāhoumma ma ḍayyʿatou min ʿoumrī wa lam tarḍa bihi wa lam āʿalam bihi toubtou ʿanhou wa aqoūlou lā ilāha ill-Allāh Mouhammadour-Rassoūloullāh ﷺ.</td><td></td><td>اللهمّ ما ضَيَّعْتُ مِن عُمْري ولم تَرْضَ بِهِ ولم أَعْلَمْ بِهِ تُبْتُ عَنْهُ وأَقُولُ لا إله إلا الله محمد رسول الله ﷺ.</td></tr>
<tr><td colspan="3">Ô Allah, pour tout le temps perdu de ma vie et que Tu n'as pas agréé, sans que j'en ai conscience, je m'en repens et je déclare: il n'y a de dieu si ce n'est Allah et Mouhammad ﷺ est Son messager.</td></tr>
</table>

<table>
<tr><td>Allāhoumma bimā awjabta ʿalayya mina ʾn-naẓari min maṣnoūʿātika fa-ghafaltou ʿanhou wa lam āʿalam bihi toubtou ʿanhou wa aqoūlou lā ilāha ill-Allāh Mouhammadour-Rassoūloullāh ﷺ.</td><td></td><td>اللهمّ بما أَوْجَبْتَ عليّ مِنَ النَّظَرِ في مَصْنُوعاتِكَ فغفلتُ عَنْهُ ولم أَعْلَمْ بِهِ تُبْتُ عَنْهُ وأَقولُ لا إله إلا الله محمد رسول الله ﷺ.</td></tr>
<tr><td colspan="3">Ô Allah, Tu m'as décrété l'obligation de contempler Tes Œuvres alors que j'en étais insouciant, sans que j'en ai conscience, je m'en repens et je déclare: il n'y a de dieu si ce n'est Allah et Mouhammad ﷺ est Son messager.</td></tr>
<tr><td>Allāhoumma mā qaṣṣartou ʿanhou āmālī fī rajāʿika wa lam āʿalam bihi toubtou ʿanhou wa aqoūlou lā ilāha ill-Allāh Mouhammadour-Rassoūloullāh ﷺ.</td><td></td><td>اللهمّ ما قَصَرْتُ عَنْهُ آمالي في رَجائِكَ ولم أَعْلَمْ بِهِ تُبْتُ عَنْهُ وأَقولُ لا إله إلا الله محمد رسول الله ﷺ.</td></tr>
<tr><td colspan="3">Ô Allah! pour tout manquement de mes aspirations dans mes supplications envers Toi, sans que j'en ai conscience, je m'en repens et je déclare: il n'y a de dieu si ce n'est Allah et Mouhammad ﷺ est Son messager.</td></tr>
<tr><td>Allāhoumma māʿtamadtou</td><td></td><td>اللهمّ ما اعْتَمَدْتُ على أَحَدٍ سِواكَ في</td></tr>
</table>

ʿalā aḥadin siwāka fī 'ch-chadā'idi wa lam āʿalamou bihi toubtou ʿanhou wa aqoūlou lā ilāha ill-Allāh Mouhammadour-Rassoūloullāh ﷺ.		الشَّدائِد ولم أَعْلَمْ بِهِ تُبْتُ عَنْهُ وأَقولُ لا إله إلا الله محمد رسول الله ﷺ.
Ô Allah, si face aux épreuves difficiles je me suis appuyé sur d'autres que Toi, sans que j'en ai conscience, je m'en repens et je déclare: il n'y a de dieu si ce n'est Allah et Mouhammad ﷺ est Son messager.		
Allāhoumma mā astanaʿtou li-ghayrika fī 'ch-chadā'idi wa 'n-nawā'ibi wa lam āʿalam bihi toubtou ʿanhou wa aqoūlou lā ilāha ill-Allāh Mouhammadour-Rassoūloullāh ﷺ.		اللهمَ ما اسْتَعَنْتُ بغَيْرِكَ في الشَّدائِدِ والنَّوائِبِ ولم أَعْلَمْ بِهِ تُبْتُ عَنْهُ وأَقولُ لا إله إلا الله محمد رسول الله ﷺ.
Ô Allah! pour toute aide durant les épreuves difficiles et les calamités, sollicitée auprès d'autres que Toi, sans que j'en ai conscience, je m'en repens et je déclare: il n'y a de dieu si ce n'est Allah et Mouhammad ﷺ est Son messager.		
Allāhoumma in zalla lissānī bi 's-sou'āli li-ghayrika wa lam āʿalam bihi toubtou		اللهمّ إنْ زَلَّ لِساني بِالسُّؤالِ لِغَيْرِكَ ولم

<table>
<tr><td>ʿanhou wa aqoūlou lā ilāha ill-Allāh Mouhammadour-Rassoūloullāh ﷺ.</td><td></td><td>أعْلَمْ بِهِ تُبْتُ عَنْهُ وأَقُولُ لا إله إلا الله محمد رسول الله ﷺ.</td></tr>
<tr><td colspan="3">Ô Allah, si ma langue a commis une faute en exprimant une demande à autre que Toi, sans que j'en ai conscience, je m'en repens et je déclare: il n'y a de dieu si ce n'est Allah et Mouhammad ﷺ est Son messager.</td></tr>
<tr><td>Allāhoumma mā ṣalouḥa min chānī bi-faḍlika farā'itouhou min ghayrika wa lam āʿalam bihi toubtou ʿanhou wa aqoūlou lā ilāha ill-Allāh Mouhammadour-Rassoūloullāh ﷺ.</td><td></td><td>اللهمّ ما صَلَحَ مِن شَأني بِفَضْلِكَ فرَأَيْتُهُ مِن غَيْرِكَ ولم أَعْلَمْ بِهِ تُبْتُ عَنْهُ وأَقُولُ لا إله إلا الله محمد رسول الله ﷺ.</td></tr>
<tr><td colspan="3">Ô Allah! pour toute amélioration de ma condition par Ta Bienfaisance et que j'ai considérée comme étant une faveur par autre que Toi, sans que j'en ai conscience, je m'en repens et je déclare: il n'y a de dieu si ce n'est Allah et Mouhammad ﷺ est Son messager.</td></tr>
<tr><td>Allāhoumma bi-ḥaqqi lā ilāha ill-Allāh wa bi-ʿizzatih</td><td></td><td>اللهمّ بِحَقّ لا إله إلا الله وبِعِزَّتِهِ</td></tr>
<tr><td colspan="3">Ô Allah, par la réalité de lā ilāha ill-Allāh et par Son</td></tr>
</table>

Inaccesibilité;		
Wa bi-ḥaqqi 'l-'archi wa 'aẓamatihih		وبِحَقِّ العَرْشِ وعَظَمَتِهِ
Et par la réalité du Trône et Sa Sublimité;		
Wa bi-ḥaqqi 'l-koursī wa sa'atih		وبِحَقِّ الكُرْسي وسَعَتِهِ
Et par la réalité de la Chaise et Son immensité;		
Wa bi-ḥaqqi 'l-qalami wa jarīyatih		وبِحَقِّ القَلَمِ وجَرَيَتِهِ
Et par la réalité du Calame supérieur et Son écriture;		
Wa bi-ḥaqqi 'l-lawḥi wa ḥafaẓatih		وبِحَقِّ اللَّوْحِ وحَفَظَتِهِ
Et par la réalité de la Table Gardée et Ses préservations;		
Wa bi-ḥaqqi 'l-mīzāni wa khifatih		وبِحَقِّ المِيزانِ وخِفَّتِهِ
Et par la réalité de la Balance et sa légèreté;		
Wa bi-ḥaqqi 'ṣ-Ṣirāṭi wa riqqatih		وبِحَقِّ الصِّراطِ ورِقَّتِهِ
Et par la réalité du Pont et son étroitesse;		
Wa bi-ḥaqqi Jibrīl wa		وبِحَقِّ جِبْرِيل وأمَانَتِهِ

amānatihi		
Et par la réalité de Jibrīl et son dépôt;		
Wa bi-ḥaqqi Riḍwān wa jannatih		و بِحَقِّ رِضْوان وجَنَّتِهِ
Et par la réalité de Riḍwān et son paradis;		
Wa bi-ḥaqqi Mālik wa zabānīyatih		و بِحَقِّ مالِك وزَبانِيَتِهِ
Et par la réalité de Mālik et ses anges du châtiment;		
Wa bi-ḥaqqi Mīkā'īl wa chafqatih		و بِحَقِّ مِيكائِيل وشَفْقَتِهِ
Et par la réalité de Mīkā'īl et sa compassion;		
Wa bi-ḥaqqi Isrāfīl wa nafkhatih		و بِحَقِّ إسْرافِيل ونَفْخَتِهِ
Et par la réalité de Isrāfīl et l'insufflation (de la trompette);		
Wa bi-ḥaqqi 'Azrā'īl wa qabḍatih		و بِحَقِّ عَزْرائِيل وقَبْضَتِهِ
Et par la réalité de 'Azrā'īl et sa poignée (de l'âme à la mort);		
Wa bi-ḥaqqi Ādam wa ṣafwatih		و بِحَقِّ آدم وصَفْوَتِهِ
Et par la réalité de Ādam et ses élites;		

Wa bi-ḥaqqi Chouʿayb wa nouboūwwatih		و بِحَقِّ شُعَيب ونُبُوَتِهِ
Et par la réalité de Chouʿayb et sa prophécie;		
Wa bi-ḥaqqi Noūḥ wa safīnatih		و بِحَقِّ نُوحٍ وسَفِينَتِهِ
Et par la réalité de Noūh et son vaisseau;		
Wa bi-ḥaqqi Ibrāhīm wa khoullatih		و بِحَقِّ إبْرَاهِيم وخُلَّتِهِ
Et par la réalité de Ibrāhīm et son amitié privilégiée (à Dieu);		
Wa bi-ḥaqqi Isḥāq wa dīyānatih		و بِحَقِّ إسْحَاق ودِيَانَتِهِ
Et par la réalité de Isḥaq et sa religion;		
Wa bi-ḥaqqi Ismāʿīl wa fidyatih		و بِحَقِّ إسْمَاعِيل وفِدْيَتِهِ
Et par la réalité de Ismāʿīl et sa rançon;		
Wa bi-ḥaqqi Yoūssouf wa ghourbatih		و بِحَقِّ يُوسُف وغُرْبَتِهِ
Et par la réalité de Yoūssouf et son exil;		
Wa bi-ḥaqqi Moūssā wa āyātih		و بِحَقِّ مُوسَى وآيَاتِهِ

Et par la réalité de Moūssa et ses signes;		
Wa bi-ḥaqqi Hāroūn wa ḥourmatih		وَ بِحَقِّ هَارُونَ وَحُرْمَتِهِ
Et par la réalité de Hāroūn et sa sacralité;		
Wa bi-ḥaqqi Hoūd wa haybatih		وَ بِحَقِّ هُودٍ وَهَيْبَتِهِ
Et par la réalité de Hoūd et son carisme;		
Wa bi-ḥaqqi Ṣāliḥ wa nāqatih		وَ بِحَقِّ صَالِحٍ وَنَاقَتِهِ
Et par la réalité de Ṣāliḥ et sa chamelle;		
Wa bi-ḥaqqi Loūṭ wa jīratih		وَ بِحَقِّ لُوطٍ وَجِيرَتِهِ
Et par la réalité de Loūṭ et ses invités;		
Wa bi-ḥaqqi Yoūnous wa daʿwatih		وَ بِحَقِّ يُونُسَ وَدَعْوَتِهِ
Et par la réalité de Yoūnous et son imploration;		
Wa bi-ḥaqqi Dānyāl wa karāmatih		وَ بِحَقِّ دَنْيَالَ وَكَرَامَتِهِ
Et par la réalité de Danyāl et son miracle;		
Wa bi-ḥaqqi Zakarīyā wa ṭahāratih		وَ بِحَقِّ زَكَرِيَّا وَطَهَارَتِهِ

Et par la réalité de Zakarīyā et sa pureté;		
Wa bi-ḥaqqi ʿIssā wa sīyāḥatih		و بِحَقِّ عِيسى وسِياحَتِهِ
Et par la réalité de ʿIssa et sa pérégrination;		
Wa bi-ḥaqqi Sayyīdinā Mouhammadin ﷺ wa chafāʿatih		و بِحَقِّ سَيِّدِنا محمد(ص) وشَفاعَتِهِ
Et par la réalité de notre maître Mouhammad et son Intercession;		
An taghfir lanā wa li-wālidīynā wa li-ʿoulamā'inā wa an tākhoudha bi-yadī wa tʿoutīyanī sou'āli wa toubalighanī āmālī wa an taṣrifa ʿanī koulla man ʿaādānī bi-raḥmatika yā Arḥamou 'r-Rāḥimīn, wa tahfaẓnī min koulli soū'in, lā ilāha illa Anta, soubḥānaka innī kountou min aẓ-ẓālimīn.		ان تغْفِر لنا ولوالدِينا ولِعُلمائِنا وان تأْخُذَ بِيَدِي وتُعْطِينِي سُؤالي وتُبَلِّغَني آمالي وان تَصْرِفَ عَني كُلَّ مَن عاداني بِرَحْمَتِكَ يا أَرْحَمَ الرّاحِمين وتَحْفَظَني مِن كُلِّ سُوءٍ لا إله إلا أنتَ سُبْحانَكَ إني كُنْتُ مِن الظّالمين
Nous implorons Ton Pardon pour nous, pour nos parents et nos savants ensemble; que Tu me prennes par la main, que Tu		

réponds à mon imploration, que Tu me fasses atteindre mes aspirations par Ta Miséricorde, Ô le Plus Miséricordieux des miséricordieux, et, que Tu me préserves de toute malfaisance. Il n'y a de Dieu si ce n'est Toi, Gloire à Toi! Certes j'ai été parmi les injustes!

Yā Ḥayyou, yā Qayyoūm. Lā ilāha illa Anta, yā Allāh, astāghfirouka wa atoūbou ilayk. Fastajabnā lahou wa najaynāhou mina 'l-ghamm wa kadhālika nanjīa 'l-mou'minīn wa Ḥasbouna-llāhou wa n'ima 'l-wakīl ḥasbī Allāhou lā ilāha illa hoūwa 'alayhi tawakkaltou wa Hoūwa rabbou 'l-Archi 'l-ʿAẓīm wa lā ḥawlah wa lā qouwwata illa billāhi 'l-ʿAẓīm.	يا حيُّ يا قيُّومُ لا إله إلا أنتَ يا الله أسْتَغْفِرُكَ وأتُوبُ إليْكَ فاسْتَجَبْنا له وَنَجَّيْناهُ مِنَ الغَمِّ وكذلِكَ نُنجِي المُؤْمِنينَ. وحَسْبُنا اللهُ وَنِعْمَ الوَكيلُ حَسْبِي اللهُ لا إلَهَ إلا هو عليهِ تَوَكَّلْتُ وهو رَبُّ العَرْشِ العَظِيمِ ولا حولَ ولا قُوَّةَ إلا باللهِ العَلِيّ العَظيمِ

Ô Le Vivant, Ô l'Immuable! Il n'y a de dieu si ce n'est Toi. Ô Allāh, je demande Ton pardon, je reviens vers Toi. «Nous l'exauçâmes et nous le sauvâmes de son angoisse. Et c'est ainsi que Nous sauvons les croyants. Allah nous suffit et il est notre meilleur Garant. Allah me suffit: il n'y a de dieu si ce n'est Lui. Je dépends entièrement de Lui et c'est Lui le Seigneur de

<table>
<tr><td colspan="3">l'Immense Trône». Et il n'y a de force et de puissance que par Allah, l'Élevé, l'Immense.</td></tr>
<tr><td>Wa ṣalla-Allāhou 'alā Sayyīdinā Mouhammad wa 'alā ālihi wa ṣāḥbihi wa sallim ajmā'īn. Soubḥānā rabbika rabbi 'l-'izzati 'amā yaṣṣifoūn wa salāmoun 'alā 'l-moursalīn wa 'l-ḥamdoulillāhi rabbi 'l-'ālamīn.</td><td></td><td>و صَلّى اللهُ على سَيّدِنا محمد وعلى آلِهِ وصَحْبِهِ وسلّم أَجْمَعِين. سُبْحان ربّكَ ربّ العِزّةِ عَمّا يصِفون وسَلامٌ على المُرْسَلِين والحَمْدُ لله رَبّ العالمين.</td></tr>
<tr><td colspan="3">Qu'Allah Répande Ses Grâces et la Paix sur notre maître Mouhammad, sur les siens et sur tous ses compagnons. Gloire à ton Seigneur, le Seigneur de la Toute-Puissance, Exalté soit-Il, au-dessus de ce qu'Ils Lui attribuent! Paix aux messagers et la Louange revient à Dieu, le Seigneur des mondes.</td></tr>
<tr><td>Bismillāhi 'r-Raḥmāni 'r-Raḥīm.
Allāhoumma innī as'alouka bi mouchāḥadati asrāri 'l-mouḥibbīn wa bi 'l-khalwati 'llatī khaṣṣaṣta bihā sayyid al-moursalīn ḥīna asrayta</td><td></td><td>بسم الله الرحمن الرحيم.
ثمّ تقول اللهمّ اني أسألكَ بمُشاهَدةِ أسْرارِ المُحِبّين وبالخَلْوَة التي خَصَصْتَ بِها سَيّد المُرْسَلِين حِينَ أسْرَيْتَ بِه لَيْلة</td></tr>
</table>

<table>
<tr><td>bihi laylata 's-sāb'i wa 'l-'ichrīn an tarḥam qalbī al-ḥazīn wa toujīb d'awatī yā Akrama 'l-Akramīn yā Arḥama 'r-Rāḥimīn. Wa ṣalla-Allāhou 'alā Sayyīdinā Mouhammadin wa 'alā ālihi wa ṣāḥbihi wa sallim ajmā'īn.</td><td></td><td>السّابع والعِشْرِين ان تَرْحَم قَلْبِي الحَزِين وتُجِيب دَعْوَتِي يا أَكْرَمَ الأَكْرَمِين يا أَرْحَمَ الرَّاحِمِين وصَلّى اللهُ على سَيِّدِنا محمد وآلِهِ وصَحْبِهِ أَجْمَعِين.</td></tr>
<tr><td colspan="3">Au Nom d'Allah, le Tout Miséricordieux, le Très Miséricordieux.

Ô Allah, je T'implore par la contemplation des secrets des adorateurs et par la retraite que Tu as spécifiée pour le maître des messagers lorsque Tu l'as transporté la nuit du 27, que Tu aies de la Miséricorde pour mon cœur attristé et que Tu répondes à mon appel, Ô le Plus Généreux des généreux, [O le Plus Miséricordieux des miséricordieux. Qu'Allah Répande Ses Grâces et la Paix sur notre maître Mouhammad, sur les siens et sur tous ses compagnons.</td></tr>
<tr><td>Bismillāhi 'r-Raḥmāni 'r-Raḥīm.

Lā illāha ill-Allāh Mouhammadu</td><td></td><td>بسم الله الرحمن الرحيم

لا إله إلا الله محمد رسول الله يا رَحْمن</td></tr>
</table>

Rassoūloullāh yā Raḥmān yā Raḥīm yā Mousta'an yā Allāh yā Mouhammad ṣalla-Allāhou 'alayhi wa sallam. Yā Abā Bakr, yā 'Oumar, yā 'Outhmān, yā 'Alī, yā Ḥassan, yā Ḥoussayn, yā Yaḥyā; yā Ḥalīm, yā Allāh, wa lā ḥawlah wa lā qouwwata illa billāhi 'l-'Aliyyī 'l-'Aẓīm.		يا رَحِيم يا مُسْتَعان ياالله يا محمد صَلَّى اللهُ عليْهِ وسَلّم، يا أبا بَكْر يا عُمَر يا عُثْمان يا عَلي يا حَسَن يا حُسَيْن يا يَحْيَ يا حَلِيم يا الله ولا حول ولا قوّةَ إلا بِالله العليّ العَظِيم.

Au Nom d'Allah, le Tout Miséricordieux, le Très Miséricordieux.

Il n'y a de dieu si ce n'est Allah, Muhammad est le Messager d'Allah. Ô le Très Miséricordieux! Ô le Tout Miséricordieux! Ô Celui qui secourt! Ô Allah! Ô Mouhammad! Les Grâces et la Paix d'Allah sur Lui. Ô Aboū Bakr! Ô Oumar! Ô Outhmān! Ô Alī! Ô Ḥassan! Ô Ḥoussayn! Ô Yaḥyā! Ô Le Longanime, Ô Allah. Il n'y a de force et de puissance que par Allah, l'Élevé, l'Immense.

Astaghfiroullāh Dhā 'l-Jalāli wa 'l-Ikrām min jamī'i 'dh-dhounoūb wa 'l-āthām.		أَسْتَغْفِرُ اللهَ ذو الجَلال والإكْرام مِن جَمِيعِ الذنُوب والآثام آمين.

Āmīn.		
Je demande le Pardon d'Allah, le Détenteur de La Majesté et de la Générosité, pour tous mes péchés et transgressions. Amin.		

Accueillir le mois de Ramaḍān		إستقبال شهر رمضان
A'oūdhou billāhi min ach-chayṭāni 'r-rajīm Bismillāhi 'r-Raḥmāni 'r-Raḥīm		أعوذ بالله من الشيطان الرجيم بسم الله الرحمن الرحيم
Je cherche refuge auprès d'Allah contre satan le lapidé. Au Nom d'Allah, le Tout Miséricordieux, le Très Miséricordieux.		
Marḥaban, āhlan wa sahlan yā chahra Ramaḍān		مرحباً أهلاً وسَهلاً يا شَهَرَ رَمَضانْ
Salutations et bienvenu, mois de Ramaḍān		
Marḥaban, āhlan wa sahlan yā chahra 'l-Qour'ān		مَرحَباً أهلاً وسَهلاً يا شَهَرَ القرآنْ
Salutations et bienvenu, Ô mois du Coran		
Marḥaban, āhlan wa sahlan yā chahra 'n-noūr		مَرحَباً أهلاً وسَهلاً يا شَهَرَ النور
Salutations et bienvenu Ô mois de la Lumière		
Marḥaban, āhlan wa sahlan yā chahra 'l-ijtimā'a		مَرحَباً أهلاً وسَهلاً يا شَهَرَ الإجتماعْ

Salutations et bienvenu, Ô mois du rassemblement		
Marḥaban, āhlan wa sahlan yā chahra 'l-fouqarā'		مرحباً أهلاً وسهلاً يا شَهَرَ الفُقَراءِ
Salutations et bienvenu, Ô mois des indigents		
Marḥaban, āhlan wa sahlan yā chahra 't-tawbati wa 'r-roujoū'		مرحباً أهلاً وسَهلاً يا شَهَرَ التَوبَةِ والرُجوعِ
Salutations et bienvenu, Ômois du repentir et du retour		
Marḥaban, āhlan wa sahlan yā chahra 'd-dou'ā'i wa 'l-wouqoūf		مَرحَباً أهلاً وسَهلاً يا شَهَرَ الدّعاء و الوقوفْ
Salutations et bienvenu, Ô mois de l'invocation et de la position debout		
Marḥaban, āhlan wa sahlan yā chahra 'l-fouqarā' wa 'ḍ-ḍou'afā		مرحباً أهلاً وسَهلاً يا شَهَرَ الفُقَراءِ والضُعفاءْ
Salutations et bienvenu, Ô mois des indigents et des incapables		
Marḥaban, āhlan wa sahlan yā chahra 'l-iḥsān		مَرحَبا أهلاً وسَهلاً يا شَهَرَ الإحسانْ

Salutations et bienvenu, Ô mois de la vertu parfaite		
Marḥaban, āhlan wa sahlan yā chahra ’l-ʿouṣṣāt		مَرحَباً أهلاً وسَهلاً يا شَهْرَ العُصاةْ
Salutations et bienvenu, Ô mois des désobéissants		
Marḥaban, āhlan wa sahlan yā chahra ’l-fawzi wa ’l-falāḥ		مَرحَباً أهلاً وسَهلاً يا شَهْرَ الفوزِ الفَلاحْ
Salutations et bienvenu, Ô mois de la victoire et de la félicité		
Marḥaban, āhlan wa sahlan yā chahra ’l-mounājāti wa ’t-tasbīḥ		مَرحَباً أهلاً وسَهلاً يا شَهْرَ المُناجاة والتَسبيحْ
Salutations et bienvenu, Ô mois des monologues et des glorifications		
Marḥaban, āhlan wa sahlan yā chahra ’d-dʿawati wa ’l-irchād		مرحباً أهلاً وسَهلاً يا شَهْرَ الدَعوةِ والإرشادْ
Salutations et bienvenu, Ô mois de l’appel et de la guidance		
Marḥaban, āhlan wa sahlan yā chahra ’t-tarāwīḥi wa ’l-		مَرحَباً أهلاً وسَهلاً يا شَهْرَ التَراويح

qiyām		والقيامْ
Salutations et bienvenu, Ô mois des prières de tarāwīḥ et de la veillée nocturne		
Marḥaban, āhlan wa sahlan yā chahra 'l-maṣṣābīḥa wa 'l-qanādīl		مَرحَباً أهلاً وسَهلاً يا شَهَرَ المَصابيحِ والقَناديلْ
Salutations et bienvenu, Ô mois des lampes et des lampadaires		
Marḥaban, āhlan wa sahlan yā chahra 'l-khazā'ini wa 'l-kounoūz		مَرحَباً أهلاً وسَهلاً يا شَهَرَ الخَزائنِ والكُنوزِ
Salutations et bienvenu, Ô mois des réserves et des trésors		
Marḥaban, āhlan wa sahlan yā chahra 'l-malā'ikati wa 's-salām		مَرحَباً أهلاً وسَهلاً يا شَهَرَ الملائكةِ والسَلامْ
Salutations et bienvenu, Ô mois des anges et de la paix		
Marḥaban, āhlan wa sahlan yā chahra 'l-ifṭāri wa 's-souḥoūr		مَرحَباً أهلاً وسَهلاً يا شَهَرَ الإفطارِ

		والسُحورْ
Salutations et bienvenu, Ô mois de la rupture du jeûne et du repas de l'avant-aube		
Marḥaban, āhlan wa sahlan yā chahra 'l-mouthīrati wa 'l-aṣṣabb		مَرحَباً أهلاً وسَهلاً يا شَهرَ المُثيرةِ والأصَبْ
Salutations et bienvenu Ô mois du labourage et de la surdité au péché		
Marḥaban, āhlan wa sahlan yā chahra 'd-douʿāfā		مَرحَباً أهلاً وسَهلاً يا شَهرَ الضُعفاءْ
Salutations et bienvenu, Ô mois des incapables		
Marḥaban, āhlan wa sahlan yā chahra 'l-ajri wa 'l-jazā		مَرحَباً أهلاً وسَهلاً يا شَهرَ الأجرِ والجَزاءْ
Salutations et bienvenu, Ô mois de la récompense et de la rétribution		
Marḥaban, āhlan wa sahlan yā chahra 'ṣ-ṣabri wa 'ṣ-ṣiyām		مَرحَباً أهلاً وسَهلاً يا شَهرَ الصَبرِ والصِيامْ

Salutations et bienvenu, Ô mois de la patience et du jeûne		
Marḥaban, āhlan wa sahlan yā chahra 's-sa'ādah		مرحباً أهلاً وسَهلاً يا شَهرَ السعادَة
Salutations et bienvenu, Ô mois du bonheur		
Marḥaban, āhlan wa sahlan yā chahra 'l-miftāḥ		مرحباً أهلاً وسَهلاً يا شَهرَ المِفتاح
Salutations et bienvenu, Ô mois de dévoilement		
Marḥaban, āhlan wa sahlan yā chahra 'l-waṣli wa 'l-wiṣṣāl		مرحباً أهلاً وسَهلاً يا شَهرَ الوصلِ والوصال
Salutations et bienvenu, Ô mois de la proximité et du lien		
Marḥaban, āhlan wa sahlan yā chahra 'l-wadādi wa 'l-mouḥabbah		مرحباً أهلاً وسَهلاً يا شَهرَ الوداد والمَحبَة
Salutations et bienvenu, Ô mois de l'intimité et de l'amour		
Marḥaban, āhlan wa sahlan yā Sayyid ach-Chouhoūr		مرحَباً أهلاً وسهلاً ياسَيد الشُهور
Salutations et bienvenu, Ô maître de tous les mois.		

Lam n'arif qadraka wa 'lam nahfaz hourmataka, yā chahra 'l-ghoufrān.	لَم نَعرِف قَدرَكَ ولَم نَحفَظ حُرمتَك يا شَهَرَ الغُفرانِ،
Fa arḍa 'annā, wa lā tachkoū minnā ila 'r-Raḥmān	فارضَ عنا، ولا تَشكو مِنّا إلى الرَّحمن
Wa koun chāhidan lanā bi-faḍli wa 'l-iḥsān.	وكُن شاهِداً لنا بالفَضلِ والإحسانِ

Ô mois du pardon! Nous ne t'avons pas estimé à ta juste valeur ni avons-nous préservé ta sacralité. Donne-nous ton agrément et ne nous blâme pas devant le Miséricordieux mais témoigne pour nous par la bonté et la vertu!

Ramaḍān Ṣalātou-t-Tarāwīḥ		التّراويح في رمضان
2 OU 4 RAK'ATS SOUNNAH		صلاة السّنة 2 أو 4 ركعات
4 RAK'ATS FARḌ 'ICHĀ		صلاة العشاء
2 RAK'ATS SOUNNAH		وبعدها ركعتين السنة البعدية
INTENTION Formuler l'intention d'effectuer le jeûne obligatoire du jour suivant puis formuler l'intention de prier la prière de Tarāwīḥ (20 rak'ats) pour Allah, Exalté Soit-Il, le Seigneur des mondes.		ينوي الصيام ثم ينوي لصلاة التراويح قائلا: نويت ان اصلي 20 ركعات صلاة التراويح لله تعالى رب العالمين
Après chaque quatre rak 'ats, s'asseoir et réciter 3 fois la		و بعد كل 4 ركعات اقرأ سورة الاخلاص

<table>
<tr>
<td>Soūrat al-Ikhlāṣ, suivie par ceci:
Liqā'oullāh yourjā fī 'ṣ-ṣiyām wa noūrou qalbī fī 'l-qīyām, taʿal-Allāh dhou 'l-ʿarchi 'l-majīd aṣ-Ṣalātou jāmiʿa Ṣalātou 't-tarāwīḥ athābakoum-oullāh. An-nabī yachfaʿou liman youṣṣalli ʿalayh. Allāhoumma ṣalli ʿalā Sayyīdinā Mouhammad wa ʿalā ali Sayyīdinā Mouhammad. Allāhoumma innā nas'alouka 'l-jannata wa naʿoudhou bika mina 'n-nār.</td>
<td>3 مرات أو قل:
لِقاءُ اللهِ يُرْجَى في الصّيام ونورُ القَلْبِ في القِيام تَعالى اللهُ ذو العَرْش المَجيد، الصّلاةُ الجامِعَة صلاةُ التّراويح أثابَكُمُ اللهُ، النّبي يَشْفَعُ لِمَن يُصَلّي عليْه. اللهمّ صَلِّ على سَيِّدِنا محمد وعلى آلِ سَيِّدِنا محمد. اللهمَّ إنّا نَسْأَلُكَ الجَنّة ونَعوذُ بِكَ مِنَ النّار</td>
</tr>
<tr>
<td colspan="2">La rencontre avec Allah est espérée par le jeûne et l'illumination du cœur est atteinte par l'accomplissement debout de la prière; Allah, Exalté soit-Il, le Détenteur du Trône Glorieux. La prière parfaite est la Ṣalāt at-Tarāwīḥ. Qu'Allah agréé votre repentir; le prophète intercède pour ceux qui prient sur lui. Ô Allah! Répands Tes Grâces et la Paix sur notre maître Mouhammad et sur les siens. Nous T'implorons pour la faveur du paradis et nous nous réfugions en Toi contre le supplice du feu.</td>
</tr>
</table>

SALĀTOU 'T-TARAWĪḤ. (20 RAK'ATS)		صلاة التّراويح (20 ركعات)
SALĀTOU 'L-WITR (3 RAK'ATS)		صلاة الوتر (3 ركعات)
Puis réciter: *'alā Rassoūlinā 'ṣ-ṣalawāt* Et continuer les récitations qui suivent la prière de 'Ichā (voir page 76).		على رَسُولِنا الصّلوات
ĀMAN AR-RASSOŪLOU Chapitre 2, versets 285-286 (voir page 22)		آمَنَ الرَّسُولُ
SOŪRATOU 'L-FATIḤĀ		الفاتحة

Notes au manuel

Pratiques volontaires

Les cheicks de la voie Naqchbandī la plus distinguée ont ordonné à leurs disciples (ceux au niveau avancé et au stade de la détermination) de suivre l'exemple du Prophète ﷺ dans les pratiques quotidiennes, particulièrement en accomplissant:

- Toutes les prières surérogatoires (*Sounnah*) qui accompagnent les prières obligatoires (*farā'id*).
- La prière de veillée nocturne (*tahajjoud*).
- Les prières suivantes également:
  - **Ṣalātou 'l-Ichrāq** – peu de temps après le lever du soleil.
  - **Ṣalātou 'd-Douḥā** – deux séries de quatre rak'ats réalisées entre le milieu de la matinée et la prière de Ẓouhr.
  - **Ṣalātou 'l-Awwābīn** – trois séries de deux rak'ats effectuées après la prière de Maghrib.

Pratiques spéciales

Ces notes portent sur des pratiques spéciales.

Toutes les pratiques sont basées sur la *Sounnah* du Prophète ﷺ et les commentaires sur leurs bienfaits sont mentionnés dans les sources traditionnelles.

Les notes suivantes servent à clarifier certaines des pratiques qui apparaissent dans les pages précédentes. L'accomplissement parfait de ces pratiques nous a été enseigné par notre maître Cheick Mouhammad Nazim al-Ḥaqqānī al-Naqchbandī (qu'Allah élève sa station continuellement). Néanmoins si des imperfections affectent ce texte, nous en assumons la responsabilité, que Dieu soit Miséricordieux envers nous et nous pardonne.

Note: le cheick utilise le *miswā*k (cure-dents naturel) avant cḥaque rituel et avant cḥaque lecture coranique.

Les prières surérogatoires (*Sounnah*)

Mawlānā Cheick Nazim ne négligeait aucune prière *Sounnah,* que ce soit les *sounnah* accomplies régulièrement (*mou'akkadah*) par le Prophète ﷺ ou celles effectuées occasionnellement.

Sounnah avant	**Nafl avant**	**Prière Obligatoire**	**Sounnah après**	**Nafl après**
2 rakʿats	Aucune	**Ṣalātou 'l-Maghrib**	2 rakʿats	6 rakʿats (al-awwābīn)
2 rakʿats	2 rakʿats	**Ṣalātou 'l-ʿIchā**	2 rakʿats 3 rakʿats (al-witr)	2 rakʿats
2 rakʿats	Aucune	**Ṣalātou 'l-Fajr**	Aucune	Aucune
2 rakʿats	2 rakʿats	**Ṣalātou 'ẓ-Ẓouhr**	2 rakʿats	2 rakʿats
2 rakʿats	2 rakʿats	**Ṣalātou 'l-ʿAṣr**	Aucune	Aucune

Note: Dans l'école de jurisprudence Hanafi, les deux rakʿats *Sounnah* et les deux rakʿats *nāfilah* qui précèdent les prières de Ẓouhr, ʿAṣr et ʿIchā sont combinées en quatre rakʿats avec un *taslīm,* alors que dans l'école Chafiʿī elles sont séparées (deux *taslīm).*

Ṣalātou 'l-Maghrib

Les deux rak'ats de prière *Sounnah* avant la prière obligatoire (*farḍ*) ne sont pas une *Sounnah* régulière (*sounnah ghayr mou'akkadah*). Elles étaient priées très rapidement par les Sahaba ؄ du Prophète ﷺ après avoir entendu le *adhān* de la prière de Maghrib.

Ṣalātou 'l-Janāzah

La prière funéraire est destinée aux absents qui sont morts sans que personne n'ait prié sur eux. C'est une prière quotidiennne obligatoire (*farḍ kifāyah*), qu'un seul membre de la communauté est obligé d'accomplir. Tout comme les deux rak'ats *Sounnah* précédents la prière de Maghrib, les grands cheicks en ont fait une pratique quotidienne. La prière est effectuée debout, face à la *Qiblah*.

Ṣalātou 'l-Awwābīn

Les six rak'ats de la prière de Awwābīn, réalisées deux à deux, s'adressent à ceux qui se repentissent fréquemment par la prière vers leur Seigneur, avec un *taslīm* (*as-salām 'alaykoum wa raḥmatoullāh* à droite et à gauche), à chaque deux rakʿats.

Ṣalātou 'l-Witr

L'invocation du *qounoūt* est insérée dans la troisième rakʿat de la prière de Witr, après la récitation de la *Fātiḥah* suivie d'une sourate du Coran (le cheick récite en général la sourate Ikhlāṣ). Elle est récitée avant **ou** après le *roukʿou* ou inclination selon le *madhhab*. Selon l'école Hanafī, après avoir terminé la récitation, lever les mains aux oreilles — comme si l'on commençait la prière — dire le *takbīr* (*Allāhou akbar*) et continuer avec la *douʿā* (supplication) indiquée dans le texte. Après la récitation de la *douʿā*, aller en *roukʿou*, puis continuer comme dans la séquence de prière normale.

Dans l'école Chafiʿī, la supplication est faite dans la position debout **après** le *roukʿou*.

La prière de Witr est effectuée en trois rakʿats dans l'école Hanafī mais dans l'école Chafiʿī, elle est divisée en deux: la prière de Chafʿ (2 rakʿats) et la prière de Witr (1 rakʿat).

Ṣalātou 'n-Najāt

Il faut se lever au moins une heure avant la prière de Fajr car c'est à ce moment que la porte de la Miséricorde d'Allah, le Tout-Puissant et Immense, est ouverte et c'est à ce moment que les grands cheicks regardent leurs disciples. Il faut se lever, faire l'ablution et effectuer deux rak'ats de *Taḥīyyatou 'l-wouḍou* (*Sounnah* de l'ablution). Puis, se tenir debout, face à la *Qiblah,* et demander à Dieu Exalté et Glorieux de nous purifier de la colère de notre *nafs* et, avec cette intention, réciter 100 fois *Yā Ḥalīm*. Ensuite, demander la protection contre les ennemis internes et externes, contre les malheurs terrestres et célestes (tentations de ce monde et châtiment dans l'au-delà), en récitant 100 fois *Yā Ḥafīẓ*.

Quiconque souhaite atteindre le niveau des gens de la détermination doit maintenir ces pratiques. Nos cheicks nous parlent de l'importance de cette période de temps et de ses vertus, en disant: «Si une personne se lève une heure avant Fajr et ne fait rien, même pas la prière ni le *tasbīḥ* mais, se lève pour boire quelque chose comme du café, du thé ou prendre une bouchée, alors il doit également être élevé avec les gens qui réalisent les prières de la nuit (*ahlou 's-sahar*)».

Ṣalātou 'n-Najāt, la prière de délivrance, est effectuée comme suit:

Dans la première rak'at, reciter la *Soūratou 'l-Fātiḥah* comme d'habitude.		الفاتحة الشريفة
Celle-ci est suivie par la lecture du verset du Trône (2:255), des versets (3:18-19) et (3:26-27).		

<table>
<tr>
<td>ĀYATOU 'L-KOURSĪ (LE VERSET DU TRONE)

CHAPITRE 2, VERSET 255
Allāhoū lā ilāha illa Hoūwa 'l-Ḥayyou 'l-Qayyoūm, lā tākhoudhouhoū 's-sinatoun wa lā nawm, lahoū mā fī 's-samāwāti wa mā fī 'l-arḍ. Man dhā-ladhī yachfa'ou 'indahoū illā bi idhnih ya'lamou mā bayna aydīhim wa mā khalfahoum wa lā youḥīṭounā bi-chay'in min 'ilmihi illā bimā chā'. Wassi'a koursīyyouhou 's-samāwāti wa 'l-arḍa, wa lā ya'oudouhoū hifẓouhouma, wa Hoūwa 'l-'Alīyyou 'l-'Aẓīm.</td>
<td></td>
<td>آيَةُ الكُرْسي

البقرة 2
اللهُ لا إِلَهَ إِلاَّ هُوَ الْحَيُّ الْقَيُّومُ لا تَأْخُذُهُ
سِنَةٌ وَلا نَوْمٌ لَّهُ مَا فِي السَّمَاوَاتِ وَمَا فِي
الأَرْضِ مَن ذَا الَّذِي يَشْفَعُ عِنْدَهُ إِلاَّ بِإِذْنِهِ
يَعْلَمُ مَا بَيْنَ أَيْدِيهِمْ وَمَا خَلْفَهُمْ وَلا
يُحِيطُونَ بِشَيْءٍ مِّنْ عِلْمِهِ إِلاَّ بِمَا شَاء
وَسِعَ كُرْسِيُّهُ السَّمَاوَاتِ وَالأَرْضَ وَلا
يَؤُودُهُ حِفْظُهُمَا وَهُوَ الْعَلِيُّ الْعَظِيمُ</td>
</tr>
<tr>
<td>Ṣadaq-Allāhou 'l-'Aẓīm.</td>
<td></td>
<td>صدق الله العَظيمُ</td>
</tr>
<tr>
<td colspan="3">Allah! Il n'y a de Dieu si ce n'est Lui, Le Vivant, L'Immuable. Il n'est sujet ni à l'assoupissement ni au</td>
</tr>
</table>

sommeil. Il possède ce qu'il y a dans les cieux et sur la terre. Qui donc peut servir d'intermédiaire auprès de Lui, sans Sa permission? Il sait ce qui se trouve devant eux comme ce qui se trouve derrière et ils n'embrassent de Sa science, que ce qu'Il a bien daigné leur accorder. Son Trône contient les cieux et la terre et leur garde ne Lui pèse en rien. Et Il est l'Élevé, l'Immense.

Allah l'Immense dit vrai.

CHAPITRE 3, VERSETS 18-19 Chahid-Allāhou annahoū lā ilāha illa Hoū. Wa 'l-malā'ikatou wa oūlou 'l-'ilmi qā'iman bi 'l-qisṭ. Lā ilāha illa Hoū al-'Azīzou 'l-Hakīm. Inna 'd-dīna 'ind Allahi 'l-islām.		سورة آل عمران 18–19 شَهِدَ اللَّهُ أَنَّهُ لَا إِلَٰهَ إِلَّا هُوَ وَالْمَلَائِكَةُ وَأُولُو الْعِلْمِ قَائِمًا بِالْقِسْطِ لَا إِلَٰهَ إِلَّا هُوَ الْعَزِيزُ الْحَكِيمُ إِنَّ الدِّينَ عِندَ اللَّهِ الْإِسْلَامُ

Allah atteste, ainsi que Ses Anges et ceux qui ont reçu la science, qu'il n'est de dieu que Lui qui assure la justice. Point de divinité en dehors de Lui, le Puissant, le Sage! Au regard d'Allah, il n'est de religion que l'Islam.

CHAPITRE 3, VERSETS 26-27	سورة آل عمران 26-27
Qoul 'illāhoumma Mālik al-moulki. Tou'tī 'l-moulka man tachā'ou wa tanziʿou 'l-moulka mimman tachā'ou wa touʿizzou man tachā'ou wa toudhillou man tachā'ou, bi yadika 'l-khayr, innaka ʿalā koulli chay'in qadīr. Toūlijou 'l-layla fī 'n-nahāri wa toūlijou nahāra fī 'l-layl, wa toukhrijou 'l-ḥāyya mina 'l-mayyiti, wa toukhrijou 'l-mayyita mina 'l-ḥāyy, wa tarzouqou man tachā'ou bi ghayri ḥissāb.	قُلِ اللَّهُمَّ مَالِكَ الْمُلْكِ تُؤْتِي الْمُلْكَ مَن تَشَاءُ وَتَنزِعُ الْمُلْكَ مِمَّن تَشَاءُ وَتُعِزُّ مَن تَشَاءُ وَتُذِلُّ مَن تَشَاءُ بِيَدِكَ الْخَيْرُ إِنَّكَ عَلَىٰ كُلِّ شَيْءٍ قَدِيرٌ تُولِجُ اللَّيْلَ فِي النَّهَارِ وَتُولِجُ النَّهَارَ فِي اللَّيْلِ وَتُخْرِجُ الْحَيَّ مِنَ الْمَيِّتِ وَتُخْرِجُ الْمَيِّتَ مِنَ الْحَيِّ وَتَرْزُقُ مَن تَشَاءُ بِغَيْرِ حِسَابٍ

Dis: «Ô Allah! Possesseur du Royaume, Tu l'accordes à qui Tu veux et Tu le ravis à qui Tu veux; Tu élèves qui Tu veux et Tu humilies qui Tu veux. Tout le bien est entre Tes Mains car Tu es l'Omnipotent. Tu fais glisser la nuit dans le jour et le jour dans la nuit; Tu fais sortir le mort du vivant et le vivant du mort; Tu accordes Ta subsistance sans compter, à qui Tu veux.»

Dans la deuxième rak'at, après la Fātiḥah, reciter:		تقرأ في الركعة الثانية بعد الفاتحة الشريفة
SOŪRATOU 'L-IKHLĀṢ (11 FOIS).		سورة الاخلاص (11 مرات)
Après le taslīm (le *salām* final à droite puis à gauche), se prosterner avec l'intention de demander à Dieu de débarasser votre cœur de toute envie.		بعد التسليم من الصلاة تدعوا بهذا الدعاء:
DOU'Ā Yā Rabbī, kamā tākoulou 'n-nārou 'l-ḥaṭaba hākadha yākoulou 'amalīyy jamī'an al-ḥassadou mou'tāṣṣilou fīyya. Yā Rabbī khalliṣnī minhou wa khalliṣnī mina 'l-ghaḍabi 'n-nafsānī wa min nafsi 'ṭ-ṭifli 'l-madhmoūmati wa mina 'l-akhlāqi 'dh-dhamīmati yā Rabbī wa baddil akhlāqī ila akhlāqin ḥamīdatin wa af'ālin ḥassanatin.		دعاء: يا ربّي كما تأكُلُ النّارُ الحطبَ هكذا الحَسَدُ المتأصّلُ فيّ يأكُلُ جميعَ أعمالي. يا ربّي خلّصْني مِنْهُ ومِنَ الغضبِ النّفسانِي ومن نفْسِ الطّفْلِ المذْمُومةِ ومِنَ الأخْلاقِ الذّميمَة ويا ربّي بدّلْ أخْلاقِي إلى أخْلاقٍ حَميدَةٍ وأفْعالٍ حَسَنة

Ô mon Seigneur! Comme le feu consumme le bois, l'envie qui est enracinée en moi dévore toutes mes bonnes actions. Purifie-moi, Ô mon Seigneur, de cette envie, de la colère de mon ego, des désirs blâmables et de mes mauvaises habitudes. Ô mon Seigneur, transforme ces attitudes en vertus louables et en de bonnes actions.

Ṣalātou 't-Tassābīḥ

Dans les prières suivantes, afin de garder à l'esprit le nombre de récitations accomplies, il est permis d'appuyer légèrement un doigt de chaque main à tour de rôle, peu importe la position dans laquelle elle se trouve (croisée ou baissée sur les côtés). Cependant, les prières de *Najāt* et *Tasbīḥ* sont destinées aux gens de détermination; ces prières ne sont pas pour les débutants.

Ces quatre rak'ats sont effectuées avec un *taslīm* entre elles. Cette prière peut se faire de deux façons mais nous avons inclus uniquement la manière dont le cheick l'effectue (avec le *taslīm* à la fin des quatre rak'ats). Le *tasbīḥ* qui est récité pendant la prière est le suivant:

Soubḥānallāhi wa 'l-ḥamdoulillāhi wa lā illāha		سبحان الله والحمد لله ولا إله إلا الله

ill-Allāh w'allāhou akbar.		والله أكبر
Gloire à Allah! Louange à Allah! Il n'est de dieu si ce n'est Allah, Allah est le Plus Grand!		
À la fin de chaque série de 10 ou 15 *tasbīḥ* le cheick ajoute: wa lā ḥawla wa lā quwwata illa billāhi 'l-'Alīyyi 'l-'Āẓīm.		و لا حَوْلَ ولا قوّةَ إلا بِالله العَليّ العَظيم
Il n'y a de force et de puissance que par Allah, l'Élevé, l'Immense.		
Le nombre total de *tasbīḥ* récité est 300, avec 75 dans chaque rak'at. Les *tasbīḥ* sont récités à différents moments au cours de la prière. Nous avons remarqué le cheick utiliser la méthode suivante:		

MOMENT DE RECITATION DU TASBĪḤ	**NOMBRE DE FOIS**
Avant la Soūratou 'l-Fātiḥah	15
Après avoir récité la Soūratou 'l-Fātiḥah et deux fois la Soūratou 'l-Ikhlāṣ	10
En *rouk'ou*, (position d'inclination)	10
En *qiyām* (position debout), après le	10

rouk'ou	
Dans la première *sajda* (prosternation)	10
En *jalsa* (position assise), après la première *sajda*	10
Dans la deuxième *sajda* (prosternation)	10
Le nombre total pour la première rak'at	75
La deuxième rak'at est effectuée comme la première avec la Soūratou 'l-Fātiḥah et unc Soūratou 'l-Ikhlāṣ au lieu de deux. Par contre, aucun *tasbīḥ* n'est récité dans la *jalsa* finale, on récite uniquement le *tachahhoud*.	75
La troisième rak'at est effectuée comme la première (mentionnée ci-dessus)	75
La quatrième rak'at est effectuée comme la deuxième (aucun *tasbīḥ* n'est récité dans la *jalsa* finale, uniquement le *tachahhoud*)	75

Ṣalātou 'l-Fajr

La prière en congrégation du matin est un pilier majeur des pratiques quotidiennes.

En lisant la sourate Yā Sīn Mawlānā Cheick Nazim faisait une pause pour réciter la formule *Ṣalla-Allāhou ʿalayhi wa sallam,* comme «Yā Sīn» est un des noms du Prophète ﷺ.

Après la récitation du verset (36:58), il disait: *razaqanā Allāh* (Allah accorde-le nous!)

Après la récitation du verset (36:59), il disait: *āʿadhanā Allāh* (Allah protège nous!)

Les pauses dans la récitation des 99 noms de Dieu ne sont pas fixes; le cheick change fréquemment les endroits où il marque une pause (en disant *Jalla Jallalouhou*) dans sa récitation.

Ṣalātou 'l-Ichrāq

Il faut essayer de rester debout jusqu'au lever du soleil, puis effectuer les deux rakʿats *Sounnah* de *Ichrāq,* cinq à dix minutes après le lever du soleil.

Ṣalātou 'd-Douḥā

La prière de Douḥā est un ensemble de huit rakʿats effectuées quatre par quatre entre le milieu de la matinée et la prière de Ẓouhr.

Les piliers et les obligations du pélerinage – le Hajj

Les piliers du Ḥajj selon les quatre écoles			
HANAFĪ	CHAFI'Ī	MĀLIKĪ	HANBALĪ
Iḥrām.	Iḥrām.	Iḥrām.	Iḥrām.
La station à ʿArafah	La station à ʿArafah.	La station à ʿArafah.	La station à ʿArafah.
Saʿī entre Ṣafā et Marwah.	Saʿī entre Ṣafā et Marwah.	Saʿī entre Ṣafā et Marwah.	Saʿī entre Ṣafā et Marwah.
Tournées rituelles- Ṭawāf al-Ifāḍah qui est effectué le jour du sacrifice (*Yawm an-Nahr*) - au retour de	Tournées rituelles- Ṭawāf al-Ifāḍah qui consiste à faire sept fois le tour de la Kaʿbah.	Tournées rituelles- Ṭawāf al-Ifāḍah qui consiste à faire sept fois le tour de la Kaʿbah.	Tournées rituelles- Ṭawāf al-Ifāḍah qui consiste à faire sept fois le tour de la Kaʿbah.

Minā. (Le Iḥrām est une condition préalable pour la validité du Ṭawāf.)			
	Couper une partie des cheveux du pèlerin ou raser la totalité (pour les hommes).		
	Les rites du Ḥajj doivent être accomplis selon un ordre bien déterminé: le Iḥrām doit précéder tous		

	les autres rites et la station à ʿArafah doit précéder le Ṭawāf.		

Les interdits du *Iḥrām* (*la sacralisation*)
Les rapports sexuels et tout acte qui y mène (baisers, caresses, discussions etc).
Enfreindre les limites établies par Allah et désobéir à Ses commandements.
Se disputer, argumenter ou se battre avec les serviteurs, compagnons ou autres.
Porter des vêtements cousus ou découpés selon la forme du corps.
Le *Mouḥrim* n'a pas le droit de porter des vêtements teints avec du matériel parfumé qui laisse une odeur à son passage. Il est interdit d'utiliser du parfum sur le corps, les vêtements ou les cheveux.
Aboū Hanīfa et ath-Thawrī ont maintenu que le *Mouḥrim* peut conclure un mariage mais il est interdit de le

consommer.
Les savants s'accordent à dire que dans l'état de *Iḥrām,* il est interdit au *Mouḥrim* de couper ses ongles sans une raison majeure.
Il est interdit au *Mouḥrim* de se recouvrir la tête.
Les savants s'entendent à dire que la chasse est interdite au *Mouḥrim,* même s'il n'egorge pas l'animal.
Les étapes résumées du Ḥajj
Dans l'avant-midi du huitième jour de Dhoul-Ḥijjah, entrer dans l'état de sacralité (*Iḥrām*) à partir du lieu où vous êtes, effectuer le *ghousl* (grande ablution) si possible, porter les vêtements du *Iḥrām* et répéter le *Talbīyah.*
Se mettre en route vers **Minā** puis y rester pour faire les prières de Ẓouhr, ʻAṣr, Maghrib, ʻIchā et Fajr et raccourcir les prières quatre rakʻats à deux rakʻats.
À ʻ**Arafah,** effectuer les prières obligatoires de Ẓouhr et ʻAṣr en même temps (la prière des voyageurs - cḥaque prière étant raccourcie à deux rakʻats). Y rester jusqu'au coucher du soleil et implorer Dieu fréquemment face à la Qiblah.
Au coucher du soleil, marcher de ʻ**Arafah à Mouzdalifah.**

Une fois à Mouzdalifah, vous devez y prier Maghrib, Isha et Fajr. Y rester pour implorer Dieu jusqu'au Fajr.

À l'approche du lever du soleil, marcher de **Mouzdalifah à Minā**. Si vous êtes faible et n'êtes pas capable de marcher ou de vous mêler à la foule, vous pouvez aller à Minā durant la nuit. Cependant, vous devez vous-même ramasser les 49 cailloux ou demander à quelqu'un de le faire en votre nom. Une fois à **Minā**, procéder de la manière suivante:

A:	Lapider la grande stèle (*Jamarat al-'Aqabah*) qui est le site de lapidation le plus proche de la Mecque. Lancer sept pierres, l'une après l'autre, tout en proclamant le Takbīr (Allāhou Akbar!) à chaque lapidation et dire:		
	raghman li 'ch-Chaytan riḍan li 'r-Raḥmān (3 fois), bismillāh Allāhou akbar!		رغماً للشيطان رضاً للرحمن 3 مرات بسم الله الله اكبر.
	Que la contrainte soit sur satan et la satisfaction pour Ar-Raḥmān (le Tout Miséricordieux) – (3 fois). Au Nom d'Allah, Allah est le plus Grand!		
B:	Immoler un animal, manger de sa chair et distribuer le reste aux pauvres. Le sacrifice d'un animal est obligatoire pour celui qui accomplit le Ḥajj		

<table>
<tr><td></td><td>Tamattou‘ ou Ḥajj Qirān (Oumrah et Ḥajj combinées).</td></tr>
<tr><td>C:</td><td>Il est recommandé de se raser ou de se raccourcir les cheveux (de la tête) - les femmes doivent raccourcir leurs cheveux d'une longueur égale au bout d'un doigt.</td></tr>
<tr><td colspan="2">Les trois obligations (piliers) mentionnés ci-dessus devraient être effectués dans l'ordre suivant: 1) lapider la grande stèle, 2) immoler l'animal et 3) couper les cheveux. Par contre si l'ordre n'est pas suivi, ceci n'affecte pas la validité de votre Ḥajj.

La désacralisation (Tahalloul): après l'accomplissement de ces trois obligations, vous pouvez remettre vos vêtements normaux. Ainsi, tous les interdits liés au Iḥrām sont levés à l'exception des rapports sexuels.</td></tr>
</table>

Puis, aller à la Mecque dans l'intention d'accomplir le Ṭawāf al-Ifāḍah (Ṭawāf al-Ḥajj) et de faire le Sa‘ī entre Ṣafā et Marwah (Sa‘ī al-Ḥajj).

Une fois arrivé à la Mecque, effectuer les tournées rituelles (le Ṭawāf) autour de la Ka‘bah sept fois en commençant par le coin de *Hajarou 'l-Aswad* (La Pierre noire) et en terminant à cet endroit. Et, prier si possible deux rak‘ats derrière la

station d'Ibrahim (*Maqām Ibraḥīm*).
Après l'accomplissement des deux rak'ats, aller à la butte de Ṣafā pour effectuer sept fois le Sa'ī (le parcours) en commençant par Ṣafā et en finissant par Marwah.
Après avoir accompli le Ṭawāf et le Sa'ī, retourner à Minā afin d'y passer les nuits du 11 et du 12 de Dhoul-Ḥijjah. Une fois le **Ṭawāf al-Ifāḍah** accompli, tous les actes interdits au pèlerin pendant le Ḥajj deviennent licites, y compris les rapports sexuels.
Les 11ème et 12ème jours de Dhoul-Ḥijjah, après le déclin du soleil, lapider les trois sites de lapidation (*Jamarahs*). Commencer par le *Jamarah* le plus éloigné de la Mecque puis celui du milieu et terminer par le *Jamarat al-'Aqabah*. Lancer sept cailloux à chaque site tout en proclamant le *Takbīr* après chaque lancé. Après avoir lancé les cailloux dans les deux premiers sites de lapidation, implorer Dieu face à la Qibla; le lancé des pierres ces deux journées-là (c.à.d les 11ème et 12ème) doit se faire après zawāl (midi).
Le 12ème jour de Dhoul-Ḥijjah, après avoir lancé les cailloux, vous pouvez quitter Mina avant le coucher du soleil. Si vous désirez quitter plus tard, il est préférable de passer la nuit à Mina et lancer les cailloux sur les trois sites après que le soleil ait atteint son pic de midi (zawāl).

Si vous voulez rentrer à la maison, vous devez effectuer les tournées rituelles d'adieu (Ṭawāf al-Widaʿ) qui consistent en sept tours autour de la Kaʿbah. Le Ṭawāf al-Widaʿ n'est pas prescrit à une femme dans l'état post-partum ou à celle qui a ses menstruations.

Les étapes résumées de la ʿOumrah

La ʿOumrah signifie en principe rendre visite à la Kaʿbah, accomplir les tournées rituelles (Ṭawāf), marcher sept fois entre Ṣafā et Marwah (le Saʿī). Celui qui accomplit la ʿOumrah sort de l'état de sacralisation (*Iḥrām*) en se rasant les cheveux ou en les raccourcissant.

Si vous souhaitez effectuer une ʿOumrah, formuler l'intention (niyyah) pour la ʿOumrah. Effectuer le *ghousl* (la grande ablution) puis porter les vêtements du *Iḥrām*. Prier deux rakats *Sounnatou 'l-Iḥrām* puis réciter le *Talbīyah.*

Une fois arrivé à la Mecque, effectuer les tournées rituelles (le Ṭawāf) autour de la Kaʿbah sept fois en commençant par le coin de *Hajarou 'l-Aswad* (la Pierre noire) et en terminant à cet endroit. Si possible, prier ensuite deux rakʿats derrière la station d'Ibrahim (*Maqām Ibraḥīm*).

Après l'accomplissement des deux rakʿats, aller à la butte de

Ṣafā pour effectuer sept fois le Sa'ī en commençant par Ṣafā et en finissant par Marwah.

Après l'accomplissement du Sa'ī, vous pouvez raccourcir vos cheveux. Cet acte marque la fin de votre 'Oumrah, vous pouvez enlever les vêtements de *Iḥrām* et remettre des vêtements normaux.

Les étapes détaillées du Ḥajj et de la 'Oumrah

Dans cette section, nous présentons certains aspects des rites du Ḥajj et de la 'Oumrah pour lesquels les cheicks Naqchbandī recommendent des récitations particulières ou méthodologies à observer (en plus de toutes les étapes rituelles accomplies par le pèlerin, selon les indications de son *madhhab* et du guide attribué à son groupe).

PREPARATIFS POUR LE ḤAJJ

L'Imam Nawawī mentionna que les savants s'accordent à dire que pour le *adab* du Ḥajj, l'intention principale réside dans le repentir. Ce repentir comporte les conditions suivantes:

1. arrêter toute sorte de péchés;

2. ne jamais recommettre ces péchés;
3. regretter les péchés que vous avez déjà commis;
4. demander pardon à ceux à qui vous avez infligé du mal, à ceux que vous avez bouleversé ou mis en colère. Si vous devez de l'argent à quelqu'un et que vous ne pouvez pas le rembourser à ce moment-là, vous devez l'informer de votre intention de faire le Ḥajj et lui promettre sincèrement de le rembourser dans le futur.
5. rédiger un testament car on ne sait pas si on reviendra du Ḥajj en vie;
6. utiliser de l'argent de source licite (*ḥalāl*) pour aller au Ḥajj.
Le pèlerin rend visite à sa famille, ses voisins et ses amis, les informe de son départ et leur demande de prier pour lui.
Formuler l'intention d'effectuer le Ḥajj au premier des deux moments suivants: avant le 8ème jour de Dhoul-Ḥijjah ou avant d'arriver à l'endroit à partir duquel l'on doit mettre le *Iḥrām* (*al-mīqāt*). L'intention doit normalement être formulée avant d'entamer le voyage ou à au moins une heure d'avion de l'arrivée à Djeddah. Si vous venez par la route, de

l'extérieur du Hijāz, il est recommandé de formuler l'intention avant de prendre la route.
Avant d'entamer le voyage, prendre une douche et prier deux rakats *nīyyatou 'l-Ḥajj,*
Si plus de deux personnes voyagent ensemble, la responsabilité (de meneur de groupe) doit être assignée à une personne.
Formuler l'intention de faire un grand nombre de supplications (*dou'ā*) et d'être très généreux envers les pauvres.

Iḥrām

Types de *Iḥrām*   Pour les hommes, les vêtements du *Iḥrām* consistent en deux pièces d'étoffe de couleur blanche, non-cousues et unies (sans motifs); pour les femmes, il n'y a aucune tenue vestimentaire spécifique requise.
Il y a trois types de *Iḥrām*:
1. **Ifrād**   Formuler l'intention d'accomplir **uniquement le Ḥajj** et

garder le *Iḥrām* jusqu'au jour du sacrifice. Le *moufrid* n'est pas tenu de faire le sacrifice.

2. **Qirān**

Formuler l'intention pour **la 'Oumrah et le Ḥajj ensemble**. Une fois la 'Oumrah accomplie, le Ḥajj est effectué juste après, dans le même Iḥrām. C'est après la lapidation du *Jamarah al-'Aqabah* et après avoir rasé ou raccourci les cheveux que le pèlerin peut enlever son *Iḥrām*. Le sacrifice d'un animal (agneau, mouton, bœuf etc) est obligatoire. Si l'on ne peut pas, il faudra jeûner trois jours pendant le Ḥajj et sept jours une fois de retour chez soi.

3. **Tamattou**

Formuler l'intention pour **la 'Oumrah et celle du Ḥajj séparément**. Le pèlerin accomplit la Oumrah dans le *Iḥrām* puis il remet des vêtements normaux. Il reste dans cet état de désacralisation jusqu'au *Yawm al-Tarwīyya*, le 8ème jour de Dhoul-Ḥijjah, jour où il doit remettre la tenue du *Iḥrām* à partir du miqat dans l'intention d'effectuer le Ḥajj. Après avoir accompli les rites du Ḥajj, offrir un animal en sacrifice.

INTENTION

Il est très important de formuler l'intention adéquate lorsqu'on met le *Iḥrām*. Le pèlerin doit d'abord choisir le type de pèlerinage qu'il va accomplir (Ifrād, Qirān ou Tamattou). Ensuite, il formulera l'intention assignée au type choisi.

1. Ḥajj Ifrād Formuler l'intention pour le Ḥajj: Allāhouma innī nawaytou al-Ḥajja, fa-yassirhou lī wa taqabalhou minnī.		نية الحج: اللهمَ إنّي نَوَيْتُ الحَجَّ فَيَسِّرْهُ لي وتَقَبَّلْهُ مِنّي
Ô Allah, j'ai l'intention d'accomplir le grand pèlerinage. Rends-le aisé pour moi et accueille-le favorablement.		
2. 'Oumrah Formuler l'intention pour la Oumrah uniquement qui est la suivante: Allāhouma innī nawaytou al-'Oumrata, fa-yassirhā lī wa		نية العمرة: اللهمّ إنّي نَوَيْتُ العُمْرَةَ فَيَسِّرْهَا لي وتَقَبَّلْهَا مِنّي

taqabalhā minnī.		
Ô Allah, j'ai l'intention d'accomplir le petit pèlerinage. Rends-le aisé pour moi et accueille-le favorablement.		
3. Qirān Formuler l'intention pour le Ḥajj et la 'Oumrah combinés: Allāhouma innī nawaytou al-'oumrata wa 'l-Ḥajja, fa-yassirhoumā lī wa taqabalhoumā minnī.		نية الحج والعمرة: اللهمَ إنّي نَوَيتُ الحَجَّ والعُمْرَةَ فيَسِّرْهُما لي وتقَبَّلْهما مني
Ô Allah, j'ai l'intention d'accomplir ensemble le petit et le grand pèlerinage. Rends-les aisés pour moi et accueille-les favorablement.		
Puis dire: Nawaytou 'l-arbā'īn, nawaytou 'l-'itikāf, nawaytou 'l-khalwah, nawaytou 'l-'ouzlah, nawaytou 'r-riyāḍa, nawaytou 's-souloūk, lillāhi ta'alā al-'Aẓīm.		نَويتُ الأَرْبعين، نويتُ الإعْتِكاف نويتُ الخَلْوَة نَوَيتُ العُزْلة، نَويتُ الرِّياضة نويتُ السُّلوك، لله تعالى

J'ai l'intention de consacrer quarante jours (à la dévotion); j'ai l'intention d'être en réclusion; j'ai l'intention de me retirer dans la mosquée; j'ai l'intention de m'isoler, j'ai l'intention de discipliner (mon ego); j'ai l'intention de cheminer sur la voie d'Allah, l'Exalté, l'Immense.

J'ai l'intention d'accomplir le Ḥajj en mon nom, au nom de ma famille et de toute la communauté du Prophète ﷺ. Si Dieu, par sa faveur, m'honore en acceptant mon Ḥajj, j'offre les récompenses de ce culte (*Faḍīlat*), au Prophète ﷺ, à tous les 124000 prophètes et messagers, aux compagnons, aux saints, à l'Imam Mahdi et à mon Cheick. Je partage toutes les récompenses qu'Il m'accorde par Sa Miséricorde, avec toute la communauté du Prophète ﷺ, sans oublier quiconque.

TALBĪYAH Réciter trois fois: Labaik Allāhoumma labaik, labaika lā charīka laka labaik. Puis: Inna al-ḥamda w'an-niʿmata	التلبية لَبَّيْكَ اللهمَّ لَبَّيْك لَبَّيْكَ لا شَرِيكَ لكَ لَبَّيْك، إنَّ الحَمْدَ والنِّعْمَةَ لكَ والمُلْكَ لا شَرِيكَ لكَ

laka wal-moulk, lā charīka laka labaik.		

Je réponds à Ton appel, Ô Allah, oui j'y réponds. J'y réponds, Ô Toi qui n'as pas d'associé, oui j'y réponds. Certes, la Louange et les Faveurs T'appartiennent, ainsi que le Royaume, Tu n'as pas d'associé.

Puis s'asseoir et réciter la première partie du *Adab* Naqchbandī jusqu'au *Ihdā* (voir page 27). À partir de ce moment, ne plus bavarder inutilement.

ABANDONNER LA COLERE ET ARRETER DE FUMER

Durant le Ḥajj, il faut impérativement éviter d'être en colère et de fumer. L'on doit se départir de la colère totalement. Sachez qu'il y aura maintes épreuves pour voir si vous avez vraiment réussi à dompter votre colère. Sachez également qu'Allah, Ses anges, le Prophète ﷺ, les héritiers du Prophète ﷺ les *Awlīyā* et les *Abdāls* vous observent. Jusqu'au dernier moment de votre pèlerinage, vous pourriez faire face à une situation déplaisante qui provoquera votre colère, donc restez sur vos gardes. Si votre colère se manifeste, si vous vous plaignez ou si vous vous battez, votre Ḥajj sera annulé

(réduit à zéro), alors méfiez-vous de la colère.		
Pendant le Ḥajj, la colère est inacceptable. Si vous sentez que vous allez éventuellement vous mettre en colère, n'allez pas au Ḥajj mais travaillez plutôt sur vous-mêmes afin d'éliminer ce mauvais caractère.		
Éviter de fumer.		
DÉROULEMENT DU VOYAGE Dès que vous entrez dans votre moyen de transport, réciter: 100 fois - Bismillāhi 'r-Raḥmāni 'r-Raḥīm. Dhālika taqdīrou 'l-ʿAzīzi 'l-ʿAlīm (36:38)		ادب السفر (100 مرة) بِسْمِ اللهِ الرَّحْمنِ الرَّحِيمِ. ذٰلِكَ تَقْدِيرُ الْعَزِيزِ الْعَلِيمِ
Au nom d'Allah, le Tout Miséricordieux, le Très-Miséricordieux Selon l'ordre déterminé par l'Inaccessible, le Très-Savant.		
Après cette invocation, tout au long du voyage, consacrez votre temps au dhikr, à la proclamation de louanges et de		

salutations sur le Prophète ﷺ, à la lecture du Coran, du Dalā'il al-Khayrāt ou à la glorification d'Allah (*tasbīḥ*) et cela, jusqu'à votre destination.
Lorsque vous vous approchez de Médine (par avion, Médine est à environ une heure et demie de Djeddah), vous devez saluer le Prophète ﷺ en demandant à Allah de prier sur Lui et en demandant son intercession, implorez-le dans le but qu'il accepte que vous fassiez partie de sa *Oummah*, de rendre aisé votre Ḥajj et votre visite (*zīyarah*) chez lui. Puis, demander aux hommes d'Allah (*rijāloullāh*) de La Mecque et de Médine de vous soutenir tout au long de ce voyage.

Une heure avant l'atterrissage, implorer abondamment Allah de prier sur le Prophète ﷺ (*ṣalawāt*), cinq cent fois, mille fois ou plus jusqu'à ce que vous atteigniez votre premier point d'entrée ou votre destination dans le *Hijāz*.

Lorsque vous arrivez au point d'entrée (à l'aéroport de Djeddah ou à la frontière si vous venez par la route), vous allez effectuer quelques formalités après lesquelles votre guide vous conduira soit à la Mecque ou à Médine, selon votre date d'arrivée.

L'ARRIVEE A LA MECQUE
Lorsque vous arrivez à la Mecque, aller directement au lieu d'hébergement qui vous est assigné (une chambre d'hôtel, une chambre dans une maison ou toute autre forme d'hébergement). Ne vous disputez pas avec les membres de votre groupe en exigeant un traitement de faveur ou un hébergement spécial. Plutôt, allez directement à la chambre qui vous a été destinée ou qui est disponible.
Si vous êtes fatigué, reposez-vous. Puis, se purifier (le *ghousl*), prier deux rakats et dirigez vous vers la Masjid al-Ḥaram pour faire la 'Oumrah si vous faites le Ḥajj Tamattou. Formulez l'intention de faire votre 'Oumrah immédiatement après être entré dans la Masjid al-Ḥarām (voir page 242).
Avant d'entrer dans le sanctuaire sacré (le Ḥaram), proclamer une salutation pour la Ka'bah:

SALUTATION DE LA KA'BAH		تحية الكعبة
Allāhoumma anta 's-Salām wa minka 's-salām wa ilayka yā'oūdou 's-salām, fa ḥayyinā Rabbanā bi 's-salām, wa adkhilnā 'l-Jannata bi louṭfika wa karamika wa joūdika dāraka, dār as-salām. Tabārakta Rabbanā wa tā'alayta, yā Dhā 'l-Jalāli wa 'l-Jamāli wal-Baqā'i wa 'l-'Aẓamati wa 'l-Ikrām. Koullouna laka 'abdoun. Wa aḥaqqou mā yaqoūl al-'abd Allāhoumma lā māni'a limā āa'ṭayta, wa lā mou'ṭiya limā man'ata wa lā rādda limā qaḍayta, wa lā yanfa'ou Dhā 'l-jaddi minka al-jaddou.		اللهمّ أنتَ السَّلام ومِنْكَ السَّلام وإليكَ يعُودُ السَّلام فحَيِّنا ربَّنا بالسّلام وادْخُلنا الجَنَّةَ بِلطْفِكَ وكَرَمِكَ وجُودِكَ دارَكَ دار السّلام. تبارَكْتَ ربَّنا وتَعالَيتَ يا ذا الجَلال والجَمال والبَقاءِ والعَظَمَةِ الإكْرام. كُلُّنا لَكَ عَبْد، وأحَقّ ما يَقُولُ العَبْدُ اللّهُمَّ لا مانِعَ لما أعْطَيتَ ولا مُعْطي لما مَنَعْتَ ولا رادَّ لما قَضَيْتَ ولا يَنْفعُ ذا الجَدّ مِنْكَ الجَدُّ ربّي لا حَوْلَ ولا قُوّةَ إلا بالله العَليّ العَظيم.

Rabbī lā ḥawla wa lā qouwwata illa billāhi 'l-'Alīyyi 'l-'Aẓīm.		
Ô Allah! Tu es la Paix, de Toi émane la Paix et vers Toi retourne la Paix. Ô notre Seigneur, Salue-nous par la Paix et introduis-nous dans Ton Paradis par Ta Douceur, Ta Générosité et Ta Munificence; Ta Demeure est une Demeure de Paix. Bénis et Exalté Sois-tu, Ô le Détenteur de la Majesté, de la Beauté, de la Pérénité, de l'Immensité et de la Générosité. Nous sommes tous tes serviteurs, ce que le serviteur doit exclamer de plus véridique: Ô Allah! nul peut interdire ce que Tu dispenses et nul ne peut dispenser ce que Tu interdis. Ce que Tu as décrété est sans appel. La grandeur (illusoire) de celui qui la possède ne lui est d'aucune utilité car la Grandeur advient de Toi, Ô mon Seigneur! Il n'y a de force et de puissance que par Allah, L'Élevé, l'Immense.		
Telle est la salutation destinée à la Mecque et à la Ka'bah. Demandez aux serviteurs spirituels de Dieu, à Ses anges et aux héritiers du Prophète ﷺ de vous guider pendant l'accomplissement de votre Ḥajj ou de votre *Oumrah.*		

Lorsque vous entrez, il est recommandé d'entrer par *Babou s-salām* - la Porte de la Paix – qui est située en dessous de l'endroit de l'appel à la prière. Quand vous entrez dans le Ḥaram par cette porte, allez directement vers la Ka'bah où vous récitez les salutations à la Ka'bah tout en levant les deux mains vers la *Hajarou' l-Aswad* (La Pierre noire) et s'il est possible de s'y approcher sans se bagarrer, embrassez-la. Sinon, lever les deux mains vers la Hajarou' l-Aswad (en lui faisant face) et dire:

Bismillāh Allāhou Akbar (3 fois) As-salāmou 'alayki yā Ka'batallāh		بسم الله الله أكبر (3 مرات) السلام عليك يا كعبة الله

Au nom d'Allah, Allah est le plus Grand. Que la paix soit sur Toi, Ô Ka'bah d'Allah.

As-salāmou 'alayka yā Baytallāh		السّلام عليْك يا بيْتَ الله

Que la paix soit sur Toi, Ô Demeure d'Allah.

Si Dieu le veut, vous entendrez la Ka'bah retourner votre salutation, comme beaucoup de saints l'entendent. Si vous n'avez pas encore atteint ce niveau, la Ka'bah retournera votre salutation mais vous n'entendrez rien.

Le Ṭawāf al-Qoudoūm (les tournées rituelles de l'arrivée)

Le *Ṭawāf al-qoudoūm* est obligatoire (wājib).

Tout d'abord, formuler l'intention selon ce que vous allez accomplir: le Ḥajj ou la 'Oumrah. Ce *Ṭawāf* doit être accompli lorsque vous pénétrez pour la première fois dans le *Ḥaram* de la Mecque.

Intention (Ḥajj) Nawaytou Ṭawāf al-qoudoūm.		نَوَيْتُ طواف القدوم

Je fais l'intention d'accomplir les tournées rituelles de l'arrivée.

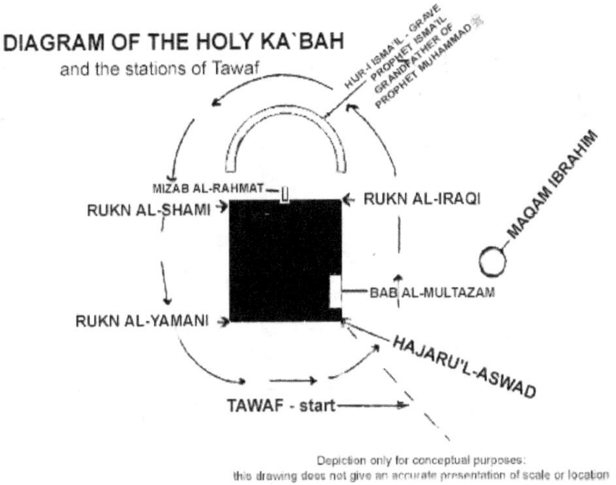

L'intention pour les tournées rituelles de la 'Oumrah Nawaytou Ṭawāf al-'Oumrāh.		نَوَيْتُ طَوَافَ العُمْرَةِ
J'ai l'intention d'effectuer les tournées rituelles du petit pèlerinage.		

Lever les mains vers la Pierre noire et dire: Bismillāh, Allāhou Akbar (3 fois).		بسم الله الله أكْبَر (3 مرات)
Pendant les tournées rituelles, la *Talbīyah* n'est pas prononcée, jusqu'à la fin du Sāī.		
(i) Lorsque vous êtes devant la porte de la Kaʿbah réciter: Allāhoumma inna 'l-bayta baytouk, wa 'l-Ḥaramou Ḥaramouk, wa 'l-amnou amnouk wa hadhā maqāmou 'l-'āʿidhi bika mina 'n-nār.		امام باب الكعبة: اللهمّ إنّ البَيْتَ بَيْتُكَ والحَرَمُ حَرَمُكَ والأَمْنُ أَمْنُك وهذا مقامُ العائذِ بكَ مِنَ النّار
Ô Allah! Certes, la Demeure est Ta demeure, l'Enceinte sacrée est Ton enceinte, la quiétude T'appartient et cette station (*Maqām Ibrahīm*) est un refuge auprès de Toi contre le feu de la géhenne.		
(ii) Au coin du deuxième mur, près de l'ouverture du *hijr* (mur semi-circulaire): Allāhoumma innī ʿaoūdhou		(ب) أمام باقي الجدار من باب الكعبة:

bika mina 'ch-chakki wa 'ch-chirki wa 'ch-chiqāqi wa 'n-nifāqi wa soū 'il-akhlāqi wa sū 'il-mounqalabi fī 'l-āhli wa 'l-māli wa 'l-walad.	اللَّهُمَّ أَعُوذُ بِكَ مِنَ الشَّكِّ والشِّرْكِ والشِّقاقِ والنِّفاقِ وسُوءِ الأَخْلاقِ وسُوءِ المُنْقَلَبِ في الأَهْلِ والمالِ والوَلَد.

Ô Allah! Je cherche refuge auprès de Toi contre le doute, contre l'association (chirk), contre la discordance, contre l'hypocrisie, contre les mauvaises attitudes et la mauvaise fortune dans la famille, nos biens et notre descendance.

(iii) Au deuxième mur, devant la gouttière de la miséricorde (mīzāb ar-raḥmah): Allāhoumma aẓillanī fī ẓillika yaouma lā ẓilla illā ẓillou 'archik. W'asqinī bi-kā'si Sayyīdinā Mouhammadin ṣallallāhou 'alayhi wa sallam, charbatan hanī'atan marī'atan lā aẓmā'ou b'adahā	(ج) عند الجدار الثاني: اللَّهُمَّ أَظِلَّني في ظِلِّكَ يَوْمَ لا ظِلَّ إلا ظِلّ عَرْشِكَ واسْقِني بِكَأْسِ سَيِّدِنا محمد صلى الله عليه وسلم شَرْبَةً هَنِيئَةً مَرِيئَةً لا أَظْمَأُ بَعْدَها أَبَداً، يا ذا الجَلالِ والإكْرامِ.

abadan yā Dhā 'l-Jalāli wa 'l-Ikrām.		
Ô Allah! Répands Ton Ombre sur moi le Jour où nulle ombre n'existera si ce n'est l'Ombre de Ton Trône; abreuve-moi par la coupe de notre maître Mouhammad – que les Grâces et la Paix d'Allah soient sur lui - une gorgée douce et apaisante qui comblera ma soif et me suffira pour toujours, ô le Détenteur de la Majesté et de la Générosité.		
(iv) Au troisième mur, entre le 3ème coin et l'angle Yéménite, dire (selon ce que vous effectuez - Ḥajj ou 'Oumrah): Allāhoum 'aj'alhou Ḥajjan mabroūrā/ (aj'alhā 'oumratam-mabroūra) wa dhanban maghfoūran wa sā'īyan machkoūrān wa tijāratan lan taboūra yā 'Azīzou yā Ghafoūr.		(د) عند الجدار الثالث حسب الحج او العمرة: اللّهُمَّ اجْعَلْهُ حَجّاً مَبْرُوراً (أو عُمْرَة مَبْرُورَة) وذَنْباً مَغْفُوراً وسَعْياً مَشْكُوراً وتِجارَةً لَنْ تَبُورَ يا عَزِيزُ يا غَفُور
Ô Allah! Rends le Ḥajj/la Oumrah acceptable, un Ḥajj/une Oumrah par lequel/laquelle nos péchés sont pardonnés, nos		

œuvres gratifiées et dont nous pouvons espérer un bénéfice sans récession. Ô l'Innacessible! Ô le Pardonneur!

Lorsque vous arrivez au coin Yéménite, ne l'embrassez pas mais touchez-le si possible puis embrassez votre main.

(v) Au quatrième mur, dire: Rabbanā ātinā fī 'd-dounyā hassanatan wa fī 'l-ākhirati hassanatan wa qinā 'adhāb an-nār.		(هـ) عند الجدار الرابع: رَبّنا آتنا في الدُّنيا حَسَنَة وفي الآخِرَة حَسَنَة وقنا عَذابَ النّار.

Ô notre Seigneur! Accorde-nous un bienfait dans ce monde et un bienfait dans l'Ultime Demeure et préserve-nous du supplice du feu.

Lorsqu'on qu'on arrive à la Pierre noire, un tour (*ṭawāf*) a été accompli. La *Sounnah* préconise pour les hommes d'aller au trot dans les trois premiers tours et de ne pas couvrir l'épaule droite, sauf dans le *ṭawāf* d'adieu. Toutefois, si vous devez laisser les femmes sans *maḥram* pour les escorter, le *ṭawāf* d'adieu ne devrait pas être accompli ou certains hommes devraient rester avec les femmes.

Après avoir effectué sept tournées rituelles (*ṭawāf*) tout en

récitant ce que vous pouvez des invocations mentionnées ci-dessus, aller au *Bāb al-Moultazam* et y faire des invocations. Si cela s'avère difficile à cause de la foule, ne vous bousculez pas mais retirez vous et allez au *Maqām Ibrahīm* et faites les invocations à distance. Puis, priez deux rakats au *Maqām Ibrahīm*. En général, les femmes ne peuvent pas y prier donc elles peuvent faire deux rakats dans la section de la mosquée réservée aux femmes.

Saʿī (le parcours entre Ṣafā et Marwah)

Juste après, vous devez aller effectuer le Saʿī. À cette étape de la ʿOumrah ou du Ḥajj, il faut se rappeler du parcours et de la lutte de la dame Hajar qui cherchait désespérément de l'eau pour son bébé, le prophète Ismāʿīl.

LE ADAB DU SAʿI		ادب السعي
Commencer par dire: Bismillāhi 'r-Raḥmāni 'r-Raḥīm Au nom d'Allah, Le Tout Miséricordieux, Le Très		بِسْمِ اللهِ الرَّحْمنِ الرَّحِيمِ

<table>
<tr><td>Miséricordieux</td><td></td><td></td><td></td></tr>
<tr><td colspan="4">Puis invoquer Dieu (dou‘ā):
Ya Rabbī! Ya Allāh! je fais le Sa‘ī, je cherche l'appui du Prophète ﷺ et de par les héritiers (les Saints) de ses états spirituels. Ô Allah! si Tu me privilégies en acceptant mon Ḥajj/ma ‘Oumrah, je partagerai toutes les récompenses avec l'ensemble de Tes serviteurs sur cette terre.</td></tr>
<tr><td colspan="4">Une fois le Sa‘ī complété, présenter votre ‘Oumrah ou Ḥajj à la présence du Prophète ﷺ, en disant: «Ya Rassouloullāh, j'ai accompli cette ‘Oumrah/ce Ḥajj en essayant de suivre tes pas. Je prie qu'il soit accepté et transformé d'un acte d'adoration imitatif en un acte réel-essentiel, Ô le Prophète d'Allah, présentes-le à la Présence divine».
Puis, demandez à Allah ce que vous voulez pour cette vie et pour l'au-delà.</td></tr>
<tr><td colspan="4">Si vous faites une ‘Oumrah, vous pouvez retourner à votre lieu d'hébergement.
Si vous effectuez le Ḥajj at-Tamattou, après avoir terminé la ‘Oumrah, le pèlerin raccourcit ses cheveux, prend une douche puis remet des vêtements ordinaires. Ces étapes marquent la fin de la ‘Oumrah du Ḥajj at-Tamattou. Toutes</td></tr>
</table>

les restrictions imposées par le *Iḥrām* sont levées temporairement. Le pèlerin attend le 8ème jour de Dhoul-Ḥijjah pour entamer les rites du Ḥajj et remettre le *Iḥrām*.

L'INTENTION ET LE IḤRĀM POUR LE ḤAJJ TAMATTOU

Pour le Ḥajj at-Tamattou, le pèlerin formule une nouvelle intention (*nīyyah*) à l'endroit où se déroule le Ḥajj le 8ème jour de Dhou 'l-Ḥijjah. Il n'est pas nécessaire de repartir au mīqāt pour formuler l'intention. Le pèlerin met son *Iḥrām* de la façon prescrite et se dirige vers Minā juste après la prière du Fajr.

Ensuite, il accomplit les rites du Ḥajj en allant à 'Arafah, Minā et Mouzdalifa puis retourne à Mina, en respectant toutes les instructions de son guide du Ḥajj.

La station (la présence) au mont 'Arafah

Vous ne serez pas blâmés pour avoir recherché les faveurs de votre Seigneur et lorsque vous redescendrez de 'Arafāt, invoquez Dieu dans la station sacrée! Souvenez-vous de Lui pour ce qu'Il vous a guidés alors qu'avant Lui vous étiez du nombre des égarés. (2:198)

Les savants musulmans s'accordent à dire que **la station à 'Arafah est le plus grand pilier du Ḥajj**. Il est recommendé de rester debout autant que possible, surtout autour de la plaine de *Jabal ar-Raḥmah* (mont de la Miséricorde) où le Prophète ﷺ prononça le sermon d'adieu.

Ce jour-là, les pèlerins doivent consacrer l'essentiel de leur temps à la lecture du Coran, au *dhikr*, à faire des invocations (dua), à proclamer des salutations sur le Prophète ﷺ (ṣalawāt) et surtout à implorer Allah pour Son Pardon.

La lapidation des stèles (*Jamarāts*)

La lapidation des *Jamarāts* est une obligation. On doit lancer des cailloux contre les *Jamarāts* au cours des quatre jours du Eid. Le premier jour, on lance sept cailloux contre la *Jamarat al-'Aqabah* uniquement. Les trois jours suivants, vous devez lancer en tout vingt-et-un cailloux par jour, sept contre chaque *Jamarat*, l'un après l'autre, en prononçant la formule ci-après. Certaines personnes jettent toutes les pierres d'un seul coup - ceci est interdit. Pareillement, il n'est pas permis

d'utiliser des sandales ou autres objets pour lapider les stèles. Les femmes peuvent désigner quelqu'un pour lancer les cailloux en leur nom si les stèles sont bondées.

DÉROULEMENT DE LA LAPIDATION Prendre un seul caillou à la fois. Avec chaque caillou, s'exclamer: Raghman li 'ch-chaiṭān, riḍan li 'r-Raḥman, (3 fois), Bismillāh, Allāhou Akbar. Puis le lancer sur le *Jamarat*.		ادب الرجم رَغْماً لِلشَّيْطان رِضاً لِلرَّحمن (3) مراتٍ بسم الله الله اكبر.

Que la contrainte soit sur satan et la satisfaction pour Ar-Rahmân (le Tout - Miséricordieux) (3 fois). Au nom d'Allah, Allah est le plus Grand!

Le séjour à Mina

Au cours du séjour à Minā, le pèlerin doit consacrer beaucoup de temps à la lecture du Coran, au *dhikr* (douʿā), aux *ṣalawāt* et aux prières surérogatoires (*nawāfil*).

LES TOURNEES D'ADIEU (ṬAWĀF AL-WADA')

Le Ṭawāf d'adieu n'est pas lié à la 'Oumrah ou au Ḥajj. Le pèlerin doit l'accomplir lorqu'il quitte La Mecque, avant de partir, avec l'intention de ne pas y retourner.

Ceci marque la fin des rites du Ḥajj/'Oumrah. Gardez à l'esprit que ceci n'est qu'une version sommaire des rituels du pèlerinage. L'objectif principal ici est de présenter les aspects spirituels de l'intention et les invocations aux différents étapes du pèlerinage. Cependant, pour accomplir le Ḥajj correctement, il est essentiel de suivre les consignes et les directives de votre guide de Ḥajj.

Zamzam

Il est recommandé de boire beaucoup d'eau du puits de Zamzam pour toute intention, qu'elle soit d'ordre religieux ou autre (pour le monde ici-bas) et c'est une Sounnah de se mettre debout, face à la Ka'bah, de boire en trois temps, en respirant entre chaque gorgée et dire «Bismillāh» chaque fois que l'on boit et «Alḥamdoulillah» lorqu'on a bu à sa soif. Le même *adab* est observé lorsqu'on la boit à la maison. Les gens prennent souvent des bouteilles de Zamzam avec eux au retour du pèlerinage pour partager avec la famille et les amis à titre de bénédiction (*baraka*).

Il est recommendé de regarder la Ka'bah car elle est le locus du Regard d'Allah et il a été rapporté qu'Allah envoie cent vingt miséricordes jour et nuit sur Sa Maison: soixante pour ceux qui font les tournées rituelles; quarante pour ceux qui y prient et vingt pour ceux qui la regardent.

ṬAWĀF QUOTIDIEN

Lorsque vous entrez dans la mosquée sacrée, il est préférable d'effectuer un Ṭawāf car c'est la façon de saluer la Ka'bah (*Taḥīyyatou 'l-Ka'bah*). Il faut procéder tel qu'indiqué ci-dessus, en omettant la formulation «*al-qoudoūm*» de l'intention. Si ce n'est pas possible d'effectuer le Ṭawāf, prier en premier lieu et lorsqu'il y a moins de monde, effectuer le Ṭawāf si vous y parvenez. Lorsque vous sortez de la mosquée sacrée, il n'est pas nécessaire de faire un Ṭawāf.

ACHATS ET ACTIVITÉS JOURNALIÈRES

Pendant le pèlerinage, il est permis de faire des achats mais vous ne devez pas y consacrer trop de temps. De même, vous ne devez pas passer votre temps dans les restaurants et dans les cafés. Consacrez l'essentiel de votre temps à la prière, au *dhikr* et aux invocations de louanges sur le Prophète ﷺ (ṣalawāt).

LES LIEUX SAINTS DE LA MECQUE

Il est recommendé de visiter les endroits suivants si possible:

JANNAT AL-MOU'ALLA

Connu également sous le nom d'**al-Hājoūn,** ce lieu est un cimetière qui existait avant l'époque du Prophète ﷺ et dans lequel sa première femme, la Mère des croyants (Oumm al-Mou'minīn) Sayyida Khadījat al Koubrā ؓ est enterrée. Plusieurs membres de la famille du Prophète ﷺ, ses compagnons, ses successeurs, les successeurs de ses successeurs, des saints et des savants y sont également enterrés. Le Prophète ﷺ y allait fréquemment. Ceci est le deuxième cimetière le plus sacré après celui d'al-Baqi à Médine.

On y trouve:

La tombe de 'Abd Manāf: arrière, arrière-grand-père du Prophète ﷺ.

La tombe de Hāchim: arrière grand-père du Prophète ﷺ.

La tombe de 'Abd al-Mouṭṭalib: grand-père du Prophète ﷺ

qui l'a élevé dans sa petite enfance.

La tombe de Sayyidah Āmina bint Wahb: mère du Prophète ﷺ qui mourut lorsqu'il avait 5 ans. Selon une autre source, Sayyidah Āmina est enterrée à Abwā (entre la Mecque et Médine).

La tombe de Sayyīdinā 'Abd Allāh ibn Abd al-Mouṭṭalib: le père de notre Prophète ﷺ qu'on enterra à Médine. Plus tard, son corps fut déterré et trouvé intact. On le transféra à la Mecque et on l'enterra dans le Jannat al-Moualla.

La tombe de Aboū Ṭālib: l'oncle du Prophète ﷺ qui l'a élevé après le décès de son grand-père Abd al-Mouṭṭalib. Il était le père de Alī ibn Abī Ṭālib, de Jafar et de Aqīl.

La tombe de Khadīja: première femme du Prophète ﷺ et la mère de ses filles.

La tombe de Qāssim: fils du Prophète ﷺ qui mourut dans son enfance.

BAYT MAWLID AN-NABĪ ﷺ

C'est la maison où le Prophète ﷺ est né. La maison appartenait au grand-père de notre Prophète ﷺ Abd al-Mouṭṭalib et elle fut transmise au Prophète ﷺ. Plus tard, elle fut transformée en mosquée et lieu de visite par la mère des deux caliphes oummayades al-Hādī et Hāroūn ar-Rachīd. Malgré plusieurs tentatives récentes pour démolir cette structure, ses fondations sont restées intactes. Une bibliothèque fut construite au-dessus d'elle en 1950.

MASJID AL-JINN

Un groupe de Jinn passaient par là, quand ils entendirent le Prophète ﷺ en train de psalmodier le Saint Coran. Ils étaient si touchés qu'ils se sont repentis et ont adhéré à l'Islam. Une mosquée fut construite à cet endroit et nommée Masjid al-Jinn.

LA GROTTE DE THAWR

Pendant l'Hégire, le Prophète ﷺ et son compagnon Abou Bakr aṣ-Ṣiddīq ؓ y séjournèrent durant trois jours lors de l'exode de la Mecque vers Médine. C'est à l'entrée de cette grotte qu'une araignée tissa une toile et un pigeon pondit des œufs, les épargnant ainsi des attaques des mecquois qui étaient à leur poursuite.

LA GROTTE DE HIRĀ

C'est la grotte dans laquelle le Prophète ﷺ avait l'habitude de s'isoler, avant la première révélation et là où la première sourate, l'adhérence (Al-'Alaq), lui fut révélée par l'archange Gabriel.

LE MONT DE LA MISÉRICORDE (JABAL RAḤMAH)

C'est une montagne sur la plaine de 'Arafah. Il est fortement recommendé d'y effectuer la prière du besoin, de deux rakats (*ṣalāt al-ḥājah*).

MOUZDALIFAH

Avant de partir pour Mina, l'arrêt ou la halte à Mouzdalifah est obligatoire. C'est à cet endroit que les pèlerins ramassent les 70 cailloux pour lapider les *Jamarāts* représentant satan à Minā. Ils sont tenus d'y passer la nuit.

MINĀ

C'est une ville qui vit trois jours pendant l'année. Tous les pèlerins doivent passer la nuit à Minā, lapider cḥaque jour les trois *Jamarāts* (représentant satan) et sacrifier, pour l'amour de Dieu, un animal dont la viande sera distribuée aux indigents. Les hommes doivent se raser la tête ou se couper les cheveux tandis que les femmes sont tenues de se couper les cheveux uniquement.

MASJID KHAYF

Il est fortement recommandé d'accomplir 6 rakats dans cette mosquée qui se trouve à Mina. Il y a une grande rétribution divine associée à cet acte, car on dit que beaucoup de prophètes d'Allah y ont prié.

MASJID HOUDAYBĪYYAH

C'est l'endroit où le Prophète ﷺ accorda une initiation spéciale (*baya'*) aux compagnons qui voulaient effectuer le pèlerinage avec lui, après que les Qouraish aient pris en otage notre maître 'Outhmān ibn 'Affān.

La Visite de Madīnat al-Mounawwarah

Les mérites de Médine reviennent au fait que c'est la ville où repose le Prophète ﷺ. Des rétributions divines sont accordées aux prières accomplies dans la mosquée du Prophète ﷺ (Masjid al-Nabawī), au fait de vivre à Médine, au fait de ne pas y couper d'arbres.

Ainsi à Médine, vous devez veiller au respect et à la bonne conduite encore plus qu'à la Mecque car à Médine vous êtes dans la présence du Prophète ﷺ. Faites des prières sur le Prophète ﷺ (*ṣalawāt*) continuellement dans votre cœur ou en groupe avec les autres pèlerins si vous êtes dans le bus, jusqu'à votre arrivée à Médine.

Que vous arriviez par bus ou par avion, après avoir passé les postes de contrôle, vous allez parcourir 6 à 8 kms avant d'apercevoir le Sanctuaire de la mosquée du Prophète ﷺ. Quand vous le voyez, demandez la permission au Prophète ﷺ d'entrer dans son Enceinte sacrée.

Le *Adab* dans la *Rawḍah*

Un visiteur ne doit pas élever la voix dans la mosquée par politesse envers le Messager d'Allah. Baisser la voix est aussi un signe d'obéissance à Allah le Tout-Puissant.

Le Prophète ﷺ dit: «l'espace entre ma tombe et ma chaire (*mimbar*) est un jardin du Paradis (*al-rawḍat al-nabawīyya*)». [Boukhari et Mouslim]

CONDUITE À L'ENTREE DE LA MOSQUEE DU PROPHETE

Quand vous entrez dans le Ḥaram ach-Charīf, prenez votre *miswāk* et faites la *Sounnat al-istīyāk* en disant: *Allāhoumma ṭāhir qalbī mina 'ch-chirki wa 'n-nifāq* (Ô Allah, purifie mon coeur de l'association cachée et de l'hypocrisie). Pour les hommes, il est préférable de rentrer par *Bāb ar-Raḥmah* (la porte de Miséricorde), la porte de Sayyīdinā Aboū Bakr ؓ, *Bāb as-Salām* (la porte de la Paix), *Bāb Jibrīl* ؈ (la porte de l'archange Gabriel) ou par la *Bāb Fāṭimata 'z-Zahrah* ؓ (la porte de Fāṭima, fille du Prophète ﷺ). Les femmes n'ont pas

le choix, elles doivent passer par une autre porte. Avant d'entrer, se tenir debout et proclamer des salutations sur le Prophète ﷺ, sur ses caliphes, sur sa descendance, les Sahaba du Prophète ﷺ et sur les Saints (*awlīyāoullāh*), en particulier votre cheick, de la manière suivante:		
Aṣ-ṣālatou wa 's-salāmou 'alayka yā Sayyīdī yā Rassoūloullāh		الصَّلٰوةُ والسَّلَامُ عليْكَ يا رَسُوْلَ اللهِ
Que les grâces et la paix soient sur toi, Ô messager d'Allah.		
Aṣ-ṣālatou wa 's-salāmou 'alayka yā Ḥabībāllāh		الصَّلٰوةُ والسَّلَامُ عليْكَ يا حَبِيبَ اللهِ
Que les grâces et la paix soient sur toi, Ô le bien-aimé d'Allah.		
As-salāmou 'alayka yā Sayyīdanā Abā Bakr aṣ-Ṣiddīq		السَّلَامُ عليْكَ يا سَيِّدَنَا أبا بَكْرٍ الصِّدِّيق
Que la paix soit sur toi, Ô notre maître Aboū Bakr aṣ-Ṣiddīq.		

<table>
<tr><td>As-salāmou ʿalayka yā Sayyīdanā ʿOumar al-Fāroūq</td><td></td><td>السَّلامُ عليْكَ يا سَيِّدَنا عُمَر الفارُوق</td></tr>
<tr><td colspan="3">Que la paix soit sur toi, Ô notre maître ʿOumar al-Fāroūq.</td></tr>
<tr><td>As-salāmou ʿalayka yā Sayyīdanā ʿOuthman wa yā Sayyīdanā ʿAlī</td><td></td><td>السَّلامُ عليْكَ يا سَيِّدَنا عُثْمان وسَيِّدَنا عَلِي</td></tr>
<tr><td colspan="3">Que la paix soit sur toi, Ô notre maître Outhman et Ô notre maître Alī.</td></tr>
<tr><td>As-salāmou ʿalayki yā Sayyidatanā Fāṭimata ʼz-Zahrah</td><td></td><td>السَّلامُ عليْكِ يا سَيِّدَتَنا فاطِمَة الزَّهْرَة</td></tr>
<tr><td colspan="3">Que la paix soit sur toi, Ô notre dame Fāṭimat az-Zahrah.</td></tr>
<tr><td>As-salāmou ʿalaykoum yā Āhla Jannati ʼl-Baqīʿ</td><td></td><td>السَّلامُ عَلَيْكُم يا يا أَهْلَ جَنَّةِ البَقِيع</td></tr>
<tr><td colspan="3">Que la paix soit sur vous, Ô habitants du jardin de Baqi.</td></tr>
</table>

As-salāmou ʿalayka yā Sayyīdanā Hamzah		السَّلَامُ عليْكَ يا سَيِّدَنا حَمْزَة
Que la paix soit sur toi, Ô notre maître Hamzah.		
As-salāmou ʿalaykoum yā Chouhadā Ouḥoud.		السَّلَامُ عَلَيْكُم يا شُهُداءَ أُحُد
Que la paix soit sur vous, Ô martyrs de Ouḥoud.		
Puis entrer dans la mosquée du Prophète ﷺ avec votre pied droit en disant: Aʿoudhoū billāhi 'l-ʿAẓīm wa wajhihi 'l-karīm wa soulṭānahou 'l-qadīm mina 'ch-chayṭāni 'r-rajīm. Allāhouma 'ftaḥ abwāba raḥmatik. Je cherche la protection d'Allah l'Immense, de Sa généreuse Face et de Sa souveraineté éternelle contre satan le lapidé. Ô Allah, Ouvre-moi les portes de Ta Miséricorde!		إذا وصلت إلى المسجد النبوي فقدم رجلك اليمين عند دخوله وقل أَعُوذُ بِاللهِ العَظِيم ووَجْهِهِ الكَرِيم وسُلْطانَهُ القَدِيم مِنَ الشَّيْطانِ الرَّجِيم اللَّهُمَّ افْتَحْ لِي أَبوابَ رَحْمَتِك.

Puis l'on dit: Nawaytou 'l-arbāʿīn, nawaytou 'l-ʿitikāf, nawaytou 'l-khalwah, nawaytou 'l-ʿouzlah, nawaytou 'r-riyāḍa, nawaytou 's-souloūk, lillāhi taʿalā al-ʿAẓīm fī Ḥarami 'n-Nabi ﷺ. Puis entrer dans la mosquée.		نويتُ الأَرْبعين، نويتُ الإعْتِكاف، نَويتُ الخَلْوَة نَويتُ العُزْلة، نويتُ الرِّياضة نَويتُ السُّلوك لله تعالى في حَرَمِ النَّبي صَلّى اللهُ عليْهِ وسَلّم
J'ai l'intention de consacrer quarante jours (à la dévotion), j'ai l'intention d'être en réclusion, j'ai l'intention de me retirer dans la mosquée, j'ai l'intention de m'isoler, j'ai l'intention de discipliner (mon ego), j'ai l'intention de cheminer sur la voie d'Allah, Exalté soit-Il, dans ce lieu de prière sacré du Prophète ﷺ pour obtenir des bénédictions (*barakah*).		
Si ce n'est pas possible de visiter le Ḥaram du Prophète ﷺ immédiatement à cause de la foule ou de la prière en congrégation, alors prier deux rakats de salutation à la mosquée (*taḥīyyat al-masjid*). Par contre, allez-y directement si		

vous pouvez. Lorsque vous visitez le tombeau du Prophète ﷺ, essayez d'entrer par la porte de Sayyīdinā Aboū Bakr ؓ ou Bāb as-Salām, en face du tombeau du Prophète ﷺ. Traversez tout l'espace pour arriver au Mouwājihatou 'ch-Charīfah du Prophète ﷺ. Si vous arrivez à l'heure de la prière, entrez dans la mosquée par n'importe quelle porte, priez d'abord en congrégation et rendez visite au Prophète ﷺ après avoir accompli la prière.

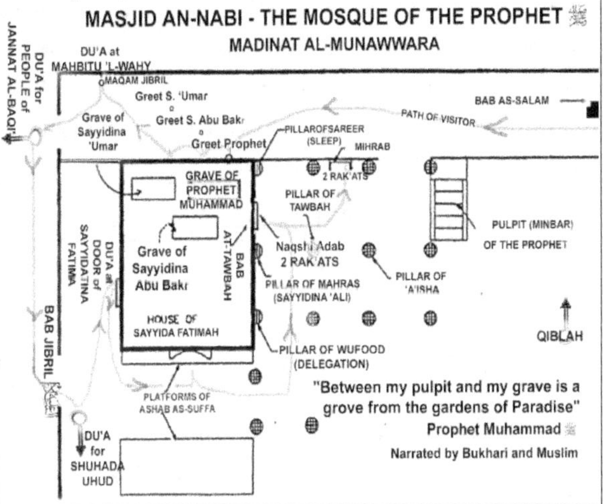

DÉROULEMENT DE LA ZIYARAH		
Au Mouwājihatou 'ch-Charīfah, faire face au tombeau sacré du Prophète ﷺ. Faites attention car beaucoup de gens pensent à tort que la première porte avec un trou est celle du Prophète ﷺ. Les deux premières portes, avec deux petits trous, ne contiennent rien. Celle du milieu qui a un grand trou et deux petits orifices est la tombe de Seyyidina Mouhammad ﷺ. Juste en arrière de sa tombe, à ses pieds, se trouve celle de Sayyīdinā Abou Bakr ﷺ et Seyyidina 'Oumar est enterré aux pieds de Sayyīdinā Abou Bakr ﷺ.		
Les salutations au Prophète ﷺ		
Tenez-vous debout devant la porte du milieu, un peu en arrière où se trouvent les deux piliers, et proclamez:		
Ô Prophète d'Allah, je suis venu à ta présence, Je te prie d'accepter mes salutations.		
Aṣ-ṣālatou wa 's-salāmou 'alayka yā Sayyīdī yā		الصَّلوٰةُ والسَّلامُ عليْكَ يا سيِّدي

<table>
<tr><td>Rassoūloullāh</td><td></td><td>يا رَسُولَ الله</td></tr>
<tr><td colspan="3">Que les grâces et la paix soient sur toi, Ô le messager d'Allah.</td></tr>
<tr><td>Aṣ-ṣālatou wa 's-salāmou ʿalayka yā Habīballāh</td><td></td><td>الصَّلوٰةُ والسَّلامُ عليْكَ يا حَبِيبَ الله</td></tr>
<tr><td colspan="3">Que les grâces et la paix soient sur toi, Ô le bien-aimé d'Allah.</td></tr>
<tr><td>Aṣ-ṣālatou wa 's-salāmou ʿalayka yā Chāfiʿan li 'l-mouslimīn</td><td></td><td>الصَّلوٰةُ والسَّلامُ عليك يا شافِعًا لِلمُسْلِمِين</td></tr>
<tr><td colspan="3">Que les grâces et la paix soient sur toi, Ô l'intercesseur des musulmans.</td></tr>
<tr><td>Aṣ-ṣālatou wa 's-salāmou ʿalayka yā Rassoūla rabbi' l-ʿalamin</td><td></td><td>الصَّلوٰةُ والسَّلامُ عليْكَ يا رَسُولَ رَبِّ العالمين</td></tr>
<tr><td colspan="3">Que les grâces et la paix soient sur toi, Ô le messager du Seigneur des mondes.</td></tr>
<tr><td colspan="3">Puis continuer avec tout ce qui vous vient au cœur de</td></tr>
</table>

salutations du Prophète ﷺ.		
Ensuite, réciter 3 fois l'attestation de foi (*Chahāda*): ach-hadou an lā ilāha illa-Allāh wa ach-hadou anna Mouhammadan 'abdouhou wa rassoūlouh;		كَلِمةُ الشَّهادتين (3 مرات) أشْهَدُ أنْ لا إله إلا الله وأشْهَدُ أنَّ مُحَمَّدًا عَبْدُهُ ورَسُولُهُ
Je témoigne qu'il n'y a de Dieu si ce n'est Allah et je témoigne que Mouhammad est Son serviteur et Son messager.		
La première attestation de foi (*Chahādah*) est pour soi-même, pour prendre conscience de la présence du Prophète ﷺ et en disant dans le cœur: «Yā Sayyīdī Yā Rassoūloullāh, tu es mon témoin; Allah est mon témoin; tous les anges sont mes témoins; tous les compagnons sont mes témoins; tous les prophètes sont mes témoins; toute personne dans la création est mon témoin et mon Cheick est mon témoin» puis réciter la *Chahādah* car vous renouvelez votre islam. Ensuite, prononcer la deuxième *Chaḥadah* en votre		

<table>
<tr><td colspan="3">nom, au nom de vos parents, de vos enfants, de votre famille, de vos frères et sœurs, au nom de vos amis et voisins et au nom de tous les musulmans. La troisième Chaḥadah est au nom des non-croyants, dans l'intention qu'ils deviennent croyants.</td></tr>
<tr><td>Istighfār: 3 fois Astaghfiroullāh</td><td></td><td>أستغفر الله (3 مرات)</td></tr>
<tr><td colspan="3">Qu'Allah me pardonne.
Le premier istighfar est pour vous-même; le deuxième est pour votre famille et pour ceux qui vous ont demandé d'implorer Allah en leurs noms (faire des douās) et le troisième est pour la communauté du Prophète ﷺ.</td></tr>
<tr><td>Yā Rabbī, yā Allāh, kam ẓahara minnī mina 'dh-dhounoūbi wa 'l-maʿāṣṣīyy ẓāhiran wa bāṭinan wa sirran min ẓouhoūrī fī ʿālami 'd-dounyā ilā yawminā hādha, rajʿatou ʿani 'l-</td><td></td><td>يا ربي يا اللهُ كَمْ ظَهَرَ مِنّي مِن الذنوبِ والمعاصِي ظاهِراً وباطِناً وسِرّاً مِن عَهْدِ إيجادِ ذرّتي ورُوحي ودُخُولِ رُوحي إلى جِسْمي وظُهوري مِنَ العَدَمِ إلى</td></tr>
</table>

jamīʿi bi 't-tawbati wa 'l-istighfār wa as'alouka an taghfira lī bi-jāhi Nabīyyika Mouhammad.		الوُجُودِ وظُهوري في عالَمِ الدُّنيا إلى يَوْمِنا هذا، رَجَعْتُ عن الجَميع اليْك بالتَّوْبة والإسْتِغْفار وأسْألكَ ان تغْفِرَ لي(يا الله) بجاهِ نبيِّكَ محمد

Ô mon Seigneur, Ô Allah, je ne peux recenser le nombre de péchés et de désobéissances manifestés à différents degrés de mon être – apparents, cachés et secrets – et ce depuis que Tu as existencié mon entité et mon esprit. Et aussi, depuis l'Insufflation de mon esprit dans mon corps et ma manifestation du néant vers l'existence dans le monde ici-bas. Je me détourne de tout cela et je reviens vers Toi en implorant Ton repentir et Ton pardon de part la haute considération de Ton Prophète Mouhammad ﷺ.

Kamā qāl Allāhou taʿala fī 'l-Qour'ān: wa mā arsalnā min		كما قال الله تعالى في القرآن: وَمَا أَرْسَلْنَا مِن رَّسُولٍ إِلاَّ لِيُطَاعَ

<table>
<tr><td>rassoūlin illā liyouṭā'a bi-idhnillāhi wa law annahoum idh dhalamoū anfoussahoum jā'oūka fastaghfaroū'llāha wastaghfara lahoumou 'r-rassoūlou la-wajadoū'llāha tawwāban Raḥīmān.</td><td></td><td>بِإِذْنِ اللَّهِ وَلَوْ أَنَّهُمْ إِذ ظَّلَمُوا أَنفُسَهُمْ جَآؤُوكَ فَاسْتَغْفَرُواْ اللّهَ وَاسْتَغْفَرَ لَهُمُ الرَّسُولُ لَوَجَدُواْ اللّهَ تَوَّابًا رَّحِيمًا</td></tr>
<tr><td colspan="3">Comme Allah l'Exalté le dit dans le Saint Coran:

Et Nous n'avons envoyé de prophètes qu'afin qu'ils soient obéis (de leurs communautés) avec la permission de Dieu; si seulement, lorsqu'ils se sont fait du tort à eux-mêmes, ils étaient venus te trouver et avaient demandé le pardon de Dieu et que l'Envoyé ait demandé pardon pour eux, ils auraient trouvé Dieu enclin à la Miséricorde et à accepter leur repentir. (4:64)</td></tr>
<tr><td colspan="3">Ensuite, implorer Dieu, en demandant tout ce dont vous avez besoin ou que vous désirez, la recherche</td></tr>
</table>

d'une bonne vie pour vous-même, votre famille et pour votre Cheick, pour les musulmans en général, ainsi que la miséricorde et la paix pour toute l'humanité.

Puis passer à Sayyidina Abou Bakr Siddiq ؓ (il n'est pas nécessaire de se déplacer physiquement); suivre le même *adab* que celui accompli pour les salutations au Prophète ﷺ Ensuite, saluer Sayyidina 'Oumar ؓ en suivant encore une fois, le même *adab*.
Avant de quitter, saluer dans votre cœur Sayyīdinā 'Outhman ؓ, Sayyīdinā 'Alī ؓ et tous les compagnons, les 124000 prophètes et messagers, les 124000 saints car leur esprit a également une présence spirituelle dans ce lieu. Pour terminer, implorer Allah afin de bénir Sayyīdinā al-Ḥassan ؓ et Sayyīdinā al-Houssain ؓ.

As-salāmou 'alayka yā Sayyīdanā Abā Bakr aṣ-Ṣiddīq		السَّلَامُ عليكَ يا سيدَنَا أبا بَكْرٍ الصِّدِّيق

Que la paix soit sur toi, Ô notre maître Aboū Bakr aṣ-Ṣiddīq.

<table>
<tr><td>As-salāmou ʿalayka yā Sayyīdanā ʿOumar al-Fāroūq</td><td></td><td>السَّلامُ عليكَ يا سيدَنا عُمَر الفارُوق</td></tr>
<tr><td colspan="3">Que la paix soit sur toi, Ô notre maître ʿOumar al-Fāroūq.</td></tr>
<tr><td>As-salāmou ʿalayka yā Sayyīdanā ʿOuthmān wa yā Sayyīdanā ʿAlī</td><td></td><td>السَّلامُ عليْكَ يا سيدَنا عُثْمان وسَيّدُنا علي</td></tr>
<tr><td colspan="3">Que la paix soit sur toi, Ô notre maître ʿOuthman رضي الله عنه et Ô notre maître Alī رضي الله عنه.</td></tr>
<tr><td>As-salāmou ʿalaykoum yā aṣ-ḥābi ʼn-Nabī</td><td></td><td>السَّلامُ عليْكُم يا أَصْحابَ النَّبي</td></tr>
<tr><td colspan="3">Que la paix soit sur vous, Ô compagnons du Prophète.</td></tr>
<tr><td>As-salāmou ʿalaykoum yā awlīyāʼoullāh.</td><td></td><td>السَّلامُ عليْكُم يا أَوْلِياءَ الله</td></tr>
<tr><td colspan="3">Que la paix soit sur vous, Ô amis d'Allah.</td></tr>
<tr><td colspan="3">Puis, avant de sortir, faire une prière (douʿā) au Maḥbitou ʼl-waḥī. C'est l'endroit où Gabriel عليه السلام descendit pour délivrer les révélations au Prophète ﷺ.</td></tr>
</table>

C'est un grand mur couvert d'ornements en céramique/calligraphie situé sur le côté droit, juste avant la porte de sortie. Avant on pouvait faire un tour à l'intérieur mais de nos jours l'accès est barré par une clôture donc vous devez sortir. À hauteur de cet endroit, se mettre face à la Qiblah et proclamer:		
Ya Rabbi' l-'izzati wa 'l-'aẓamati wa 'l-jabaroūt.		يا رَبَّ العِزَّةِ والعَظِيمَةِ والجَبَرُوت
Ô Seigneur de l'Inaccesibilité, de l'Immensité et de la Contraignance!		
As-salāmou 'alayka yā Sayyīdanā Jibrīl.		السَّلامُ عليْكَ يا سيدَنا جِبْرِيل
Que la paix soit sur toi, Ô notre maître Gabriel.		
As-salāmou 'alayka yā Sayyīdanā Mikā'īl.		السَّلامُ عليْكَ يا سيدَنا مِيكَائِيل
Que la paix soit sur toi, Ô notre maître Michael.		
As-salāmou 'alayka yā Sayyīdanā Izrā'īl.		السَّلامُ عليْكَ يا سيدَنا عَزْرائِيل
Que la paix soit sur toi, Ô notre maître Izra'īl.		
As-salāmou 'alayka yā Sayyīdanā Isrāfīl.		السَّلامُ عليْكَ يا سيدَنا لإِسْرافِيل

Que la paix soit sur toi, Ô notre maître Isrāfīl.		
As-salāmou ʻalayka yā Sayyīdanā Riḍwān.		السَّلَامُ عَلَيْكَ يَا سَيِّدَنَا رِضْوَان
Que la paix soit sur toi, Ô notre maître Riḍwān.		
As-salāmou ʻalayka yā Sayyidana Mālik.		السَّلَامُ عَلَيْكَ يَا سَيِّدَنَا مَالِك
Que la paix soit sur toi, Ô notre maître Mālik.		
As-salāmou ʻalaykoum yā Malāi'kata 's-samāwati al-ʻarḍ.		السَّلَامُ عَلَيْكُم يَا مَلَائِكَةَ السَّمَوَاتِ وَالأَرْض
Que la paix soit sur vous, Ô les anges des cieux et de la terre!		
As-salāmou ʻalaykoum yā Malā'ikata 'l-karībiyyoūn.		السَّلَامُ عَلَيْكُم يَا مَلَائِكَةَ الكَرِّيبيُّون
Que la paix soit sur vous, Ô les Chérubins! (les anges éperdus d'amour d'Allah).		
As-salāmou ʻalaykoum yā Ḥamalata 'l-ʻArch.		السَّلَامُ عَلَيْكُم يَا حَمَلَةَ العَرْش
Que la paix soit sur vous, Ô les porteurs du Trône!		

As-salāmou ʿalaykoum yā Malā'ikata Anwārillāh		السَّلامُ عليكُم يا مَلائِكة أنْوار الله

Que la paix soit sur vous, Ô anges des Lumières d'Allah!

Implorer Dieu à ce moment en disant: «Ya Rabbī (Ô mon Seigneur), pour l'amour du Prophète ﷺ, pour l'amour de ses compagnons et de ses califes, pour l'amour de Sayyidina Mahdi et de tous les saints, Ya Rabbi, Ya Allah ... » puis invoquer Dieu en faisant une *doua* pour ce que vous voulez puis prier deux rakats.

En sortant de cette porte, vous serez face au Jannat al-Baq'i. Réciter la *Fatiha* pour tous ceux qui y sont enterrés. Puis, allez à gauche, descendez et traversez la porte de Sayyidatina Fāṭimatou 'z-Zahra ؓ. Allez à gauche vers un espace vide, juste avant d'arriver aux plateformes des *Ashab As-Souffah*. Il a été rapporté que les anges ont transféré Sayyidatina Fatimat az-Zahra ؓ du Jannat al-Baqi à cette tombe. Alors, approchez-vous de la tombe et dites:

As-salāmou ʿalaykī ya Sayyidatanā Fāṭimata 'z-		السَّلامُ عليكَ يا سيّدَتنا فاطِمَة

<table>
<tr><td>zahrā.</td><td></td><td>الزَهْرَة</td></tr>
<tr><td colspan="3">Que la paix soit sur toi, Ô notre dame Fāṭimah la fleur parfaite.</td></tr>
<tr><td>As-salāmou ʿalaykī yā Oumma 'l-Hassani wa 'l-Houssain</td><td></td><td>السَّلام عليْكِ يا سَيِّدَتَنا أمَّ الحَسَنِ والحُسَيْنِ</td></tr>
<tr><td colspan="3">Que la paix soit sur toi, Ô mère de Ḥassan et de Houssain.</td></tr>
<tr><td>As-salāmou ʿalaykī yā Sayyidata nissā'i āhli 'l-jannah.</td><td></td><td>السَّلامُ عليْكِ يا سَيِّدَةَ نِساءِ أهْلِ الجَنَّة</td></tr>
<tr><td colspan="3">Que la paix soit sur toi, Ô la noble dame la plus considérée parmi les dames des gens du paradis.</td></tr>
<tr><td colspan="3">Puis faire le tour et aller au Jardin béni (Rawḍat ach-Charīfah), si vous pouvez. Si vous n'y parvenez pas, rapprochez vous à un coin adjacent à la Rawḍat ach-Charīfah. Il y a le Bāb at-Tawbah (la porte du repentir) près de la Rawḍah, qui est le dernier réservoir de Coran. Essayez de l'atteindre mais si vous n'y arrivez pas, tenez-vous à distance, face à la Qiblah et prononcez:</td></tr>
</table>

<table>
<tr><td>Law kāna laka yā Rabbī bābayni āḥadahoumā moukhaṣṣaṣsoun li ’t-tā’ibīna min ‘ibādika ’l-mou‘minīn wa ’l-ākharou li ’t-tā’ibīna min ‘ibādika ’l-moudhinibīn. Ji’touka yā Allāh nahwou bābik alladhī yahtājou an yadkhoula minhou ‘ibādouka ’l-moudhinibīn. Wa innanī ouqirrou wa āa‘tarif annahou yajibou an oujaddida islāmī wa īmānī min hādha ’l-bāb li iẓhāri ’l-‘ajz.</td><td></td><td>لو كان لكَ ياربي بابَين أحَدَهُما مُخصَّصٌ للتّائبين من عِبادِك المؤمنين والآخَرُ للتّائبين من عِبادِك العاصين ، جئتُكَ يا الله نَحْوَ بابِكَ الذي يَحْتاجُ ان يَدْخُل مِنْهُ عِبادُكَ العاصِين وَ إنّني أُقِرُّ واعْتَرِفُ انَّهُ يَجِبُ ان أُجَدِّدَ إسْلامي وإيماني من هذا الباب لإظْهارِ العَجْزِ.</td></tr>
<tr><td colspan="3">Ô mon Seigneur, Ô Allah, je viens à Ta porte, la porte du repentir. Yā Rabbi, Ô mon Seigneur, si Tu avais deux portes par lesquelles Tes Serviteurs entreraient — l’une réservée aux repentis parmi Tes serviteurs croyants et l’autre destinée aux repentis parmi Tes</td></tr>
</table>

Serviteurs désobéissants, - je serai venu à la porte que les désobéissants auraient empruntée. Certes je déclare et j'avoue que je dois, de cette porte, renouveller ma religion et ma foi afin de manifester mon impuissance.
Réciter 3 fois la *chahādah* et le reste de la première partie du *adab* Naqchbandī, en omettant le *dhikr*. Ceci prendra une dizaine de minutes. Après le *adab*, prier deux rakats puis implorer Dieu en demandant ce que vous voulez.
CONDUITE JOURNALIERE Mawlānā Cheick Nazim avait l'habitude d'accomplir ces pratiques une demi-heure après la prière de Fajr et ce, quand il y avait moins de monde. Cependant, pendant le Ḥajj, il y a toujours du monde. Tout de même, il y a des moments qui sont meilleurs que d'autres. Un de ces moments est la période après Douha - la mi-journée - jusqu'à l'heure de la prière de Ẓouhr (de 9 heures à midi). Un autre moment est la période entre les prières de Ẓouhr et 'Aṣr car les gens

vont manger et faire une sieste. À ce moment, seules les femmes peuvent entrer dans la Rawḍah donc c'est le meilleur moment pour elles pour effectuer ces pratiques.
Le disciple devrait essayer de respecter autant que possible les aspects du *adab* indiqués ci-dessus mais ne devrait pas s'inquiéter si certaines parties sont omises. Par ailleurs, garder à l'esprit que vous devez contrôler votre ego autant que possible. Si vous vous mettez en colère, prenez une douche rapidement, demandez pardon à Allah et priez pour que le Prophète ﷺ demande le Pardon d'Allah en votre nom.
LA VISITE D'ADIEU
Quand arrive le moment de quitter Médine, au cours de votre dernière journée dans la ville, effectuer une ziyārah et demander au Prophète ﷺ la permission de voyager. Rendre une visite d'adieu au Prophète ﷺ (*ziyāratou 'l-wada*) puis se mettre en route.

LES LIEUX A VISITER A MEDINE

RECHERCHER DES BÉNÉDICTIONS (TABARRUK) DANS LES LIEUX OÙ LE PROPHÈTE ﷺ A ÉTÉ

Visiter n'importe quel endroit que les pieds bénis du Prophète ﷺ ont touché sur terre, un endroit touché par sa main bénie ou là où son souffle traversa est une façon de recevoir des bénédictions. C'est la raison pour laquelle la terre entière de Médine, son air et son eau sont bénis.

Puisque le Prophète ﷺ demanda à Dieu Ses Bénédictions sur la ville et sur ses fruits, la Médine doit alors être pleine de bénédictions car les invocations du Prophète ﷺ sont des prières exaucées (*doua moustajāb*). Par conséquent, les pèlerins ont l'habitude d'acheter des dattes de Médine et les ramènent à la maison pour les partager avec ceux qui n'ont pas pu aller au pèlerinage. Il est dit qu'il y a encore certains palmiers de dattes vivants qui avaient été plantés par le Saint Prophète ﷺ lui-même.

LE CIMETIÈRE BAQIʿ AL-GHARQAD

Il est recommendé d'aller chaque jour au cimetière de Baqi et particulièrement le vendredi. Avant la visite, il faut d'abord saluer le Prophète ﷺ.

À l'arrivée à Baqi, dire:

as-Salāmou ʿalaykoum dāra qawmin mou'minīna wa innā inshā-Allāhou bikoum lāhiqoūn, Allāhoumma ighfir li āhli Baqiʿ al-gharqad, Allāhoumma ighfir lanā wa lahoum.		السَّلَامُ عَلَيْكُمْ دَارَ قَوْمٍ مُؤْمِنِينَ وَإِنَّا إِنْ شَاءَ اللهُ بِكُمْ لَلاحِقُونَ اللَّهُمَّ اغْفِرْ لأَهْلِ بَقِيعِ الغَرْقَدِ اللَّهُمَّ اغْفِرْ لَنَا وَلَهُمْ

Que la Paix soit sur vous, Ô les hommes de foi! Certes, si Allah le veut, nous vous rejoignerons bientôt. Ô Allah! Pardonne les gens de Baqi Al-Ghardaq. Ô Allah! Pardonne-nous et Pardonne-les.

Puis visiter les tombes visibles qui y sont, comme celles d'Ībraḥīm, ʿOuthmān, al-ʿAbbās, al-Ḥassan le fils d'ʿAlī, ʿAlī le fils de Ḥoussayn, Mouhammad ibn

Alī, Ja'far ibn Mouhammad et d'autres. La dernière visite serait à la tombe de Ṣafiyya, la tante du Messager d'Allah ﷺ. Les mérites liés à la visite des tombes du cimetière de Baqī' ont été mentionnés dans plusieurs hadiths authentifiés.

LA MOSQUEE DE QOUBĀ

C'était la première mosquée construite à Médine. Dieu a fait l'éloge de cette mosquée et de ceux qui l'ont préservée. Il est recommendé de visiter le puits d'Ārīs situé près de la mosquée de Qoubā, boire de son eau et faire ses ablutions avec cette eau.

Il est recommendé de visiter tous les sites qui ont une importance en Islam. Il y a environ une trentaine de ces lieux connus par les habitants la Médine. Le pèlerin doit en visiter autant que possible.

LES SEPT MOSQUEES

Le Masjid Qiblatain: dans cette mosquée, Dieu ordonna au Prophète Mouhammad ﷺ, pendant qu'il était en plein milieu de la prière avec ses compagnons, de tourner son visage de la première

Qibla de l'islam (*Baitou 'l-Maqdis* à Jérusalem) vers la Ka'bah du Masjid al-Ḥarām à la Mecque dans le verset suivant:

«Certes nous te voyons tourner régulièrement le visage vers le ciel; aussi te ferons-Nous prendre une orientation qui aura ta faveur. Tourne donc ton visage vers la Mosquée sacrée…» (2:144).

C'est pourquoi cette mosquée est connue comme étant la mosquée aux deux Qiblas.

Masjid Joumah: cette mosquée a été construite à un endroit où le Prophète ﷺ offrit sa première prière de Jumah à Médine.

Masjid Ghamāmah: cette mosquée n'est pas loin du Masjid an-Nabi. Le Prophète ﷺ avait l'habitude d'y accomplir les prières des deux Eid. Une fois, le Prophète ﷺ y dirigea la prière pour la pluie (*istasqā*) et soudainement les nuages apparurent et il commença à pleuvoir, d'où le nom ghamāma (nuages).

Le Masjid Fatima, le Masjid Aboū Bakr, le Masjid 'Oumar Faroūq et le Masjid 'Alī: ces quatre mosquées sont près du Masjid Ghamāmah.

BADR

La plaine et la dune de Badr sont à 32 km au sud-ouest de la Médine où eut lieu la première bataille entre les 313 musulmans et 1000 Qouraich de la Mecque en 624 après J.C. Les musulmans avaient 70 chameaux et deux chevaux tandis que les Qouraich avaient une cavalerie de 700 chameaux et 200 chevaux. Ils étaient également supérieurs en armes mais les musulmans ont été victorieux car ils étaient soutenus mentalement par la force de leur foi en Allah et stratégiquement par la présence et le leadership du Prophète ﷺ.

LA MONTAGNE DE OUHOUD

La célèbre bataille de Ouhoud pris place à cet endroit, à environ sept kilomètres au nord de Médine. Sayyidina Hamza ؓ, l'oncle du Prophète ﷺ et d'autres compagnons sont enterrés au pied de cette montagne.

LA MONTAGNE SALA'A

C'est le site où la bataille de la tranchée eut lieu à la

5ème annnée de l'hégire. Il y a à ce jour six mosquées à cet endroit.

LES PUITS D'EAU DU PROPHÈTE ﷺ

Visiter les puits où le Prophète ﷺ avait l'habitude de faire ses ablutions et de se laver permet de s'imprégner de la bénédiction (*baraka*) de ces lieux. Il y en a sept qui subsitent encore.

Le visiteur peut également demander à son guide (le *mouṭawaf*) de l'aider à Médine pour visiter les sept mosquées, les cimetières, les puits et autres endroits d'importance historique.

Les rites funéraires

Sur le lit de mort

Lorsqu'un musulman est sur son lit de mort, la *Sounnah* recommande de l'assister en l'encourageant à répéter l'attestation de foi: « *lā ilāha illa-Allāh Mouhammadun Rassoūloullāh*». Le Prophète ﷺ proclamait: «Mettez *lā ilāha illa-Allāh* sur la langue de vos mourants». Ceci est connu sous le nom de *talqīn* (l'assistance orale).

Orienter la tête du mourant vers la Mecque (Qibla) est également une *Sounnah.*

Il est recommandé de réciter la sourate Yā Sīn car le Prophète ﷺ a dit: «Yā Sīn est le cœur du Coran: toute personne qui la récite en recherchant Allah et l'au-delà, Allah lui pardonnera tous ses péchés». Le Prophète disait aussi: «Récitez Yā Sīn sur vos morts/vos mourants.»

Il est préférable d'enterrer les défunts dans les 24 heures qui suivent le décès, en observant toutes les recommandations de la loi islamique. Pour plus de détails, se référer au livre *Reliance of the Traveller*, traduit en anglais par Cheick Nuh Ha Min Keller. Un bref résumé de ce livre est présenté ici.

Le lavage mortuaire

QUI EST APTE À LAVER LE CORPS DU DÉFUNT?
Si le défunt est un homme: les hommes musulmans qui sont membres de sa famille, par ordre de priorité: le père, le grand-père paternel, le fils, le fils du fils, le frère, le frère du père, le fils du frère du père, les autres hommes qui sont liés au défunt par le père ou le fils, tout homme qui a un lien de parenté avec le défunt, des hommes qui n'ont pas de lien avec le défunt, la femme du défunt et, en dernier lieu, les femmes de sa famille avec qui il ne peut pas se marier (*maḥram*).
Si le défunt est une femme: les femmes membres de sa famille, par ordre de priorité: sa fille ou sa mère, d'autres femmes, son mari, et enfin les hommes de sa famille avec qui elle ne peut pas se marier (*maḥram*).
Il est recommandé que la personne qui lave le défunt soit digne de confiance.

COMMENT LAVER LE CORPS
La personne qui lave le défunt doit obligatoirement recouvrir les parties intimes du défunt pendant le

lavage.
Les seules personnes qui doivent assister au lavage sont celles chargées de laver le défunt et un(e) assistant(e), selon la *sounnah*.
Il est préférable que le corps soit lavé pendant que le défunt est vêtu d'une longue camisole qui arrive aux chevilles, dans laquelle celui qui le lave peut insérer sa main, par les manches ou par les trous de couture, en versant l'eau au-dessus de l'habit et en lavant le corps en-dessous. La partie du corps du nombril aux genoux doit obligatoirement être couverte.
Il est préférable dans la mesure du possible de laver le corps du défunt sous un toit et d'utiliser de l'eau froide. Par contre, l'eau peut être chauffée, afin de nettoyer la saleté qui ne pourrait être lavée autrement ou lorsqu'il fait froid, étant donné que le défunt serait affecté comme le serait une personne vivante.
Il est illicite de regarder les parties intimes du défunt ou de les toucher sans un morceau de tissu ou tout autre matériel. Il est recommandé de ne pas regarder ou de toucher directement les autres parties du corps sans un morceau de tissu.

Autres recommandations:
1. Pousser les résidus à sortir de l'estomac; 2. Nettoyer les parties intimes de toute saleté; 3. Opérer les petites ablutions pour le défunt (woud'ou), en tournant la tête pendant le rinçage de la bouche et des narines afin que l'eau n'atteigne pas l'estomac; 4. Formuler l'intention d'effectuer le bain de purification (ghousl) et laver la tête, la barbe et le corps trois fois chacun avec une infusion de feuilles du cèdre, tout en prenant soin de presser légèrement l'estomac à chaque fois en poussant vers le bas afin d'en extraire le contenu. Les cheveux et la barbe devraient être peignés avec douceur, à l'aide d'un peigne à dents larges afin d'en arracher aucun. Tout cheveu qui tombe devrait être inséré dans le linceul.
La *Sounnah* préconise:
1. que l'endroit dans lequel on met le corps pour le lavage soit incliné afin que la tête soit élevée

(par rapport au reste du corps) et que l'eau puisse s'écouler;

2. d'allumer l'encens;
3. de mettre sa main droite sur l'épaule du défunt avec le pouce sur la nuque pour que la tête ne pende pas, et de maintenir le dos à l'aide du genou droit;
4. que l'assistant verse beaucoup d'eau durant le processus afin d'éviter les odeurs qui émanent des déchets sortant du corps;
5. d'appuyer fermement sur l'estomac avec la main gauche;
6. une fois le lavage terminé, étendre le corps du défunt sur son dos avec ses pieds dirigés vers la Mecque (*Qiblah*).

Si le corps n'est pas encore propre après trois lavages, continuer mais le nombre de lavages supplémentaires doit être impair. Ajouter un peu de camphre dans l'eau (*sounnah*).

L'obligation minimale pour le bain de purification (*ghousl*) du défunt est que l'eau touche toutes les parties

externes de son corps et il est obligatoire d'enlever toute saleté (*najasa*). Si quelque chose sort du corps après le bain, seule la partie souillée doit être lavée à nouveau. Après le lavage, le corps doit être séché avec un tissu.
LE LINCEUL
Homme: il est recommandé qu'il soit enveloppé dans trois pièces de tissu blanc lavées (elles ne doivent pas être neuves), sans robe qui tombe à la cheville ni de turban, cḥaque pièce de tissu doit couvrir le corps en entier. Par contre, si la personne décédée est un pèlerin en état de sacralisation (*Iḥrām*), la tête de l'homme ou la face de la femme ne doit pas être couverte.
Femme: il est recommandé qu'elle soit vêtue d'un tissu, un foulard sur la tête et une robe longue et ample et qu'elle soit enveloppée dans deux pièces de tissu comme celles de l'homme, c'est-à-dire blanches et lavées, cḥaque pièce couvrant son corps en entier.
Le minimum requis pour le linceul d'un homme ou d'une femme est de couvrir la nudité complètement.

Pour un homme, il est obligatoire de couvrir toute la partie du nombril aux genoux et pour la femme, le corps entier doit être couvert.
Il est recommandé de:
1. parfumer les pièces de tissu avec de l'encens d'aloès; 2. les arroser légèrement avec du *hounouṭ* (un mélange aromatique de camphre, de parfum de roseau et de santal rouge et blanc) et du camphre; 3. placer du coton et du *hounout* sur les sept orifices de la tête et sur les huit parties qui touchent le sol lors de la prosternation; 4. parfumer tout le corps.
Si une personne meurt alors qu'elle est dans un état d'*Iḥrām*, les conditions du *Iḥrām* demeurent (pas de vêtements cousus pour l'homme, pas de parfum).

La prière funéraire

La prière funéraire est obligatoire. L'obligation commune est remplie si un seul homme musulman et mature prie sur le corps du défunt. Toutefois il est recommandé d'accomplir la prière en groupe.

QUI DEVRAIT DIRIGER LA PRIERE FUNERAIRE

La personne la mieux placée pour diriger la prière funéraire en tant qu'imam est celui qui est mieux placé pour laver le corps du défunt parmi les hommes de la famille. Ce dernier a préséance sur l'imam de la mosquée pour diriger la prière.

DEPOSER LA DEPOUILLE DU DEFUNT POUR LA PRIERE FUNERAIRE

Durant la prière funéraire, le défunt enveloppé dans son linceul est placé sur un brancard devant l'imam, le corps étendu sur le côté droit et faisant face à la direction de la prière (qiblah). Il est recommandé que l'imam se place près de la tête du défunt, si c'est un homme, et au niveau du milieu du corps de la défunte, si c'est une femme.

La prière est accomplie telle qu'elle est décrite à la page 66.

Après le troisième Takbīr, des supplications sont effectuées pour le défunt. En plus de la supplication indiquée à la page 70, il est recommandé de proclamer:

Allāhouma hādhā ʿabdouka wa 'bnou ʿabdika, kharaja min rawḥi 'd-dounyā wa saʿatihā, wa maḥboūbouhou wa aḥibbā'ouhou fīhā ilā ẓoulmati 'l-qabri wa mā hoūwa lāqīh. Kāna yachadou an lā ilāha illa Anta waḥdaka lā charīka laka wa anna sayyīdinā mouḥammadan ʿabdouka wa rassoūlouka wa Anta Āʿalamou bihi minnā. Allāhouma innahou nazala bika wa Anta khayrou	اللَّهُمَّ هذا عَبدُكَ وَابنُ عَبدِك، خَرَجَ مِن رَوحِ الدُنيَا وسعتِهَا، ومَحبُوبُهُ وأحِبَّاؤُهُ فِيهَا إلى ظُلمَةِ القبرِ ومَا هو لاقِيهِ، كَانَ يَشهَدُ أن لا إله إلا أنت وحدكَ لا شريكَ لك، وأنَّ سيدِنا مُحَمَّداً عَبدُكَ ورَسُولكَ، وأنتَ أعلَمُ بِهِ مِنَّا، اللهُمَّ إنهُ نزَل بك، وأنتَ خيرُ منزُول بِهِ، وأصبحَ فقيراً إلى رَحمَتِكَ، وأنتَ غَنِيٌّ عَن عذابِه، وقد جِئنَاك راغبِينَ إليك

manzoūlin bihi wa aṣbaḥa faqīran ilā raḥmatika wa Anta ghanīyyoun ʿan ʿadhābihi wa qad j'ināka rāghibīna 'ilayka choufaʿāoun lahou. Allāhouma in kāna mouḥsinan fa zid fī iḥsānihi. Wa in kāna moussīyyan fatajāwaz ʿanhou wa laqqihi bi-raḥmatika riḍāka wa qihi fitnata 'l-qabri wa ʿadhābahou wa afsaḥ lahou fī qabrihi. Wa jāfi 'l-arḍa ʿan janbayih wa laqqahi bi-raḥmatika al-amna min ʿadhābika ḥattā tabʿathhou āminan ilā jannatika bi-raḥmatika yā Arḥama 'r-Rāḥimīn.		شُفَعاءَ لَهُ، اللَّهُمَّ إن كانَ مُحسِناً فَزِد في إحسانِه، وإن كانَ مُسيئاً فتَجاوز عَنهُ، ولقِّهِ برَحمتِكَ رِضاكَ، وقِهِ فِتنة القَبرِ وعَذابَهُ، وأفسَح لهُ في قَبرِه؛ وجافِ الأرضَ عَن جَنبَيهِ، ولقِّهِ برَحمتِكَ الأمنَ مِن عَذابِكَ حتَّى تَبعَثَهُ آمِناً إلى جَنَّتِكَ بِرَحمتِكَ يا أَرحَمَ الراحمينَ

O Allah! C'est Ton serviteur, fils/fille de Ta servante, qui a quitté l'air du monde ici-bas et ses vastes surfaces, son bien-aimé et ses bienaimés vers les ténèbres de la tombe et ce qu'il va y rencontrer. Il professa qu'il n'y a de dieu si ce n'est Toi, l'Un sans second et que notre maître Mouhammad est Ton serviteur et Ton messager. Tu es plus informé que nous à son sujet (le défunt). Ô Allah! Il a été existencié par Toi et Tu es le Meilleur des existants. Et il est devenu indigent à Ta miséricorde et Tu n'as nul besoin de ses souffrances. Nous sommes venus dans l'espoir d'intercéder pour lui. Ô Allah! S'il est vertueux, Récompense-le et s'il est fautif, Pardonne-le. Accueille-le par Ta Miséricorde et Ton Agrément, Préserve-le de l'épreuve de la tombe et du supplice du feu. Élargis-lui sa tombe, Accueille-le par Ta miséricorde qui le protège de Ton châtiment, jusqu'à sa résurrection par Ta Miséricorde en état de quiétude dans Ton Paradis, Ô le plus Miséricordieux des miséricordieux!

Si le défunt est un enfant, ajouter à ce qui précède:

Allāhouma aja'ālhou faraṭan li abawayhi wa		اللَّهُمَّ اجعَلهُ فرَطاً لأبويهِ، وسَلَفاً

salafan wa dhoukhran wa ʿiẓatan wa iʿtibāran wa chafiyyʿan wa tḥaqil bihi mawāzīnahoumā wa afrighi ʼṣ-ṣabra ʿalā qouloūbihimā.		وذُخراً وعِظةً واعتِباراً وشَفِيعاً، وثقّل بِهِ مَوَازِينَهُما ، وأفرِغِ الصَّبْرَ على قُلوبِهِما
Ô Allah! Rends-le un prédécesseur, une épargne et une clairvoyance pour ses parents et Accepte son intercession (pour eux). Augmente grâce à lui le poids de leurs bonnes actions et déverse l'endurance sur leurs cœurs.		
Lorsque l'imam termine par les salutations (*salams)*, toute personne arrivée en retard complète la prière en faisant le nombre de *Takbīr* qu'elle a manqué, récite les invocations pour cḥaque *Takbīr* et termine avec ses propres *salams*.		

LES RETARDATAIRES

Il est recommandé que le corps ne soit pas levé avant que les retardataires n'aient fini leur prière. Celui qui a manqué la prière funéraire jusqu'à ce que le défunt ait été enterré peut effectuer la prière à la tombe.

L'ENTERREMENT

L'enterrement devrait se faire tout de suite après la prière et ne devrait pas être retardé, sauf si un membre de la famille responsable du défunt est concerné.

Le convoi funèbre

Suivre le convoi funèbre a beaucoup de mérite et les savants musulmans recommandent de proclamer l'unicité divine *lā ilāha illa-Allāh* durant le convoi, à haute voix et à l'unisson.

Il est préférable que le brancard sur lequel est placée la dépouille soit porté au niveau des extrémités par quatre hommes ou cinq, le cinquième se plaçant entre les deux personnes en avant et ils devraient marcher plus vite que d'habitude, sans pour autant courir.

La tombe
La hauteur de la tombe devrait être celle d'un homme de taille moyenne ayant ses bras étendus vers le haut. La tombe doit être creusée de sorte que le/la défunt(e) ait sa face tournée vers la *Qibla* lorsqu'on le place sur son côté droit, et ceci est une obligation. Il est préférable que la forme de la tombe ne soit pas une tranchée droite mais qu'il y ait un creux latéral parallèle assez large pour que le corps puisse y entrer (*lahd*). Il est préférable et souhaitable de ne pas enterrer le défunt dans un cercueil, à moins que la terre ne soit molle ou humide.

L'enterrement
Ce sont les hommes qui devraient enterrer le défunt, que ce dernier soit un homme ou une femme. Si c'est une femme, la personne la mieux placée est le mari, sinon ceux qui ont été cités pour diriger la prière funéraire, dans l'ordre de préférence.
Il est préférable de recouvrir la tombe avec un tissu lorsqu'on y insère le corps. La tête du défunt est mise en premier dans le fond de la tombe et le corps est glissé du

brancard, en commençant par le haut jusqu'à ce que les pieds soient mis au fond de la tombe.		
Il est recommandé que celui qui enterre le défunt (celui qui se trouve dans la tombe et qui reçoit le corps), récite:		
Bismillāh wa ʿalā millati rassoūlillāh.		بِسم الله وَعلى مِلةِ رَسُولِ الله
Au nom d'Allah et en s'appuyant sur la religion du messager d'Allah.		
Il doit aussi faire des supplications au nom du défunt. Il doit mettre un bloc (de pierre, de terre) comme oreiller pour le défunt et tirer le linceul pour que la joue du défunt repose sur ce bloc (de pierre, de terre).		
Si la tombe est sous la forme *lahd,* alors le creux latéral dans lequel se trouve le corps doit être muré avec des blocs. Si c'est une tranchée, des murs faits avec des blocs doivent être élevés sur les côtés et une fois que le défunt est enterré, un toit est construit avec des blocs. La personne qui est près de la tombe parsème trois pelletés de terre dans la tombe en disant (*sounnah*):		
1. Minhā khalaqnākoum 2. wa fīhā nouʿīdoukoum 3. wa minhā		1 مِنْهَا خَلَقْنَاكُمْ

<table>
<tr><td>noukhrijoukoum tāratan oukhrā.</td><td></td><td>2 وَفِيهَا نُعِيدُكُمْ
3 وَمِنْهَا نُخْرِجُكُمْ تَارَةً أُخْرَى</td></tr>
<tr><td colspan="3">Avec la première pelletée: « C'est d'elle que Nous vous avons créés», avec la deuxième pelletée: « c'est à elle que Nous vous ferons retourner » et avec la troisièm: « c'est d'elle que Nous vous ferons sortir une fois encore.» (20:55)</td></tr>
<tr><td colspan="3">La tombe est alors recouverte. À la fin de l'enterrement, l'on peut rester quelques instants pour:
• rappeler au défunt les réponses qu'il/elle devra donner aux anges Mounkir et Nakir qui vont le/la questionner par rapport à son Seigneur, sa religion et son Prophète;
• faire des supplications pour lui;
• demander pardon pour lui;
• réciter une partie du Coran et offrir la récompense de celle-ci au défunt.</td></tr>
<tr><td colspan="3">Autres règles</td></tr>
<tr><td colspan="3">La surface de la tombe devrait être élevée au-dessus du sol. Il est recommandé d'arroser légèrement la tombe avec de l'eau et de mettre des cailloux dessus.</td></tr>
</table>

Lectures coraniques

Surah Yā Sīn (36)		سورة يس
À réciter après la prière de Fajr.		
Bismillāhi 'r-Raḥmāni 'r-Raḥīm		بسم الله الرحمن الرحيم
Au nom d'Allah, le Tout Miséricordieux, le Très Miséricordieux.		
1. Yā Sīn		يس
Yā, Sīn.		
2. Wa 'l-qour'āni 'l-hakīm		وَالْقُرْآنِ الْحَكِيمِ
Par le Coran empreint de sagesse,		
3. Innaka la-mina 'l-moursalīn		إِنَّكَ لَمِنَ الْمُرْسَلِينَ
tu es bien du nombre des envoyés		
4. ʿalā ṣirāṭin moustaqīm		عَلَى صِرَاطٍ مُسْتَقِيمٍ
sur une voie droite.		

<table>
<tr><td>5. Tanzīla 'l-ʿAzīz 'r-Raḥīm</td><td></td><td>تَنزِيلَ الْعَزِيزِ الرَّحِيمِ</td></tr>
<tr><td colspan="3">Ceci est une révélation du Puissant, du Très Miséricordieux</td></tr>
<tr><td>6. Li-toundhira qawman mā oundhira ābāoū'hum fa-houm ghāfiloūn</td><td></td><td>لِتُنذِرَ قَوْمًا مَّا أُنذِرَ آبَاؤُهُمْ فَهُمْ غَافِلُونَ</td></tr>
<tr><td colspan="3">afin que tu mettes en garde un peuple dont les ancêtres n'ont pas été avertis si bien qu'ils sont dans l'insouciance.</td></tr>
<tr><td>7. Laqad ḥaqqa 'l-qawlou ʿalā aktharihim fa-houm lā you'minoūn</td><td></td><td>لَقَدْ حَقَّ الْقَوْلُ عَلَى أَكْثَرِهِمْ فَهُمْ لَا يُؤْمِنُونَ</td></tr>
<tr><td colspan="3">Déjà Notre décision est arrêtée à l'encontre de la plupart d'entre eux en sorte qu'ils ne croiront pas!</td></tr>
<tr><td>8. Inna jaʿalnā fī ʿanāqihim aghlālan fa-hīya ila 'l-adhqāni fa-houm mouqmahoūn</td><td></td><td>إِنَّا جَعَلْنَا فِي أَعْنَاقِهِمْ أَغْلَالًا فَهِيَ إِلَى الْأَذْقَانِ فَهُم مُّقْمَحُونَ</td></tr>
<tr><td colspan="3">Nous leur avons placé des carcans [les enserrant] autour du cou jusqu'au menton, ce qui les contraint à lever la tête.</td></tr>
<tr><td>9. Wa jaʿalnā min bayni</td><td></td><td>وَجَعَلْنَا مِن بَيْنِ أَيْدِيهِمْ سَدًّا وَمِنْ</td></tr>
</table>

aydīhim saddan wa min khalfihim saddan fa-aghchaynāhoum fa-houm lā youbṣiroūn		خَلْفِهِمْ سَدًّا فَأَغْشَيْنَاهُمْ فَهُمْ لَا يُبْصِرُونَ
Nous avons placé derrière eux un obstacle et Nous les avons enveloppés d'un voile si bien qu'ils ne voient rien.		
10. Wa sawā'oun ʿalayhim ā-andhartahoum am lam toundhirhoum lā you'minoūn		وَسَوَاءٌ عَلَيْهِمْ أَأَنذَرْتَهُمْ أَمْ لَمْ تُنذِرْهُمْ لَا يُؤْمِنُونَ
Peu importe que tu les mettes en garde ou non : ils ne croiront pas !		
11. Innamā toundhirou mani 'ttabaʿa 'dh-dhikra wa khachīya 'r-Raḥmāna bi 'l-ghaybi fa-bachchirhou bi-maghfiratin wa ajrin karīm		إِنَّمَا تُنذِرُ مَنِ اتَّبَعَ الذِّكْرَ وَخَشِيَ الرَّحْمَٰنَ بِالْغَيْبِ فَبَشِّرْهُ بِمَغْفِرَةٍ وَأَجْرٍ كَرِيمٍ
Ta mise en garde n'aura d'effets que sur ceux qui se conforment au Rappel et qui redoutent le Miséricordieux dans le secret ; annonce-leur [*Mon*] pardon et une noble récompense.		

<table>
<tr><td>12. Inna nahnou nouhyī 'l-mawta wa naktoubou mā qaddamoū wa āthārahoum wa koulla chay'in aḥṣaynāhou fī imāmin moubīn</td><td></td><td>إِنَّا نَحْنُ نُحْيِي الْمَوْتَى وَنَكْتُبُ مَا
قَدَّمُوا وَآثَارَهُمْ وَكُلَّ شَيْءٍ أَحْصَيْنَاهُ
فِي إِمَامٍ مُبِينٍ</td></tr>
<tr><td colspan="3">C'est Nous qui vivifions les morts et consignons les œuvres qu'ils ont précédemment accomplies ainsi que les traces qu'ils ont laissées. Et Nous avons circonscrit toute chose dans un Livre révélateur.</td></tr>
<tr><td>13. W 'adrib lahoum mathalan aṣ-ḥāba 'l-qarīyati idh jā'ahā 'l-moursaloūn</td><td></td><td>وَاضْرِبْ لَهُم مَّثَلًا أَصْحَابَ الْقَرْيَةِ إِذْ
جَاءَهَا الْمُرْسَلُونَ</td></tr>
<tr><td colspan="3">Et propose-leur en exemple les habitants de telle cité lorsqu'elle reçut les émissaires [de Jésus],</td></tr>
<tr><td>14. Idh arsalnā ilayhimou 'thnayni fa-kadhdhaboūhouma fa ʿazzaznā bi-thālithin fa qāloū innā ilaykoum moursaloūn</td><td></td><td>إِذْ أَرْسَلْنَا إِلَيْهِمُ اثْنَيْنِ فَكَذَّبُوهُمَا فَعَزَّزْنَا
بِثَالِثٍ فَقَالُوا إِنَّا إِلَيْكُم مُّرْسَلُونَ</td></tr>
<tr><td colspan="3">lorsque Nous leur envoyâmes deux personnes qu'ils traitèrent d'imposteurs, Nous confortâmes ceux-ci d'une troisième et ils</td></tr>
</table>

affirmèrent [*tous ensemble*]: nous avons été dépêchés auprès de vous.

15. Qāloū mā antoum illa bacharoun mithloūnā wa mā anzala 'r-Raḥmānou min chay'in in antoum illa takdhiboūn	قَالُوا مَا أَنتُمْ إِلَّا بَشَرٌ مِثْلُنَا وَمَا أَنزَلَ الرَّحْمَنُ مِن شَيْءٍ إِنْ أَنتُمْ إِلَّا تَكْذِبُونَ

Vous n'êtes que des hommes comme nous, leur dirent-ils, et le Miséricordieux ne [*vous*] a rien révélé. [*En vérité*], vous n'êtes que des menteurs.

16. Qāloū rabbounā ya'lamou inna ilaykoum la-moursaloūna	قَالُوا رَبُّنَا يَعْلَمُ إِنَّا إِلَيْكُمْ لَمُرْسَلُونَ

Notre Seigneur, répondirent les messagers, sait que nous sommes dépêchés auprès de vous;

17. Wa mā 'alaynā illa 'l-balāghou 'l-moubīn	وَمَا عَلَيْنَا إِلَّا الْبَلَاغُ الْمُبِينُ

seule nous incombe une claire transmission du message.

18. Qāloū innā taṭayyarnā bikoum la'in lam tantahoū la-narjoumannakoum wa la-	قَالُوا إِنَّا تَطَيَّرْنَا بِكُمْ لَئِن لَّمْ تَنتَهُوا لَنَرْجُمَنَّكُمْ وَلَيَمَسَّنَّكُم مِّنَّا عَذَابٌ

yamassannakoum minnā ʿadhāboun alīm		أَلِيمٌ
C'est à vous que nous attribuons notre mauvaise fortune (*tattayarnâ bikum),* leur dirent-ils. Si vous ne cessez *[de nous importuner]* nous vous ferons lapider ou nous vous ferons subir un châtiment douloureux.		
19. Qāloū ṭa'iroukoum maʿakoum a'in dhoukkirtoum bal antoum qawmoun mousrifoūn		قَالُوا طَائِرُكُمْ مَعَكُمْ أَئِن ذُكِّرْتُم بَلْ أَنتُمْ قَوْمٌ مُّسْرِفُونَ
En vérité votre sort est entre vos mains, poursuivirent *[les messagers].* [*Vous augurez mal de notre présence]* parce que vous avez été rappelés *[à l'ordre]*? Vous n'êtes qu'une communauté portée aux outrances.		
20. Wa jā'a min aqṣa 'l-madīnati rajouloun yasʿa qāla yā qawmi 'ittabiʿoū 'l-moursalīn		وَجَاءَ مِنْ أَقْصَى الْمَدِينَةِ رَجُلٌ يَسْعَى قَالَ يَا قَوْمِ اتَّبِعُوا الْمُرْسَلِينَ
Un home survint en courant des extrémités de la ville. Mon peuple, leur dit-il, conformez-vous aux envoyés !		

<table>
<tr><td>21. 'Ittabi‘oū man lā yas’aloukoum ajran wa-houm mouhtadoūn</td><td></td><td>اتَّبِعُوا مَن لَّا يَسْأَلُكُمْ أَجْرًا وَهُم مُّهْتَدُونَ</td></tr>
<tr><td colspan="3">Conformez-vous à ceux-là qui n’exigent de vous aucun salaire et qui sont sur la bonne voie.</td></tr>
<tr><td>22. Wa-mā līya lā ‘aboudou ’l-ladhī faṭaranī wa ilayhi tourja‘oūn</td><td></td><td>وَمَا لِيَ لَا أَعْبُدُ الَّذِي فَطَرَنِي وَإِلَيْهِ تُرْجَعُونَ</td></tr>
<tr><td colspan="3">Et pourquoi n’adorerais-je pas Celui qui m’a créé et auprès duquel vous serez ramenés ?</td></tr>
<tr><td>23. A’attakhidhou min doūnihi ālihatan in youridni ’r-Raḥmānou bi-ḍourrin lā toughni ‘annī chafā‘atouhoum chay’an wa lā younqidhoūn</td><td></td><td>أَأَتَّخِذُ مِن دُونِهِ آلِهَةً إِن يُرِدْنِ الرَّحْمَٰنُ بِضُرٍّ لَّا تُغْنِ عَنِّي شَفَاعَتُهُمْ شَيْئًا وَلَا يُنقِذُونِ</td></tr>
<tr><td colspan="3">Prendrais-je en dehors de Lui des divinités dont l’intercession ne me sera d’aucune utilité et qui ne me sauveront pas si le Miséricordieux veut me faire du tort?</td></tr>
<tr><td>24. Innī idhan lafī ḍalālin moubīn</td><td></td><td>إِنِّي إِذًا لَّفِي ضَلَالٍ مُّبِينٍ</td></tr>
</table>

<table>
<tr><td colspan="3">Je serais alors dans un égarement manifeste!</td></tr>
<tr><td>25. Innī āmantou bi-rabbikoum fa 'sma'oūn</td><td></td><td>إِنِّي آمَنتُ بِرَبِّكُمْ فَاسْمَعُونِ</td></tr>
<tr><td colspan="3">Pour moi, j'ai foi en votre Seigneur, écoutez-moi donc!</td></tr>
<tr><td>26. Qīla 'dkhouli 'l-jannata qāla ya layta qawmī ya'lamoūna</td><td></td><td>قِيلَ ادْخُلِ الْجَنَّةَ قَالَ يَا لَيْتَ قَوْمِي يَعْلَمُونَ</td></tr>
<tr><td colspan="3">Entre au Paradis, lui fut-il dit. Si seulement mon peuple savait, dit-il,</td></tr>
<tr><td>27. Bi-mā ghafara lī rabbī wa ja'alanī mina 'l-moukramīn</td><td></td><td>بِمَا غَفَرَ لِي رَبِّي وَجَعَلَنِي مِنَ الْمُكْرَمِينَ</td></tr>
<tr><td colspan="3">quel pardon m'a accordé mon Seigneur et comment Il m'a mis au nombre de ceux qui sont honorés.</td></tr>
<tr><td>28. Wa-mā anzalnā 'alā qawmihi min ba'dihi min joundin mina 's-samā'i wa mā kounnā mounzilīn</td><td></td><td>وَمَا أَنزَلْنَا عَلَى قَوْمِهِ مِن بَعْدِهِ مِنْ جُندٍ مِّنَ السَّمَاءِ وَمَا كُنَّا مُنزِلِينَ</td></tr>
<tr><td colspan="3">Après sa disparition Nous n'envoyâmes pas contre son peuple</td></tr>
</table>

<table>
<tr><td colspan="3">d'armée céleste et Nous n'avions même pas à le faire;</td></tr>
<tr><td>29. In kānat illa ṣayḥatan wahidatan fa idhā houm khāmidoūn</td><td></td><td>إِن كَانَتْ إِلَّا صَيْحَةً وَاحِدَةً فَإِذَا هُمْ خَامِدُونَ</td></tr>
<tr><td colspan="3">ce ne fut qu'un cri unique et ils en furent aussitôt pétrifiés.</td></tr>
<tr><td>30. Yā hasratan ʿalā 'l-ʿibadi ma yā'tīhim min rassoūlin illa kānoū bihi yastahzi'oūn</td><td></td><td>يَا حَسْرَةً عَلَى الْعِبَادِ مَا يَأْتِيهِم مِّن رَّسُولٍ إِلَّا كَانُوا بِهِ يَسْتَهْزِئُونَ</td></tr>
<tr><td colspan="3">Comme il est affligeant le comportement des serviteurs [de Dieu]! Pas un envoyé ne vint les trouver sans qu'ils se moquent de lui.</td></tr>
<tr><td>31. Alam yaraw kam ahlaknā qablahoum mina 'l-qouroūni annahoum ilayhim la yarjiʿoūn</td><td></td><td>أَلَمْ يَرَوْا كَمْ أَهْلَكْنَا قَبْلَهُم مِّنَ الْقُرُونِ أَنَّهُمْ إِلَيْهِمْ لَا يَرْجِعُونَ</td></tr>
<tr><td colspan="3">Ne voient-ils pas combien de générations Nous avons anéanties avant eux? Ne voient-ils pas qu'elles ne reviendront plus parmi eux?</td></tr>
<tr><td>32. Wa in koulloun lammā jamīʿoūn ladayna mouhḍaroūn</td><td></td><td>وَإِن كُلٌّ لَّمَّا جَمِيعٌ لَّدَيْنَا مُحْضَرُونَ</td></tr>
<tr><td colspan="3">Tous sans aucune exception devront comparaître devant Nous!</td></tr>
</table>

<table>
<tr><td>33. Wa āyatoun lahoumou 'l-arḍou 'l-maytatou ahyaynāhā wa akhrajnā min-hā habban fa minhou ya'kouloūn</td><td></td><td>وَآيَةٌ لَّهُمُ الْأَرْضُ الْمَيْتَةُ أَحْيَيْنَاهَا
وَأَخْرَجْنَا مِنْهَا حَبًّا فَمِنْهُ يَأْكُلُونَ</td></tr>
<tr><td colspan="3">La terre stérile est un signe qui leur est adressé: Nous la vivifions puis Nous en faisons sortir des semences dont ils tirent leur nourriture</td></tr>
<tr><td>34. Wa ja'alnā fī-hā jannātin min nakhīlin wa 'anābin wa fajjarnā fī-hā mina 'l-'ouyoūn</td><td></td><td>وَجَعَلْنَا فِيهَا جَنَّاتٍ مِّن نَّخِيلٍ
وَأَعْنَابٍ وَفَجَّرْنَا فِيهَا مِنَ الْعُيُونِ</td></tr>
<tr><td colspan="3">Et Nous y établissons des jardins plantés de vignes et de palmiers au milieu desquels Nous faisons jaillir des sources</td></tr>
<tr><td>35. Li yā'kouloū min thamarihi wa mā 'amilathou aydīhim afalā yachkouroūn</td><td></td><td>لِيَأْكُلُوا مِن ثَمَرِهِ وَمَا عَمِلَتْهُ أَيْدِيهِمْ
أَفَلَا يَشْكُرُونَ</td></tr>
<tr><td colspan="3">afin qu'ils en mangent les fruits et [qu'ils mangent] du travail de leurs mains</td></tr>
<tr><td>36. Soubḥāna 'l-ladhī khalaqa 'l-azwāja koullahā mimmā tounbitou 'l-arḍou wa min</td><td></td><td>سُبْحَانَ الَّذِي خَلَقَ الْأَزْوَاجَ كُلَّهَا</td></tr>
</table>

<table>
<tr><td>anfousihim wa mimmā lā ya‘lamoūn</td><td></td><td>مِمَّا تُنبِتُ الأَرْضُ وَمِنْ أَنفُسِهِمْ وَمِمَّا لَا يَعْلَمُونَ</td></tr>
<tr><td colspan="3">Gloire à Celui qui a créé toutes les espèces : celles que produit la terre, les hommes eux-mêmes et les créatures qui leur sont inconnues.</td></tr>
<tr><td>37. Wa āyatoun lahoumou 'l-laylou naslakhou minhou ‘n-nahāra fa-idhā houm mouẓlimoūn</td><td></td><td>وَآيَةٌ لَّهُمُ اللَّيْلُ نَسْلَخُ مِنْهُ النَّهَارَ فَإِذَا هُم مُّظْلِمُونَ</td></tr>
<tr><td colspan="3">La nuit constitue un signe à leur intention: Nous en extrayons le jour et les voilà plongés dans l'obscurité.</td></tr>
<tr><td>38. Wa 'ch-chamsou tajrī li-moustaqarrin lahā dhālika taqdīrou 'l-‘azīzi 'l-alīm</td><td></td><td>وَالشَّمْسُ تَجْرِي لِمُسْتَقَرٍّ لَّهَا ذَٰلِكَ تَقْدِيرُ الْعَزِيزِ الْعَلِيمِ</td></tr>
<tr><td colspan="3">Le soleil poursuit sa course jusqu'à une halte qui lui est propre selon l'[ordre] déterminé par le Puissant, le Sage.</td></tr>
<tr><td>39. Wa 'l-qamara qaddarnāhou manāzila hattā a‘āda ka 'l-‘ourjoūni 'l-qadīm</td><td></td><td>وَالْقَمَرَ قَدَّرْنَاهُ مَنَازِلَ حَتَّىٰ عَادَ</td></tr>
</table>

		كَالْعُرْجُونِ الْقَدِيمِ
À la lune Nous avons assigné des mansions jusqu'à ce qu'elle devienne semblable à une palme desséchée.		
40. Lā 'ch-chamsou yanbaghī lahā an toudrika 'l-qamara wa lā 'l-laylou sābiqou 'n-nahāri wa koulloun fī falakin yasbahoūn		لَا الشَّمْسُ يَنبَغِي لَهَا أَن تُدْرِكَ الْقَمَرَ وَلَا اللَّيْلُ سَابِقُ النَّهَارِ وَكُلٌّ فِي فَلَكٍ يَسْبَحُونَ
Il ne sied pas au soleil de rattraper la lune ni à la nuit de devancer le jour, chacun évoluant (litt : nage, flotte) sur son orbite.		
41. Wa āyatoun lahoum annā hamalnā dhourrīyyatahoum fī 'l-foulki 'l-machhoūn		وَآيَةٌ لَّهُمْ أَنَّا حَمَلْنَا ذُرِّيَّتَهُمْ فِي الْفُلْكِ الْمَشْحُونِ
Un autre signe à leur intention: Nous avons transporté leur postérité sur des embarcations bondées		
42. Wa khalaqnā lahoum min mithlihi mā yarkaboūn		وَخَلَقْنَا لَهُم مِّن مِّثْلِهِ مَا يَرْكَبُونَ
Et Nous avons créé [*également*] à leur intention sur le même		

modèle d'autres montures qui les véhiculent.		
43. Wa in nachā' noughriqhoum fa-lā ṣarīkha lahoum wa lā houm younqadhoūn		وَإِن نَّشَأْ نُغْرِقْهُمْ فَلَا صَرِيخَ لَهُمْ وَلَا هُمْ يُنقَذُونَ
Et si Nous le voulions, Nous les ferions périr noyés: ils ne recevraient aucun secours et ne pourraient donc se sauver,		
44. Illa raḥmatan minnā wa matāʿan ilā hīn		إِلَّا رَحْمَةً مِّنَّا وَمَتَاعًا إِلَىٰ حِينٍ
si ce n'est par un effet de Notre Miséricorde et afin qu'ils jouissent *[encore]* quelque temps [*de la vie*]		
45. Wa idha qīla lahoumou 'ttaqoū mā bayna aydīkoum wa mā khalfakoum laʿallakoum tourhamoūn		وَإِذَا قِيلَ لَهُمُ اتَّقُوا مَا بَيْنَ أَيْدِيكُمْ وَمَا خَلْفَكُمْ لَعَلَّكُمْ تُرْحَمُونَ
Et si l'on vient à leur dire: gardez-vous par-devant et par-devers vous, peut-être vous sera-t-il fait Miséricorde, *[ils s'éloignent]*.		
46. Wa mā tā'tīhim min āyatin min āyāti rabbihim illā kānoū		وَمَا تَأْتِيهِم مِّنْ آيَةٍ مِّنْ آيَاتِ رَبِّهِمْ إِلَّا

ʿanhā mʿouridīn		كَانُوا عَنْهَا مُعْرِضِينَ
Pas un des signes de leur Seigneur ne leur est parvenu sans qu'ils s'en détournent.		
47. Wa idhā qīla lahoum anfiqoū mimmā razaqakoum-oullāhou qāla 'l-ladhīna kafaroū lil-ladhīna amanoū anouṭʿimou man law yachā'ou 'llāhou aṭʿamahou in antoum illā fī ḍalālin moubīn		وَإِذَا قِيلَ لَهُمْ أَنفِقُوا مِمَّا رَزَقَكُمُ اللَّهُ قَالَ الَّذِينَ كَفَرُوا لِلَّذِينَ آمَنُوا أَنُطْعِمُ مَن لَّوْ يَشَاءُ اللَّهُ أَطْعَمَهُ إِنْ أَنتُمْ إِلَّا فِي ضَلَالٍ مُّبِينٍ
Et si l'on vient à leur dire : dépensez en aumônes une partie de ce dont Dieu vous a gratifiés, les mécréants répliquent à ceux qui ont la foi : allons-nous nourrir [*à Sa place*] ceux que Dieu aurait pu nourrir s'Il l'avait voulu? Vous êtes dans un égarement manifeste!		
48. Wa yaqoūloūna matā hadhā 'l-wʿadou in kountoum ṣādiqīn		وَيَقُولُونَ مَتَىٰ هَٰذَا الْوَعْدُ إِن كُنتُمْ صَادِقِينَ
À quand cette promesse, demandent-ils, si vous êtes sincères?		

<table>
<tr><td>49. Ma yanẓouroūna illa ṣayhatan wāḥidatan ta'khoudhouhoum wa houm yakhiṣṣimoūn</td><td></td><td>مَا يَنظُرُونَ إِلا صَيْحَةً وَاحِدَةً تَأْخُذُهُمْ وَهُمْ يَخِصِّمُونَ</td></tr>
<tr><td colspan="3">Ils n'attendent qu'un seul cri qui les saisira [à la gorge] en pleine dispute!</td></tr>
<tr><td>50. Fa-lā yastaṭīʿoūna tawṣiyatan wa lā ila āhlihim yarjiʿoūn</td><td></td><td>فَلا يَسْتَطِيعُونَ تَوْصِيَةً وَلا إِلَى أَهْلِهِمْ يَرْجِعُونَ</td></tr>
<tr><td colspan="3">Ils ne seront plus en mesure de faire un testament ni de retourner chez les leurs.</td></tr>
<tr><td>51. Wa noufikha fī 'ṣ-ṣoūri fa idhā houm mina 'l-ajdāthi ila rabbihim yansiloūn</td><td></td><td>وَنُفِخَ فِي الصُّورِ فَإِذَا هُم مِّنَ الأَجْدَاثِ إِلَى رَبِّهِمْ يَنسِلُونَ</td></tr>
<tr><td colspan="3">Il sera alors soufflé dans les trompes et ils sortiront précipitamment de leurs tombes pour se rendre auprès de leur Seigneur.</td></tr>
<tr><td>52. Qāloū yā waylanā man baʿathanā min marqadinā hadhā mā waʿada 'r-Raḥmānou</td><td></td><td>قَالُوا يَا وَيْلَنَا مَن بَعَثَنَا مِن مَّرْقَدِنَا</td></tr>
</table>

wa ṣadaqa 'l-moursaloūn		هَذَا مَا وَعَدَ الرَّحْمَنُ وَصَدَقَ الْمُرْسَلُونَ
Malheur à nous! s'écrieront-ils. Qui donc nous a ressuscités de notre tombe? Voici ce que nous avait promis notre Seigneur et les envoyés avaient dit vrai!		
53. In kānat illa ṣayhatan wahidatan fa idhā houm jamīʿoun ladaynā mouḥḍaroūn		إِن كَانَتْ إِلَّا صَيْحَةً وَاحِدَةً فَإِذَا هُمْ جَمِيعٌ لَّدَيْنَا مُحْضَرُونَ
Il n'y aura qu'un cri, un seul, et aussitôt tous comparaîtront devant Nous.		
54. Fa 'l-yawma lā touẓlamou nafsoun chay'an wa lā toujzawna illa mā kountoum tʿamaloūn		فَالْيَوْمَ لَا تُظْلَمُ نَفْسٌ شَيْئًا وَلَا تُجْزَوْنَ إِلَّا مَا كُنتُمْ تَعْمَلُونَ
En ce Jour, aucune âme ne sera lésée et vous ne serez rétribués que pour ce que vous aviez accompli.		
55. Inna aṣ-ḥāba 'l-jannati 'l-yawma fī choughoulin fākihoūn		إِنَّ أَصْحَابَ الْجَنَّةِ الْيَوْمَ فِي شُغُلٍ

<table>
<tr><td></td><td></td><td>فَاكِهُونَ</td></tr>
<tr><td colspan="3">Les hôtes du Paradis s'adonneront à leurs plaisirs;</td></tr>
<tr><td>56. Houm wa azwājouhoum fī ẓilālin ʿala 'l-arā'iki mouttaki'oūn</td><td></td><td>هُمْ وَأَزْوَاجُهُمْ فِي ظِلَالٍ عَلَى الْأَرَائِكِ مُتَّكِئُونَ</td></tr>
<tr><td colspan="3">ils seront accoudés, eux et leurs épouses, sur des divants, à la fraîcheur.</td></tr>
<tr><td>57. La-houm fī-hā fākihatoun wa lahoum mā yaddaʿoūna</td><td></td><td>لَهُمْ فِيهَا فَاكِهَةٌ وَلَهُم مَّا يَدَّعُونَ</td></tr>
<tr><td colspan="3">Des fruits leur sont destinés ainsi que tout ce à quoi ils pourront prétendre.</td></tr>
<tr><td>58. Salāmoun qawlan min rabbin Raḥīm</td><td></td><td>سَلَامٌ قَوْلًا مِن رَّبٍّ رَّحِيمٍ</td></tr>
<tr><td colspan="3">Ils entendront le mot: Paix! en guise de parole [de bienvenue] de la part de leur Seigneur.</td></tr>
<tr><td>59. W 'amtāzoū 'l-yawma ayyouhā 'l-moujrimoūn</td><td></td><td>وَامْتَازُوا الْيَوْمَ أَيُّهَا الْمُجْرِمُونَ</td></tr>
<tr><td colspan="3">[tandis qu'aux autres il sera dit:] Criminels, en ce Jour séparez-vous [des croyants]!</td></tr>
</table>

<table>
<tr><td>60. Alam aʿaḥad ilaykoum yā banī ādama an lā tʿaboudoū ’ch-chayṭāna innahou lakoum ʿadoūwwoun moubīn</td><td></td><td>أَلَمْ أَعْهَدْ إِلَيْكُمْ يَا بَنِي آدَمَ أَن لَّا تَعْبُدُوا الشَّيْطَانَ إِنَّهُ لَكُمْ عَدُوٌّ مُّبِينٌ</td></tr>
<tr><td colspan="3">Ne vous avais-Je pas engagés, Ô fils d’Adam, à ne pas adorer le diable car il est pour vous un ennemi déclaré,</td></tr>
<tr><td>61. Wa aniʿboudoūnī hadhā ṣirāṭoun moustaqīm</td><td></td><td>وَأَنْ اعْبُدُونِي هَذَا صِرَاطٌ مُّسْتَقِيمٌ</td></tr>
<tr><td colspan="3">et à m’adorer car telle est Ma voie droite?</td></tr>
<tr><td>62. Wa laqad aḍalla minkoum jibillan kathīran afalam takoūnoū tʿaqilūn</td><td></td><td>وَلَقَدْ أَضَلَّ مِنكُمْ جِبِلًّا كَثِيرًا أَفَلَمْ تَكُونُوا تَعْقِلُونَ</td></tr>
<tr><td colspan="3">Il avait pourtant égaré un grand nombre de générations ! Aviez-vous perdu la raison?</td></tr>
<tr><td>63. Hadhihi jahannamou ’l-latī kountoum toūaʿdoūn</td><td></td><td>هَذِهِ جَهَنَّمُ الَّتِي كُنتُمْ تُوعَدُونَ</td></tr>
<tr><td colspan="3">Voici la Géhenne qui vous était promise!</td></tr>
<tr><td>64. Islawhā ’l-yawma bi-mā kountoum takfouroūn</td><td></td><td>اصْلَوْهَا الْيَوْمَ بِمَا كُنتُمْ تَكْفُرُونَ</td></tr>
</table>

<table>
<tr><td colspan="3">Entrez-y en ce Jour pour prix de votre mécréance!</td></tr>
<tr><td>65. Al-yawma nakhtimou ʿalā afwāhihim wa toukallimouna aydīhim wa tachhadou arjoulouhoum bi-mā kānoū yaksiboūn</td><td></td><td>الْيَوْمَ نَخْتِمُ عَلَى أَفْوَاهِهِمْ وَتُكَلِّمُنَا أَيْدِيهِمْ وَتَشْهَدُ أَرْجُلُهُمْ بِمَا كَانُوا يَكْسِبُونَ</td></tr>
<tr><td colspan="3">En ce Jour Nous apposerons un sceau sur votre bouche et ce sont vos mains qui Nous parleront et vos pieds qui porteront témoignage de ce que vous avez acquis.</td></tr>
<tr><td>66. Wa law nachā'ou la-ṭamasnā ʿala āʿayounihim fa-stabaqoū 'ṣ-ṣirāṭa fa-anna youbṣiroūn</td><td></td><td>وَلَوْ نَشَاءُ لَطَمَسْنَا عَلَى أَعْيُنِهِمْ فَاسْتَبَقُوا الصِّرَاطَ فَأَنَّى يُبْصِرُونَ</td></tr>
<tr><td colspan="3">Si Nous l'avions voulu, Nous les aurions frappés de cécité et ils se seraient précipité à la recherche d'un chemin mais comment auraient-ils pu le voir?</td></tr>
<tr><td>67. Wa law nacha'ou la-massakhnāhoum ʿala makānatihim fa-mā istaṭāʿoū mouḍīyyan wa lā yarjiʿoūn</td><td></td><td>وَلَوْ نَشَاءُ لَمَسَخْنَاهُمْ عَلَى مَكَانَتِهِمْ فَمَا اسْتَطَاعُوا مُضِيًّا وَلَا يَرْجِعُونَ</td></tr>
</table>

Si Nous l'avions voulu, Nous les aurions figés sur place et ils n'auraient pu ni avancer ni revenir sur leurs pas.		
68. Wa man nouʿammirhou nounakkis-hou fī 'l-khalqi afalā yʿaqiloūn		وَمَنْ نُعَمِّرْهُ نُنَكِّسْهُ فِي الْخَلْقِ أَفَلَا يَعْقِلُونَ
Ne réfléchissent-ils pas au fait que Nous amoindrissons la constitution de celui dont Nous prolongeons la vie ?		
69. Wa mā ʿallamnāhou 'ch-chʿira wa mā yanbaghī lahou in Houwa illa dhikroun wa qour'ānoun moubīn		وَمَا عَلَّمْنَاهُ الشِّعْرَ وَمَا يَنبَغِي لَهُ إِنْ هُوَ إِلَّا ذِكْرٌ وَقُرْآنٌ مُّبِينٌ
Nous ne lui avons pas enseigné la poésie et cela ne lui sied point. Il ne s'agit que d'un Rappel et d'une Lecture (litt: d'un Coran) révélatrice,		
70. Li-youndhira man kāna hayyan wa yahiqqa 'l-qawlou ʿala 'l-kāfirīn		لِيُنذِرَ مَن كَانَ حَيًّا وَيَحِقَّ الْقَوْلُ عَلَى الْكَافِرِينَ
afin qu'il mette en garde ceux qui sont vivants et que l'arrêt divin prenne effet contre les mécréants.		

<table>
<tr><td>71. Awa lam yaraw annā khalaqnā la-houm mimmā ʿamilat aydīna anaʿāman fa-houm lahā mālikoūn</td><td></td><td>أَوَلَمْ يَرَوْا أَنَّا خَلَقْنَا لَهُم مِّمَّا عَمِلَتْ
أَيْدِينَا أَنْعَامًا فَهُمْ لَهَا مَالِكُونَ</td></tr>
<tr><td colspan="3">Ne voient-ils pas que Nous avons créé de Nos Mains à leur intention des animaux domestiques dont ils sont les possesseurs ?</td></tr>
<tr><td>72. Wa dhallalnāhā la-houm fa-minhā rakoūbouhoum wa minhā yā'kouloūn</td><td></td><td>وَذَلَّلْنَاهَا لَهُمْ فَمِنْهَا رَكُوبُهُمْ وَمِنْهَا
يَأْكُلُونَ</td></tr>
<tr><td colspan="3">Nous les leur avons soumis, certains leur servant de monture, d'autres de nourriture.</td></tr>
<tr><td>73. Wa la-houm fīhā manāfiʿou wa machāribou afalā yachkouroūṇ</td><td></td><td>وَلَهُمْ فِيهَا مَنَافِعُ وَمَشَارِبُ أَفَلَا
يَشْكُرُونَ</td></tr>
<tr><td colspan="3">Utiles à de nombreux usages, [ils leur fournissent] également une boisson ; que ne sont-ils reconnaissants?</td></tr>
<tr><td>74. Wat-takhadhoū min doūni 'l-lāhi alihatan laʿallahoum younṣaroūn</td><td></td><td>وَاتَّخَذُوا مِن دُونِ اللَّهِ آلِهَةً لَّعَلَّهُمْ يُنصَرُونَ</td></tr>
</table>

<table>
<tr><td colspan="3">Ils se sont choisi des divinités en dehors de Dieu avec l'espoir qu'elles les soutiendront,</td></tr>
<tr><td>75. Lā yastaṭīʿoūna naṣrahoum wa houm lahoum joundoun mouḥḍaroūn</td><td></td><td>لَا يَسْتَطِيعُونَ نَصْرَهُمْ وَهُمْ لَهُمْ جُندٌ مُّحْضَرُونَ</td></tr>
<tr><td colspan="3">alors qu'elles ne leur seront d'aucun secours bien qu'ils soient à leur service tels des soldats à la revue.</td></tr>
<tr><td>76. Falā yahzounka qawlouhoum innā nʿalamou mā yousirroūna wa mā yʿoulinoūn</td><td></td><td>فَلَا يَحْزُنكَ قَوْلُهُمْ إِنَّا نَعْلَمُ مَا يُسِرُّونَ وَمَا يُعْلِنُونَ</td></tr>
<tr><td colspan="3">Que leurs propos ne t'affligent pas: Nous savons ce qu'ils dissimulent aussi bien que ce qu'ils affichent.</td></tr>
<tr><td>77. Awa lam yara 'l-insānou annā khalaqnāhou min nouṭfatin fa-idhā Houwa khaṣṣīmoun moubīn</td><td></td><td>أَوَلَمْ يَرَ الْإِنسَانُ أَنَّا خَلَقْنَاهُ مِن نُّطْفَةٍ فَإِذَا هُوَ خَصِيمٌ مُّبِينٌ</td></tr>
<tr><td colspan="3">L'homme ne voit-il pas que Nous l'avons créé à partir d'une goutte [de sperme] pour se transformer aussitôt en ennemi déclaré ?</td></tr>
</table>

<table>
<tr><td>78. Wa ḍaraba lanā mathalan wa nassīya khalqahou qāla man youhyī 'l-'iẓāma wa hīya ramīm</td><td></td><td>وَضَرَبَ لَنَا مَثَلًا وَنَسِيَ خَلْقَهُ قَالَ
مَنْ يُحْيِي الْعِظَامَ وَهِيَ رَمِيمٌ</td></tr>
<tr><td colspan="3">Il Nous a proposé un exemple en oubliant sa propre création et en demandant: Qui donc redonnera vie aux ossements lorsqu'ils ne seront plus que poussière?</td></tr>
<tr><td>79. Qoul youhyīhā 'l-ladhī anchā'ahā āwwala marratin wa Houwa bi koulli khalqin 'alīm</td><td></td><td>قُلْ يُحْيِيهَا الَّذِي أَنْشَأَهَا أَوَّلَ مَرَّةٍ
وَهُوَ بِكُلِّ خَلْقٍ عَلِيمٌ</td></tr>
<tr><td colspan="3">Dis-leur: Leur redonnera vie Celui qui les a créées une première fois et qui a parfaitement connaissance de toute la création,</td></tr>
<tr><td>80. Al-ladhī ja'ala lakoum mina 'ch-chajari 'l-akhḍari nāran fa idhā antoum minhou toūqidoūn</td><td></td><td>الَّذِي جَعَلَ لَكُمْ مِنَ الشَّجَرِ الْأَخْضَرِ
نَارًا فَإِذَا أَنْتُمْ مِنْهُ تُوقِدُونَ</td></tr>
<tr><td colspan="3">Celui qui a tiré pour vous de l'arbre vert un feu que vous entretenez [dans vos foyers].</td></tr>
<tr><td>81. Awa laysa 'l-ladhī khalaqa 's-samawāti wa 'l-arḍa bi-</td><td></td><td>أَوَلَيْسَ الَّذِي خَلَقَ السَّمَاوَاتِ</td></tr>
</table>

<table>
<tr><td>qādirin ʿalā an yakhlouqa mithlahoum balā wa Houwa ’l-Khallāqou ’l-ʿAlīm</td><td></td><td>وَالأَرْضَ بِقَادِرٍ عَلَى أَنْ يَخْلُقَ مِثْلَهُم بَلَى وَهُوَ الخَلاقُ العَلِيمُ</td></tr>
<tr><td colspan="3">Celui qui a créé les cieux et la terre n’est-Il pas capable d’en créér de semblables? Ô que si! Et Il est le Créateur Très Savant.</td></tr>
<tr><td>82. Innamā amroūḥou idhā arada chay’an an yaqoūla lahou koun fa-yakoūn</td><td></td><td>إِنَّمَا أَمْرُهُ إِذَا أَرَادَ شَيْئًا أَنْ يَقُولَ لَهُ كُنْ فَيَكُونُ</td></tr>
<tr><td colspan="3">Lorsqu’Il veut une chose il Lui suffit de lui intimer : Sois! Pour qu’elle voit le jour (litt: pour qu’elle soit).</td></tr>
<tr><td>83. Fa soubḥāna ’l-ladhī bi-yadihi malakoūtou koulli chay’in wa ilayhi tourjaʿoūn</td><td></td><td>فَسُبْحَانَ الَّذِي بِيَدِهِ مَلَكُوتُ كُلِّ شَيْءٍ وَإِلَيْهِ تُرْجَعُونَ</td></tr>
<tr><td colspan="3">Gloire à Celui qui détient en Sa Main le Royaume de toute chose et auprès Duquel vous serez ramenés !</td></tr>
</table>

Soūrat al-Moulk: Le Royaume (67)		سورة الملك
À reciter après la prière de Ẓouhr et après la prière de Ishā		
Bismillāhi 'r-Raḥmāni 'r-Raḥīm		بسم الله الرحمن الرحيم
Au nom d'Allah, le Tout Miséricordieux, le Très Miséricordieux.		
1. Tabāraka 'l-ladhī bi-yadihi 'l-Moulkou wa Hoūwa ʿalā koulli chay'in qadīr		تَبَارَكَ الَّذِي بِيَدِهِ الْمُلْكُ وَهُوَ عَلَى كُلِّ شَيْءٍ قَدِيرٌ
Béni soit Celui qui détient en Sa Main le royaume et qui est Omnipotent,		
2. Alladhī khalaqa 'l-mawta wa 'l-hayāta li-yabloūwakoum ayyoukoum ahsanou ʿamala wa Hoūwa 'l-ʿAzīzou 'l-Ghafoūr.		الَّذِي خَلَقَ الْمَوْتَ وَالْحَيَاةَ لِيَبْلُوَكُمْ أَيُّكُمْ أَحْسَنُ عَمَلًا وَهُوَ الْعَزِيزُ الْغَفُورُ
qui a créé la mort et la vie afin de vous éprouver [*et de savoir*] lequel d'entre vous oeuvrerait selon la perfection et Il est le Puissant, le Pardonneur,		

<table>
<tr><td>3. Alladhī khalaqa saba‘a samāwātin tibāqan mā tarā fī khalqi ’r-Raḥmāni min tafāwoutin farji‘i ’l-baṣṣara hal tarā min fouṭoūr</td><td></td><td dir="rtl">الَّذِي خَلَقَ سَبْعَ سَمَاوَاتٍ طِبَاقًا مَّا
تَرَى فِي خَلْقِ الرَّحْمَنِ مِن تَفَاوُتٍ
فَارْجِعِ الْبَصَرَ هَلْ تَرَى مِن فُطُورٍ</td></tr>
<tr><td colspan="3">qui a créé sept Cieux en strates superposées ; tu ne verras pas de dysharmonie dans l’œuvre du Miséricordieux. Lève donc ton regard, y vois-tu une faille?</td></tr>
<tr><td>4. Thoumma ’rji‘i ’l-baṣṣara karratayni yanqalib ilayka ’l-baṣṣarou khāsi’an wa Houwa ḥassīr</td><td></td><td dir="rtl">ثُمَّ ارْجِعِ الْبَصَرَ كَرَّتَيْنِ يَنقَلِبْ إِلَيْكَ
الْبَصَرُ خَاسِأً وَهُوَ حَسِيرٌ</td></tr>
<tr><td colspan="3">Relève-le une seconde fois, il te reviendra penaud et fatigué [d’y avoir cherché une faille sans la trouver]</td></tr>
<tr><td>5. Wa-laqad zayyanna ’s-samā ad-dounyā bi maṣṣābīḥa wa ja‘alnāha roujoūman li ’ch-chayāṭīni wa ā‘atadnā la-houm ‘adāba ’s-sa‘īr</td><td></td><td dir="rtl">وَلَقَدْ زَيَّنَّا السَّمَاءَ الدُّنْيَا بِمَصَابِيحَ
وَجَعَلْنَاهَا رُجُومًا لِّلشَّيَاطِينِ وَأَعْتَدْنَا
لَهُمْ عَذَابَ السَّعِيرِ</td></tr>
<tr><td colspan="3">Nous avons orné le ciel de ce monde de luminaires dont Nous avons fait des projectiles contre les démons et Nous leur avons</td></tr>
</table>

<table>
<tr><td colspan="3">apprêté le supplice du feu.</td></tr>
<tr><td>6. Wa lil-ladhīna kafaroū bi-rabbihim ʿadhābou jahannama wa bi'sa 'l-maṣṣīr</td><td></td><td dir="rtl">وَلِلَّذِينَ كَفَرُوا بِرَبِّهِمْ عَذَابُ جَهَنَّمَ
وَبِئْسَ الْمَصِيرُ</td></tr>
<tr><td colspan="3">Le supplice de la Géhenne est destiné à ceux qui ont renié leur Seigneur et quel détestable devenir!</td></tr>
<tr><td>7. Idhā oulqoū fīhā samiʿoū lahā chahīqan wa hīya tafoūr</td><td></td><td dir="rtl">إِذَا أُلْقُوا فِيهَا سَمِعُوا لَهَا شَهِيقًا وَهِيَ
تَفُورُ</td></tr>
<tr><td colspan="3">Lorsqu'ils y seront précipités et ils y entendront son mugissement alors qu'elle sera en ébullition.</td></tr>
<tr><td>8. Takādou tamayyazou mina 'l-ghayẓi koullamā oulqīya fīhā fawjoun sa'alahoum khazanatouhā alam yā'tikoum nadhīr</td><td></td><td dir="rtl">تَكَادُ تَمَيَّزُ مِنَ الْغَيْظِ كُلَّمَا أُلْقِيَ فِيهَا
فَوْجٌ سَأَلَهُمْ خَزَنَتُهَا أَلَمْ يَأْتِكُمْ نَذِيرٌ</td></tr>
<tr><td colspan="3">Peu s'en faut que le feu ne se scinde [en plusieurs foyers] de rage [contre les mécréants]. Chaque fois qu'un groupe y sera précipité, leurs gardiens leur demanderont : N'aviez-vous pas reçu de mise en garde?</td></tr>
</table>

<table>
<tr><td>9. Qāloū balā qad jā'anā nadhīroun fa-kadhdhabnā wa qoulnā mā nazzala-Allāhou min chay'in in antoum illa fī ḍalālin kabīr</td><td></td><td>قَالُوا بَلَىٰ قَدْ جَاءَنَا نَذِيرٌ فَكَذَّبْنَا وَقُلْنَا مَا نَزَّلَ اللَّهُ مِن شَيْءٍ إِنْ أَنتُمْ إِلَّا فِي ضَلَالٍ كَبِيرٍ</td></tr>
<tr><td colspan="3">Certes oui, répondront-ils, des prophètes chargés de nous mettre en garde sont venus à nous, mais nous les avions traités d'imposteurs en disant: Dieu ne vous a rien révélé, vous êtes seulement plongés dans un grand égarement.</td></tr>
<tr><td>10. Wa qāloū law kounnā nasmaʿou aw nʿaqilou mā kounnā fī aṣ-ḥābi 's-saʿīr</td><td></td><td>وَقَالُوا لَوْ كُنَّا نَسْمَعُ أَوْ نَعْقِلُ مَا كُنَّا فِي أَصْحَابِ السَّعِيرِ</td></tr>
<tr><td colspan="3">Si seulement nous avions écouté ou réfléchi [à ce message], ajouteront-ils, nous ne serions pas les hôtes du feu!</td></tr>
<tr><td>11. Fʿatarafoū bi-dhanbihim fassouhqan li aṣ-ḥābi 's-saʿīr</td><td></td><td>فَاعْتَرَفُوا بِذَنبِهِمْ فَسُحْقًا لِّأَصْحَابِ السَّعِيرِ</td></tr>
<tr><td colspan="3">Ils reconnaîtront alors leurs péchés. Que soient rejetés les hôtes du feu !</td></tr>
<tr><td>12. Inna 'l-ladhīna yakhchawna</td><td></td><td>إِنَّ الَّذِينَ يَخْشَوْنَ رَبَّهُم بِالْغَيْبِ لَهُم</td></tr>
</table>

<table>
<tr><td>rabbahoum bi ’l-ghaybi lahoum maghfiratoun wa ajroun kabīr</td><td></td><td>مَّغْفِرَةٌ وَأَجْرٌ كَبِيرٌ</td></tr>
<tr><td colspan="3">Ceux qui redoutent leur Seigneur dans l’intimité sont promis au pardon [de Dieu] et à une grande récompense.</td></tr>
<tr><td>13. Wa asirroū qawlakoum awi ’jharoū bihi innahou ʿalīmoun bi-dhāti ’ṣ-ṣoudoūr</td><td></td><td>وَأَسِرُّوا قَوْلَكُمْ أَوِ اجْهَرُوا بِهِ إِنَّهُ عَلِيمٌ بِذَاتِ الصُّدُورِ</td></tr>
<tr><td colspan="3">Que vous dissimuliez vos propos ou que vous les divulguiez, Dieu sait ce que recèlent les cœurs.</td></tr>
<tr><td>14. Alā yʿalamou man khalaqa wa Houwa ’l-Latīfou ’l-Khabīr</td><td></td><td>أَلَا يَعْلَمُ مَنْ خَلَقَ وَهُوَ اللَّطِيفُ الْخَبِيرُ</td></tr>
<tr><td colspan="3">Ignorerait-Il qui a créé alors qu’Il est le Subtil, l’Informé?</td></tr>
<tr><td>15. Houwa ’l-ladhī jaʿala lakoumou ’l-arḍa dhaloūlan famchoū fī manākibihā wa kouloū min rizqihi wa ilayhi ’n-nouchoūr</td><td></td><td>هُوَ الَّذِي جَعَلَ لَكُمُ الْأَرْضَ ذَلُولًا فَامْشُوا فِي مَنَاكِبِهَا وَكُلُوا مِن رِّزْقِهِ وَإِلَيْهِ النُّشُورُ</td></tr>
<tr><td colspan="3">C’est Lui qui a aplani la terre sous vos pas (litt: à votre intention) ; parcourez-la de tous côtés, mangez de ce dont Il vous gratifie et c’est auprès de Lui que vous serez ressuscités.</td></tr>
</table>

<table>
<tr><td>16. A-amintoum man fī ’s-samā’i an yakhsifa bikoumou ’l-arḍa fa-idhā hīya tamoūr</td><td></td><td>ءَأَمِنتُم مَّن فِي السَّمَاءِ أَن يَخْسِفَ بِكُمُ الْأَرْضَ فَإِذَا هِيَ تَمُورُ</td></tr>
<tr><td colspan="3">Êtes-vous assurés que Celui qui est dans le ciel ne vous fera pas engloutir par la terre? La voilà qui se met à onduler!</td></tr>
<tr><td>17. Am amintoum man fī ’s-samā’i an yoursila ‘alaykoum ḥāṣṣiban fa-sa-t‘alamoūna kayfa nadhīr</td><td></td><td>أَمْ أَمِنتُم مَّن فِي السَّمَاءِ أَن يُرْسِلَ عَلَيْكُمْ حَاصِبًا فَسَتَعْلَمُونَ كَيْفَ نَذِيرِ</td></tr>
<tr><td colspan="3">Êtes-vous assurés que Celui qui est dans le ciel ne déchaînera pas contre vous une tempête? Vous connaîtrez alors la nature de Mes avertissements!</td></tr>
<tr><td>18. Wa-laqad kadhdhaba ’l-ladhīna min qablihim fa-kayfa kāna nakīr</td><td></td><td>وَلَقَدْ كَذَّبَ الَّذِينَ مِن قَبْلِهِمْ فَكَيْفَ كَانَ نَكِيرِ</td></tr>
<tr><td colspan="3">Déjà ceux qui les ont précédés avaient crié au mensonge. Quel ne fut pas Mon châtiment (litt : Ma réprobation)!</td></tr>
<tr><td>19. Awa lam yaraw ila aṭ-ṭayri fawqahoum ṣāffātin wa yaqbidna mā</td><td></td><td>أَوَلَمْ يَرَوْا إِلَى الطَّيْرِ فَوْقَهُمْ صَافَّاتٍ وَيَقْبِضْنَ مَا يُمْسِكُهُنَّ إِلَّا الرَّحْمَٰنُ إِنَّهُ</td></tr>
</table>

<table>
<tr><td>youmsikouhounna illa ar-Raḥmānou innahou bi-koulli chay'in baṣṣīr.</td><td></td><td>بِكُلِّ شَيْءٍ بَصِيرٌ</td></tr>
<tr><td colspan="3">N'ont-ils pas considéré les oiseaux dans le ciel qui déploient leurs ailes et les replient? Seul le Miséricordieux les retient [de tomber] car Il voit toute chose.</td></tr>
<tr><td>20. Amman hadha 'l-ladhī Houwa joundoun lakoum yanṣouroukoum min doūni 'r-Raḥmān ini 'l-kāfiroūna illa fī ghouroūr</td><td></td><td>أَمَّنْ هَذَا الَّذِي هُوَ جُندٌ لَّكُمْ يَنصُرُكُم مِّن دُونِ الرَّحْمَنِ إِنِ الْكَافِرُونَ إِلَّا فِي غُرُورٍ</td></tr>
<tr><td colspan="3">Ceux qui vous servent d'auxiliaires pourraient-ils vous accorder leur secours en dehors du Miséricordieux? En réalité les mécréants nagent dans l'illusion.</td></tr>
<tr><td>21. Amman hadha 'l-ladhī yarzouqoukoum in amsaka rizqahou bal lajjoū fī 'outouwwin wa noufoūr</td><td></td><td>أَمَّنْ هَذَا الَّذِي يَرْزُقُكُمْ إِنْ أَمْسَكَ رِزْقَهُ بَل لَّجُّوا فِي عُتُوٍّ وَنُفُورٍ</td></tr>
<tr><td colspan="3">Qui donc pourrait accorder votre subsistance s'Il voulait retenir la pluie (litt: Sa subsistance)? Mais ils s'obstinent dans leur insolence et leur répulsion!</td></tr>
</table>

22. Afa-man yamchī moukibban ʿalā wajhihi ahdā amman yamchī sawiyyan ʿalā ṣirāṭin moustaqīm		أَفَمَن يَمْشِي مُكِبًّا عَلَى وَجْهِهِ أَهْدَى أَمَّن يَمْشِي سَوِيًّا عَلَى صِرَاطٍ مُّسْتَقِيمٍ
Celui qui avance face contre terre est-il mieux guidé que celui qui évolue d'une démarche harmonieuse sur une voie droite ?		
23. Qoul Houwa 'Lladhī anchā'akoum wa jaʿala lakoumou 's-samʿa wa 'l-abṣāra wa 'l-af'idata qalīlan mā tachkouroūn		قُلْ هُوَ الَّذِي أَنشَأَكُمْ وَجَعَلَ لَكُمُ السَّمْعَ وَالْأَبْصَارَ وَالْأَفْئِدَةَ قَلِيلًا مَّا تَشْكُرُونَ
Dis-leur: C'est Lui qui vous a créés et vous a attribué la vue, l'ouïe et un cœur. Combien êtes-vous peu reconaissants!		
24. Qoul houwa 'l-ladhī dharā'koum fī 'l-arḍi wa ilayhi touhcharoūn		قُلْ هُوَ الَّذِي ذَرَأَكُمْ فِي الْأَرْضِ وَإِلَيْهِ تُحْشَرُونَ
Dis-leur: C'est Lui qui vous a multipliés sur terre et c'est auprès de Lui que vous serez rassemblés.		
25. Wa yaqoūloūna matā hadha 'l-waʿadou in kountoum		وَيَقُولُونَ مَتَى هَذَا الْوَعْدُ إِن كُنتُمْ

<table>
<tr><td>ṣādiqīn</td><td></td><td>صَادِقِينَ</td></tr>
<tr><td colspan="3">Quand donc se réalisera cette promesse si vous êtes sincères ? demandent-ils.</td></tr>
<tr><td>26. Qoul innamā 'l-'ilmou 'inda -llāhi wa innamā anā nadhīroun moubīn</td><td></td><td>قُلْ إِنَّمَا الْعِلْمُ عِندَ اللَّهِ وَإِنَّمَا أَنَا نَذِيرٌ
مُّبِينٌ</td></tr>
<tr><td colspan="3">Dieu Seul en a connaissance et je suis seulement chargé de vous adresser une claire mise en garde.</td></tr>
<tr><td>27. Fa-lammā ra'awhou zoulfatan sī'at woujoūhou 'l-ladhīna kafaroū wa qīla hadha 'l-ladhī kountoum bihi tadda'oūn</td><td></td><td>فَلَمَّا رَأَوْهُ زُلْفَةً سِيئَتْ وُجُوهُ الَّذِينَ
كَفَرُوا وَقِيلَ هَٰذَا الَّذِي كُنتُم بِهِ
تَدَّعُونَ</td></tr>
<tr><td colspan="3">Et lorsqu'ils verront le châtiment de leurs yeux, le visage des mécréants s'assombrira et il leur sera dit: Voici ce châtiment que vous appeliez de vos vœux!</td></tr>
<tr><td>28. Qoul arā'aytoum in ahlakanīy-allāhou wa man ma'īya aw rahimanā fa-man youjīrou 'l-kāfirīna min</td><td></td><td>قُلْ أَرَأَيْتُمْ إِنْ أَهْلَكَنِيَ اللَّهُ وَمَن مَّعِيَ
أَوْ رَحِمَنَا فَمَن يُجِيرُ الْكَافِرِينَ مِنْ</td></tr>
</table>

<table>
<tr><td>ʿadhābin alīm</td><td></td><td>عَذَابٍ أَلِيمٍ</td></tr>
<tr><td colspan="3">Dis-leur: À votre aavis, si Dieu me faisiat périr ainsi que ceux qui sont avec moi ou s'Il nous faisait miséricorde qui donc préserverait [pour autant] les mécréants d'un châtiment douloureux?</td></tr>
<tr><td>29. Qoul Houwa 'r-Raḥmānou āmannā bihi wa ʿalayhi tawakkalnā fa-satʿalamoūna man Houwa fī dalālin moubīn</td><td></td><td>قُلْ هُوَ الرَّحْمَٰنُ آمَنَّا بِهِ وَعَلَيْهِ تَوَكَّلْنَا فَسَتَعْلَمُونَ مَنْ هُوَ فِي ضَلَالٍ مُّبِينٍ</td></tr>
<tr><td colspan="3">Dis-leur: Il est le Miséricordieux, Nous avons foi en Lui, c'est à Lui que nous nous en remettons et vous saurez bientôt lequel [d'entre nous] se trouve dans égarement manifeste.</td></tr>
<tr><td>30. Qoul arā'ytoum in aṣbaḥa mā'oūkoum ghawran fa-man yā'tīkoum bi mā'in maʿīn</td><td></td><td>قُلْ أَرَأَيْتُمْ إِنْ أَصْبَحَ مَاؤُكُمْ غَوْرًا فَمَن يَأْتِيكُم بِمَاءٍ مَّعِينٍ</td></tr>
<tr><td colspan="3">Dis-leur: À votre avis, si l'eau dont vous [disposez] s'infiltrait dans [les profondeurs de] la terre, qui donc pourrait vous procurer une eau vive?</td></tr>
</table>

Soūrat an-Nabā: La Prédiction (78)		سورة النبأ
À reciter après la prière de ʿAṣṣr		
Bismillāhi 'r-Raḥmāni 'r-Raḥīm		بسم الله الرحمن الرحيم
Au nom d'Allah, le Tout Miséricordieux, le Très Miséricordieux.		
1. ʿAmma yatassā'aloūna		عَمَّ يَتَسَاءلُونَ
À quel sujet s'interrogent-ils mutuellement?		
2. ʿani 'n-nabā'i 'l-ʿaẓīm		عَنِ النَّبَإِ الْعَظِيمِ
Ils s'interrogent au sujet de la formidable prédiction		
3. Alladhī houm fīhi moukhtalifoūn		الَّذِي هُمْ فِيهِ مُخْتَلِفُونَ
qui fait l'objet de leur différend.		
4. Kallā sa-yʿalamoūna		كَلَّا سَيَعْلَمُونَ
Bien sûr qu'ils sauront!		
5. Thoumma kalla		ثُمَّ كَلَّا سَيَعْلَمُونَ

say'alamoūn.		
Encore une fois, bien sûr qu'ils sauront!		
6. Alam naj'ali 'l-arḍa mihādan		أَلَمْ نَجْعَلِ الأَرْضَ مِهَادًا
N'avons-Nous pas étendu la terre telle une couche?		
7. Wa 'l-jibāla awtādan		وَالْجِبَالَ أَوْتَادًا
Et fait des montagnes des piliers?		
8. Wa khalaqnākoum azwāja		وَخَلَقْنَاكُمْ أَزْوَاجًا
Ne vous avons-Nous pas créées en couples?		
9. Wa ja'alnā nawmakoum soubātan		وَجَعَلْنَا نَوْمَكُمْ سُبَاتًا
N'avons-Nous pas fait de votre sommeil le moyen de vous reposer?		
10. Wa ja'alnā 'l-layla libāssan		وَجَعَلْنَا اللَّيْلَ لِبَاسًا
Ne vous avons-Nous pas revêtus [*du voile*] de la nuit?		
11. Wa ja'alnā 'n-nahāra ma'ācha		وَجَعَلْنَا النَّهَارَ مَعَاشًا
Et fait du jour le moment de gagner votre vie?		

<table>
<tr><td>12. Wa banaynā fawqakoum sabʿan chidādan</td><td></td><td>وَبَنَيْنَا فَوْقَكُمْ سَبْعًا شِدَادًا</td></tr>
<tr><td colspan="3">N'avons-Nous pas édifié au-dessus de vous sept Cieux inébranlables</td></tr>
<tr><td>13. Wa jaʿalnā sirājan wa h-hāja</td><td></td><td>وَجَعَلْنَا سِرَاجًا وَهَّاجًا</td></tr>
<tr><td colspan="3">en y plaçant un luminaire (litt : un flambeau) éblouissant ?</td></tr>
<tr><td>14. Wa anzalnā mina 'l-mʿouṣṣirāti mā'an thajjājan</td><td></td><td>وَأَنزَلْنَا مِنَ الْمُعْصِرَاتِ مَاء ثَجَّاجًا</td></tr>
<tr><td colspan="3">Et fait tomber des lourds nuages une pluie battante</td></tr>
<tr><td>15. Li noukhrija bihi habban wa nabātan</td><td></td><td>لِنُخْرِجَ بِهِ حَبًّا وَنَبَاتًا</td></tr>
<tr><td colspan="3">grâce à laquelle Nous faisons pousser des grains et des plantes</td></tr>
<tr><td>16. Wa jannātin alfāfa.</td><td></td><td>وَجَنَّاتٍ أَلْفَافًا</td></tr>
<tr><td colspan="3">et des jardins enchevêtrés?</td></tr>
<tr><td>17. Inna yawma 'l-faṣli kāna mīqāta;</td><td></td><td>إِنَّ يَوْمَ الْفَصْلِ كَانَ مِيقَاتًا</td></tr>
<tr><td colspan="3">Certes le Jour de la Discrimination est déjà fixé,</td></tr>
<tr><td>18. Yawma younfakhou fī 'ṣ-ṣoūri fatā'toūna afwājan</td><td></td><td>يَوْمَ يُنفَخُ فِي الصُّورِ فَتَأْتُونَ أَفْوَاجًا</td></tr>
</table>

Le Jour où l'on soufflera dans les trompes et où vous accourrez en nombre		
19. Wa foutihati 's-samā'ou fa-kānat abwāban		وَفُتِحَتِ السَّمَاءُ فَكَانَتْ أَبْوَابًا
et où les cieux seront ouverts et pourvus de portes,		
20. Wa souyyirati 'l-jibālou fakānat sarāba.		وَسُيِّرَتِ الْجِبَالُ فَكَانَتْ سَرَابًا
où les montagnes seront ébranlées et [*disparaîtront*] telles un mirage.		
21. Inna jahannama kānat mirṣādan		إِنَّ جَهَنَّمَ كَانَتْ مِرْصَادًا
Certes la Géhenne sera alors aux aguets		
22. Li 'ṭ-ṭāghīna ma-āba		لِلطَّاغِينَ مَآبًا
et servira de refuge aux rebelles		
23. Lābithīna fīhā ahqāban		لَابِثِينَ فِيهَا أَحْقَابًا
qui y demeureront des siècles		
24. Lā yadhoūqoūna fīhā bardan wa lā charāban		لَا يَذُوقُونَ فِيهَا بَرْدًا وَلَا شَرَابًا
sans y goûter de fraîcheur ni de boissons		

25. Illā hamīman wa ghassāqan		إِلا حَمِيمًا وَغَسَّاقًا
autre que de l'eau bouillante et du pus		
26. Jazā'an wifāqa		جَزَاء وِفَاقًا
à titre de retribution adéquate.		
27. Innahoum kānoū la yarjoūna hissāba		إِنَّهُمْ كَانُوا لا يَرْجُونَ حِسَابًا
Ils ne comptaient pas sur la reddition des comptes		
28. Wa kadhdhaboū bi āyātinā kidhdhāba		وَكَذَّبُوا بِآيَاتِنَا كِذَّابًا
et taxaient effrontément Nos signes de mensonge;		
29. Wa koulla chay'in aḥṣaynāhou kitāba		وَكُلَّ شَيْءٍ أَحْصَيْنَاهُ كِتَابًا
or, toutes choses Nous les avons consignées en un livre.		
30. Fa-dhoūqoū fa-lan nazīdakoum illā ʿadhāba.		فَذُوقُوا فَلَن نَّزِيدَكُمْ إِلا عَذَابًا
Goûtez donc! Nous ne ferons qu'accroître vos tourments!		
31. Inna li 'l-mouttaqīna mafāzan		إِنَّ لِلْمُتَّقِينَ مَفَازًا
Certes un refuge est destiné à ceux qui se gardaient [*de Dieu*]:		

32. hadā'iqa wa a'anāban		حَدَائِقَ وَأَعْنَابًا
des jardins et des vignes,		
33. Wa kawā'iba atrāban		وَكَوَاعِبَ أَتْرَابًا
des jeunes filles nubile d'un âge égal		
34. Wa kā'san dihāqa		وَكَأْسًا دِهَاقًا
et des coupes pleines.		
35. Lā yasma'oūna fīhā laghwan wa lā kidhdhāba		لَا يَسْمَعُونَ فِيهَا لَغْوًا وَلَا كِذَّابًا
Ils n'y entendront ni mensonges ni paroles vaines.		
36. Jazā'an min rabbika 'atā'an hissāba		جَزَاءً مِّن رَّبِّكَ عَطَاءً حِسَابًا
Ce sera une rétribution émanant de ton Seigneur en guise de don compensatoire [*pour leurs œuvres*],		
37. Rabbi 's-samāwāti wa 'l-arḍi wa mā baynahouma 'r-Raḥmāni lā yamlikoūna minhou khiṭāba		رَّبِّ السَّمَاوَاتِ وَالْأَرْضِ وَمَا بَيْنَهُمَا الرَّحْمَٰنِ لَا يَمْلِكُونَ مِنْهُ خِطَابًا
le Seigneur des cieux et de la terre et de ce qu'ils contiennent, le Miséricordieux. Ils n'auront, venant de Lui, aucun droit à la		

<table>
<tr><td colspan="3">parole.</td></tr>
<tr><td>38. Yawma yaqoūmou 'r-roūḥou wa 'l-malā'ikatou ṣaffan lā yatakallamoūna illa man adhina lahou 'r-Raḥmānou wa qāla ṣawāba</td><td></td><td>يَوْمَ يَقُومُ الرُّوحُ وَالْمَلَائِكَةُ صَفًّا لَا يَتَكَلَّمُونَ إِلَّا مَنْ أَذِنَ لَهُ الرَّحْمَٰنُ وَقَالَ صَوَابًا</td></tr>
<tr><td colspan="3">Le Jour où l'Esprit et les anges se dresseront en rang sans parler, à l'exception de ceux qui en auront reçu la permission du Miséricordieux et qui ne diront que la vérité.</td></tr>
<tr><td>39. Dhalika 'l-yawmou 'l-ḥaqqou fa-man chā'a 'ttakhadha ilā rabbihi ma'āba</td><td></td><td>ذَٰلِكَ الْيَوْمُ الْحَقُّ فَمَن شَاءَ اتَّخَذَ إِلَىٰ رَبِّهِ مَآبًا</td></tr>
<tr><td colspan="3">ce jour-là sera bien réel; prenne le chemin qui conduit à son Seigneur qui veut!</td></tr>
<tr><td>40. Innā andharnākoum 'adhāban qarıban yawma yanẓourou 'l-mar'ou mā qaddamat yadāhou wa yaqoūlou 'l-kāfirou yā laytanī kountou tourābā.</td><td></td><td>إِنَّا أَنذَرْنَاكُمْ عَذَابًا قَرِيبًا يَوْمَ يَنظُرُ الْمَرْءُ مَا قَدَّمَتْ يَدَاهُ وَيَقُولُ الْكَافِرُ يَا لَيْتَنِي كُنتُ تُرَابًا</td></tr>
<tr><td colspan="3">Certes Nous avons mis en garde contre un châtiment prochain</td></tr>
</table>

[qui se déroulera] le Jour où le mécréant, considérant ce qu'ont produit ses mains, s'écriera: Malheur à moi! Si seulement je pouvais n'être que poussière!

Soūrat as-Sajdah: La Prosternation (32)		**سورة السجدة**
À réciter après la prière de Maghrib		
Bismillāhi 'r-Raḥmāni 'r-Raḥīm		بِسْمِ اللَّهِ الرَّحْمَٰنِ الرَّحِيمِ
Au nom d'Allah, le Tout Miséricordieux, le Très Miséricordieux.		
1. Alif lām mīm		الم
Alif, Lām, Mīm.		
2. Tanzīlou 'l-kitābi lā rayba fīhi min rabbi 'l-'ālamīn		تَنزِيلُ الْكِتَابِ لَا رَيْبَ فِيهِ مِن رَّبِّ الْعَالَمِينَ
Voici de la part de Dieu la révélation du Livre qui ne fait point de doute!		
3. Am yaqoūloūna 'ftarāhou bal houwa 'l-ḥaqqou min Rabbika li-toundhira qawman mā atāhoum min		أَمْ يَقُولُونَ افْتَرَاهُ بَلْ هُوَ الْحَقُّ مِن رَّبِّكَ لِتُنذِرَ قَوْمًا مَّا أَتَاهُم مِّن نَّذِيرٍ مِّن قَبْلِكَ

<table>
<tr><td>nadhīrin min qablika la'allahoum yahtadoūn</td><td></td><td>لَعَلَّهُمْ يَهْتَدُونَ</td></tr>
<tr><td colspan="3">À moins qu'ils ne prétendent qu'il [le Prophète] l'ait inventé? Alors qu'il est bien la Vérité de ton Seigneur afin que tu mettes en garde un peuple qui n'avait pas reçu d'avertissement avant toi: peut-être se mettront-ils dans la bonne direction?</td></tr>
<tr><td>4. Allāhou 'l-ladhī khalaqa 's-samāwāti wa 'l-arḍa wa mā baynahoumā fī sittati ayyāmin thoumma 'stawa 'ala 'l-'arch. mā lakoum min doūnihi min walīyyin wa lā chafī'in afalā tatadhakkaroūn</td><td></td><td>اللَّهُ الَّذِي خَلَقَ السَّمَاوَاتِ وَالْأَرْضَ وَمَا بَيْنَهُمَا فِي سِتَّةِ أَيَّامٍ ثُمَّ اسْتَوَىٰ عَلَى الْعَرْشِ مَا لَكُم مِّن دُونِهِ مِن وَلِيٍّ وَلَا شَفِيعٍ أَفَلَا تَتَذَكَّرُونَ</td></tr>
<tr><td colspan="3">Dieu est Celui qui a créé les cieux, la terre et ce qui les sépare en six jours, puis S'est établi sur le Trône. En dehors de Lui, vous n'avez ni protecteur ni intercesseur. Y avez-vous réfléchi?</td></tr>
<tr><td>5. Youdabbirou 'l-amra mina 's-sama'i ila 'l-arḍi thoumma y'aroujou ilayhi fī yawmin kāna miqdāroūḥou alfa sanatin mimmā ta'ouddoūn</td><td></td><td>يُدَبِّرُ الْأَمْرَ مِنَ السَّمَاءِ إِلَى الْأَرْضِ ثُمَّ يَعْرُجُ إِلَيْهِ فِي يَوْمٍ كَانَ مِقْدَارُهُ أَلْفَ سَنَةٍ مِّمَّا تَعُدُّونَ</td></tr>
</table>

<table>
<tr><td colspan="3">Du ciel en terre, Il élabore le Commandement qui remonte ensuite vers Lui en une journée dont la durée équivaut à mille ans selon votre compte.</td></tr>
<tr><td>6. dhalika ʿālimou ’l-ghaybi wa ’ch-chahādati ’l-ʿAzīzou ’r-Raḥīm</td><td></td><td>ذَٰلِكَ عَالِمُ الْغَيْبِ وَالشَّهَادَةِ الْعَزِيزُ الرَّحِيمُ</td></tr>
<tr><td colspan="3">Tel est Celui qui connaît le non-manifesté au même titre que l’apparent, [tel est] le Puissant, le Très Miséricordieux,</td></tr>
<tr><td>7. Alladhī ahsana koulla chay’in khalaqah, wa bada’a khalqa ’l-insān min ṭīn</td><td></td><td>الَّذِي أَحْسَنَ كُلَّ شَيْءٍ خَلَقَهُ وَبَدَأَ خَلْقَ الْإِنسَانِ مِن طِينٍ</td></tr>
<tr><td colspan="3">Celui qui a parfait tout ce qu’Il a créé et qui a commencé la création de l’homme à partir de boue,</td></tr>
<tr><td>8. Thoumma jaʿala naslahou min soulālatin min mā’in mahīn</td><td></td><td>ثُمَّ جَعَلَ نَسْلَهُ مِن سُلَالَةٍ مِّن مَّاءٍ مَّهِينٍ</td></tr>
<tr><td colspan="3">et lui a accordé une descendance tirée d’une eau méprisable.</td></tr>
<tr><td>9. Thoumma sawwāhou wa nafakha fīhi min roūḥihi wa jaʿala lakoumou ’s-samʿa wa ’l-abṣāra wa ’l-af’idata qalīlan</td><td></td><td>ثُمَّ سَوَّاهُ وَنَفَخَ فِيهِ مِن رُّوحِهِ وَجَعَلَ لَكُمُ السَّمْعَ وَالْأَبْصَارَ وَالْأَفْئِدَةَ قَلِيلًا مَّا</td></tr>
</table>

<table>
<tr><td>mā tachkouroūna</td><td></td><td>تَشْكُرُونَ</td></tr>
<tr><td colspan="3">Puis Il lui a donné une forme harmonieuse et lui a insufflé de Son Esprit en lui accordant (litt: en vous) l'ouïe, la vue et le cœur. Mais vous en êtes peu reconnaissants.</td></tr>
<tr><td>10. Wa qāloū a'idhā ḍalalnā fī 'l-arḍi a-inna lafī khalqin jadīd bal houm bi liqā'i rabbihim kāfiroūn</td><td></td><td>وَقَالُوا أَئِذَا ضَلَلْنَا فِي الْأَرْضِ أَئِنَّا لَفِي خَلْقٍ جَدِيدٍ بَلْ هُم بِلِقَاءِ رَبِّهِمْ كَافِرُونَ</td></tr>
<tr><td colspan="3">Lorsque nous serons devenus poussière, demandent-ils, serons-nous créés de nouveau ? En vérité, ils nient la rencontre avec leur Seigneur!</td></tr>
<tr><td>11. Qoul yatawaffākoum malakou 'l-mawti 'l-ladhī woukkila bikoum thoumma ila rabbikoum tourja'oūn</td><td></td><td>قُلْ يَتَوَفَّاكُم مَّلَكُ الْمَوْتِ الَّذِي وُكِّلَ بِكُمْ ثُمَّ إِلَى رَبِّكُمْ تُرْجَعُونَ</td></tr>
<tr><td colspan="3">Dis-leur: l'Ange de la mort qui a été chargé de vous vous fera périr puis vous serez ramenés vers votre Seigneur.</td></tr>
<tr><td>12. Wa law tarā idhi 'l-moujrimoūna nākissoū rou'oūssihim 'inda rabbihim</td><td></td><td>وَلَوْ تَرَى إِذِ الْمُجْرِمُونَ نَاكِسُو رُؤُوسِهِمْ عِندَ رَبِّهِمْ رَبَّنَا أَبْصَرْنَا وَسَمِعْنَا فَارْجِعْنَا</td></tr>
</table>

<table>
<tr><td>rabbanā abṣarnā wa samʿinā farj'inā nʿamal ṣāliḥan innā moūqinoūn.</td><td></td><td>نَعْمَلْ صَالِحًا إِنَّا مُوقِنُونَ</td></tr>
<tr><td colspan="3">Si seulement tu pouvais voir les criminels lorsque, la tête basse, [ils comparaîtront] devant leur Seigneur [en disant] : Seigneur, nous avons vu et entendu, laisse-nous revenir [sur terre] afin d'y œuvrer pieusement car désormais nous avons la certitude.</td></tr>
<tr><td>13. Wa-law ch'inā la ataynā koulla nafsin houdāha wa lākin ḥaqqa 'l-qawlou minnī la-amla-anna jahannama mina 'l-jinnati wa 'n-nāssi ajmaʿīn</td><td></td><td>وَلَوْ شِئْنَا لَآتَيْنَا كُلَّ نَفْسٍ هُدَاهَا وَلَكِنْ حَقَّ الْقَوْلُ مِنِّي لَأَمْلَأَنَّ جَهَنَّمَ مِنَ الْجِنَّةِ وَالنَّاسِ أَجْمَعِينَ</td></tr>
<tr><td colspan="3">Si Nous l'avions voulu, Nous aurions accordé à chaque âme sa guidance mais Ma décision est exécutoire: Je remplirai la Géhenne des hommes et des djinns tout ensemble.</td></tr>
<tr><td>14. Fa-dhoūqoū bimā nassīytoum liqā'a yawmikoum hadhā innā nassīnākoum wa dhoūqoū ʿadhāba 'l-khouldi bimā</td><td></td><td>فَذُوقُوا بِمَا نَسِيتُمْ لِقَاءَ يَوْمِكُمْ هَٰذَا إِنَّا نَسِينَاكُمْ وَذُوقُوا عَذَابَ الْخُلْدِ بِمَا كُنْتُمْ تَعْمَلُونَ</td></tr>
</table>

<table>
<tr><td>kountuom ta‘amaloūn</td><td></td><td></td></tr>
<tr><td colspan="3">Goûtez [au châtiment] pour avoir oublié la rencontre de ce Jour qui est le vôtre; goûtez au châtiment perpétuel pour prix des méfaits que vous accomplissiez.</td></tr>
<tr><td>15. Innamā y’ouminou bi āyātinā ’l-ladhīna idhā dhoukkiroū bihā kharroū soujjadan wa sabbahoū bi-ḥamdi rabbihim wa houm lā yastakbiroūn</td><td></td><td>إِنَّمَا يُؤْمِنُ بِآيَاتِنَا الَّذِينَ إِذَا ذُكِّرُوا بِهَا خَرُّوا سُجَّدًا وَسَبَّحُوا بِحَمْدِ رَبِّهِمْ وَهُمْ لَا يَسْتَكْبِرُونَ</td></tr>
<tr><td colspan="3">Seuls croient à Nos versets ceux qui, lorsqu’on les leur remet en mémoire, se prosternent la face contre terre en proclamant la louange de leur Seigneur et qui ne s’enflent pas d’orgueil.</td></tr>
<tr><td>16. Tatajāfā jounoūbouhoum ‘ani ’l-maḍāji‘i yad‘oūna rabbahoum khawfan wa ṭama‘an wa mimmā razaqnāhoum younfiqoūn</td><td></td><td>تَتَجَافَى جُنُوبُهُمْ عَنِ الْمَضَاجِعِ يَدْعُونَ رَبَّهُمْ خَوْفًا وَطَمَعًا وَمِمَّا رَزَقْنَاهُمْ يُنفِقُونَ</td></tr>
<tr><td colspan="3">Leurs flancs se séparent de leurs couches ; ils invoquent leur Seigneur, partagés entre la crainte et l’espérance, et répandent en aumônes une partie de la subsistance que Nous leur avons</td></tr>
</table>

accordée.		
17. Falā t'alamou nafsoun mā oukhfiya lahoum min qourrati 'ayounin jazā'an bi-mā kānoū y'amaloūn		فَلَا تَعْلَمُ نَفْسٌ مَّا أُخْفِيَ لَهُم مِّن قُرَّةِ أَعْيُنٍ جَزَاءً بِمَا كَانُوا يَعْمَلُونَ
Aucune personne (nafs) ne sait ce qui a été dissimulé à son intention en guise de grâces en récompense de ses œuvres.		
18. Afa-man kāna m'ouminan kaman kāna fāssiqan lā yastawoūn		أَفَمَن كَانَ مُؤْمِنًا كَمَن كَانَ فَاسِقًا لَّا يَسْتَوُونَ
Celui qui s'affiche croyant est-il comparable au corrompu ? Ils ne sont pas à égalité.		
19. Ammā 'l-ladhīna āmanoū wa 'amiloū 'ṣ-ṣāliḥāti fa-lahoum jannatou 'l-mā'wā nouzoulan bimā kānoū y'amaloūn		أَمَّا الَّذِينَ آمَنُوا وَعَمِلُوا الصَّالِحَاتِ فَلَهُمْ جَنَّاتُ الْمَأْوَىٰ نُزُلًا بِمَا كَانُوا يَعْمَلُونَ
Ceux qui ont cru et pratiqué les bonnes œuvres auront pour résidence le Paradis du refuge pour prix de leurs œuvres.		
20. Wa ammā 'l-ladhīna fassaqoū fa-mā'wāhoumou		وَأَمَّا الَّذِينَ فَسَقُوا فَمَأْوَاهُمُ النَّارُ كُلَّمَا

’n-nārou koullamā arādoū an yakhroujoū minhā ouʿīdoū fīhā wa qīla lahoum dhoūqoū ʿadhāba ’n-nāri ’l-ladhī kountoum bihi toukadhdhiboūn		أَرَادُوا أَن يَخْرُجُوا مِنْهَا أُعِيدُوا فِيهَا وَقِيلَ لَهُمْ ذُوقُوا عَذَابَ النَّارِ الَّذِي كُنتُم بِهِ تُكَذِّبُونَ
Les corrompus quant à eux auront le feu pour asile; chaque fois qu’ils voudront en sortir ils y seront ramenés et on leur dira: Goûtez au supplice de ce feu que vous traitiez de fiction!		
21. Wa la-noudhīqannahoum mina ’l-ʿadhābi ’l-adna doūna ’l-ʿadhabi ’l-akbari laʿallahoum yarjiʿoūn		وَلَنُذِيقَنَّهُم مِّنَ الْعَذَابِ الْأَدْنَىٰ دُونَ الْعَذَابِ الْأَكْبَرِ لَعَلَّهُمْ يَرْجِعُونَ
Et Nous leur ferons goûter au(x) châtiment(s) de ce bas monde avant de leur faire goûter au châtiment suprême, peut-être se reprendront-ils!		
22. Wa man aẓlamou mimman dhoukkira bi āyāti rabbihi thoumma āʿarada ʿanha innā mina ’l-moujrimīna mountaqimoūn		وَمَنْ أَظْلَمُ مِمَّن ذُكِّرَ بِآيَاتِ رَبِّهِ ثُمَّ أَعْرَضَ عَنْهَا إِنَّا مِنَ الْمُجْرِمِينَ مُنتَقِمُونَ

<table>
<tr><td colspan="3">Et qui donc est plus inique que celui auquel on a remis en mémoire les versets de son Seigneur et qui s'en est détourné? Nous Nous vengerons sans nul doute des criminels!</td></tr>
<tr><td>23. Wa laqad ataynā moūssā 'l-kitāba falā takoun fī miryatin min liqā'ihi wa ja'alnāhou houdan libanī isrā'īl</td><td></td><td>وَلَقَدْ آتَيْنَا مُوسَى الْكِتَابَ فَلَا تَكُن فِي
مِرْيَةٍ مِّن لِّقَائِهِ وَجَعَلْنَاهُ هُدًى لِّبَنِي
إِسْرَائِيلَ</td></tr>
<tr><td colspan="3">Nous avions bien accordé les Écritures à Mūsā – ne doute pas de le rencontrer – et Nous avions fait une direction pour les enfants d'Israël.</td></tr>
<tr><td>24. Wa ja'alnā minhoum a'immatan yahdoūna bi amrinā lammā ṣabaroū wa kānoū bi āyātinā yoūqinoūn</td><td></td><td>وَجَعَلْنَا مِنْهُمْ أَئِمَّةً يَهْدُونَ بِأَمْرِنَا لَمَّا
صَبَرُوا وَكَانُوا بِآيَاتِنَا يُوقِنُونَ</td></tr>
<tr><td colspan="3">Et nous avons fait d'eux des chefs de file qui guidaient les hommes sur Notre Ordre en récompense de leur patience et de leur foi inébranlable en Nos versets.</td></tr>
<tr><td>25. Inna rabbaka houwa yafṣilou baynahoum yawma 'l-qiyāmati fīmā kānoū fīhī</td><td></td><td>إِنَّ رَبَّكَ هُوَ يَفْصِلُ بَيْنَهُمْ يَوْمَ الْقِيَامَةِ فِيمَا
كَانُوا فِيهِ يَخْتَلِفُونَ</td></tr>
</table>

yakhtalifoūn		
Certes ton Seigneur tranchera entre eux au Jour de la Résurrection sur ce qui faisait l'objet de leurs différends.		
26. Awa lam yahdi lahoum kam ahlaknā min qablihim mina 'l-qouroūni yamchoūna fī massākinihim inna fī dhalika la-āyātin afalā yasmaʿoūn		أَوَلَمْ يَهْدِ لَهُمْ كَمْ أَهْلَكْنَا مِن قَبْلِهِم مِّنَ الْقُرُونِ يَمْشُونَ فِي مَسَاكِنِهِمْ إِنَّ فِي ذَلِكَ لَآيَاتٍ أَفَلَا يَسْمَعُونَ
N'ont-ils pas été édifiés par le nombre de générations que Nous avons anéanties avant eux? Ne foulent-ils pas le sol sur lequel elles habitaient? Il y a pourtant des signes en tout cela! N'entendez-vous donc rien?		
27. Awa lam yaraw annā nassoūqou 'l-mā'a ila 'l-arḍi 'l-jourouzi fanoukhrijou bihi zarʿan t'akoulou minhou anʿāmouhoum wa anfoussouhum afalā youbṣiroūn		أَوَلَمْ يَرَوْا أَنَّا نَسُوقُ الْمَاءَ إِلَى الْأَرْضِ الْجُرُزِ فَنُخْرِجُ بِهِ زَرْعًا تَأْكُلُ مِنْهُ أَنْعَامُهُمْ وَأَنفُسُهُمْ أَفَلَا يُبْصِرُونَ
Ne voient-ils pas que Nous acheminons l'eau vers une terre		

<table>
<tr><td colspan="3">stérile et que, grâce à elle, Nous faisons pousser des récoltes dont ils se nourrissent ainsi que leurs troupeaux? Ne voient-ils donc rien?</td></tr>
<tr><td>28. Wa yaqoūloūn matā hadha 'l-fathou in kountoum ṣādiqīn</td><td></td><td>وَيَقُولُونَ مَتَىٰ هَٰذَا الْفَتْحُ إِن كُنتُمْ صَادِقِينَ</td></tr>
<tr><td colspan="3">À quand donc la victoire si vous êtes véridiques? demandent-ils.</td></tr>
<tr><td>29. Qoul yawma 'l-fathi lā yanfa'ou 'l-ladhīna kafaroū īmānouhoum walā houm younẓaroūn</td><td></td><td>قُلْ يَوْمَ الْفَتْحِ لَا يَنفَعُ الَّذِينَ كَفَرُوا إِيمَانُهُمْ وَلَا هُمْ يُنظَرُونَ</td></tr>
<tr><td colspan="3">Réponds-leur: Le Jour de son échéance il ne servira plus à rien aux mécréants d'avoir la foi et aucun délai ne leur sera accordé!</td></tr>
<tr><td>30. Fā'arid 'anhoum w 'antaẓir innahoum mountaẓiroūn</td><td></td><td>فَأَعْرِضْ عَنْهُمْ وَانتَظِرْ إِنَّهُم مُّنتَظِرُونَ</td></tr>
<tr><td colspan="3">Éloigne-toi donc d'eux et attends [le dénouement] car [de leur côté] ils guettent (litt: ils attendent) [ta perte].</td></tr>
</table>

Autres ouvrages du Islamic Supreme Council of America

Disponible en ligne : www.isn1.net

www.ingramcontent.com/pod-product-compliance
Lightning Source LLC
Chambersburg PA
CBHW071556080526
44588CB00010B/928
* 9 7 8 1 9 3 8 0 5 8 4 6 2 *